迎接人生新阶段

（第二版）

主　编　唐　娟
副主编　王志雄
编　委　王　放　徐　敏　陈　慧　刁　穗
　　　　张正根　刘栖杉　李维根

YINGJIE
RENSHENG XIN JIEDUAN

电子科技大学出版社

图书在版编目（CIP）数据

迎接人生新阶段 / 唐娟主编. —2 版. —成都 ：
电子科技大学出版社, 2016. 7（2018. 8 重印）

ISBN 978–7–5647–3734–4

Ⅰ. ①迎… Ⅱ. ①唐… Ⅲ. ①大学生－入学教育
Ⅳ. ①G645.5

中国版本图书馆 CIP 数据核字（2016）第 138100 号

迎接人生新阶段（第二版）

主　编　唐　娟

副主编　王志雄

出　　版：电子科技大学出版社（成都市一环路东一段 159 号电子信息产业大厦　邮编：610051）
策划编辑：谢应成
责任编辑：谢应成
主　　页：www.uestcp.com.cn
电子邮箱：uestcp@uestcp.com.cn
发　　行：新华书店经销
印　　刷：成都市火炬印务有限公司
成品尺寸：140 mm×203mm　　印张 11.75　　字数 300 千字
版　　次：2016 年 7 月第二版
印　　次：2018 年 8 月第五次印刷
书　　号：ISBN 978-7-5647-3734-4
定　　价：39.80 元

前　言

甲午仲夏，在成都艺术职业学院建校12周年、办学14周年之际，《迎接人生新阶段》课题编写组的全体教师在公共教学部的领导下，在第一版的基础上，对其进行了认真地修改、补充和进一步完善。

本教材结合我校实际和我校学生以艺术类专业为主的特点，列举了大量本校学生实例，生动形象、图文并茂，能在一定程度上改变学生对思想政治理论课不够重视的状况，能有效地对学生进行正确的世界观、价值观和人生观教育。

本教材囊括大学生思想品德教育、爱国主义教育、感恩教育、法律基本知识教育、心理健康教育、就业择业教育、安全教育等方面的内容和知识，把上级有关部门要求对大学生各方面的教育汇集为一体，既方便教师的教学，也方便对大学生进行系统的教育。

我们的目的是要尽力完善，尽力更新，尽力为大学生推开新世界的窗，尽力为大学生展开新生活的画轴。让大学生们活出自己的精彩，在新的天地施展自己的抱负，展现灿烂的人生，勇往直前！

编　者

2016年6月

目　录

第一章　开始大学新生活
适应人生新阶段

在这个流光溢彩的九月，同学们告别了中学时代，迈进了大学校门，从此人生历程翻开了新的一页，人生道路跨入了新的阶段。新的起点，新的目标，未来三年，对于90%以上的同学来说，或许是你们一生中最后一次在学校系统学习的阶段。在这之后，你们就将踏进社会，寻找工作，独立生活，成家立业，养家糊口。对于未来，相信每个同学都有着自己玫瑰色般的梦想，有着美好的憧憬，希望在大学阶段学得一技之长，为自己今后的事业和生活奠定基础。面对新的学习生活环境，同学们既会充满好奇和兴奋，也会遇到种种不适和困难。如何尽快适应大学生活，确立自己的学习目标，规划自己的职业生涯，提升素质，全面发展，为今后的健康成长打下良好基础是同学们要面临的首要问题。

一、认识大学生活特点

大学是一条新的人生起跑线，是一所知识的殿堂，是一片智慧的沃土，是一座理想放飞的乐园。在大学里，你们既可以尽情吸取丰富的知识，愉悦地漫步于优雅的校园，参加你感兴趣的社团，追求纯洁的友谊和爱情；也可能因自控力差，缺乏学习目标，逃学旷课，虚掷时光，游戏人生，什么也没有学到。但不管怎样，大学时光都是人生中最美好、最具创造力、最值得怀念的青春经历。

跨入大学校门，同学们的生活环境和学习环境与中学相比发生了哪些重大变化？

（一）角色的改变

社会角色发生变化。中学生作为未成年人，受到家长无微不至的照顾、老师体贴入微的关怀；中学生的心理和思想正处于发展变化中，职业方向和社会角色不够明确。而大学生已跨入成年人的行业，并远离父母的怀抱，常常想“我该自己管自己了”；大学生通过入学教育和专业学习，参加社会实践和顶岗实习，职业方向基本确定，社会地位有了较大提高，社会对大学生的期望和要求要比中学生高得多。

（二）生活的改变

1．生活习惯发生变化

中学生大多是本地就读，同学基本上来自当地，饮食、语言、气候、习俗都相同；大学生大多数是异地求学，饮食的差异、气候的变化、语言的差别、习俗的不同都可能成为刚进学校时适应的障碍。

2．生活内容发生变化

中学生大多以学习作为生活的中心，过着从家门到校门的两点一线生活，课余时间很少，校园生活单一；大学生大多把全面发展作为自我追求目标，自由支配的闲暇时间大大增加，独立性增强，丰富多彩的校园文化生活使人应接不暇，生活领域大为拓宽。

（三）学习的改变

新生进入高校，面临最大的改变和不适应是来自学习的改变。

1．学习任务发生变化

中学生的学习任务主要是学习科学文化的各种基础知识，目标是考上大学；大学生的学习任务不仅包括学习基础知识，还包括专业知识和技能，以便为进入社会打好基础，做好准备，目标是找到一份适合自己的好工作。

2．学习内容发生变化

中学的学科设置基本上没有变化，学习内容重在巩固深入；大学阶段的学习内容，除了公共课、学科基础课和专业课属于必修课之外，各专业还开设选修课，学习内容的深度和广度大大增加，追求博学、前沿，因而学习内容多、任务重、范围广、要求高。

3．学习方式发生变化

中学生的学习以课堂讲授为主，学生巩固知识的主要方式是题海战术，对老师依赖大；大学强调启发式教学，课堂讲授时间相对少，自由支配的学习时间增多，学习的自主性大大增强，要求学生熟练利用图书馆和互联网收集资料和信息，培养自主学习和独立思考问题、分析问题的能力。

此外，还有人际交往的改变、管理的改变等等，这都需要同学们去认识和了解，学会主动与他人交往，做到自觉遵守校规校纪，自我约束、自我管理、自我服务，这样才能适应大学的学习生活。

二、确立学习目标，积极适应新环境

大学是同学们独立走向社会生活的最后一站，大学生怎样才能尽快适应大学学习生活，早日完成由中学到大学的过渡呢？

（一）尽快确立新的学习生活目标

高尔基说过："一个人追求的目标越高，他的才能就发展越快，对社会就越有益。"目标是激发人的积极性、产生自觉行为的动力。人一旦没有生活目标，就会意志消沉、浑浑噩噩。大学新生正处于富于理想、憧憬未来的青年中期。升入大学，中学阶段的目标已经实现，有的人认为，大功告成，可以松口气了。有的人甚至把"混文凭"、"跳龙门"、"留城市"作为学习目标，满足现状，不思进取，使刚刚开始的大学生活缺乏驱动力。因而，这些学生感到生活茫然、空虚、枯燥、乏味。因此，大学新生需要尽快熟悉大学生活，树立新的奋斗目标。

（二）尽快适应大学的学习方法

大学生进入大学后碰到的一个普遍问题就是学习方法的不适应。他们习惯于老师天天陪伴、督促、被动接受知识的中学学习方式，对大学的学习特点和规律一无所知。进入大学以后，面对生活需要自理、学习需要自主、大量的学习时间要求自己安排等，他们感到无所适从，学习成绩明显下降。因而大学新生迫切需要通过向老同学取经、向老师取经等各种渠道，尽快了解大学学习特点和规律，并根据自己的特点和经验，迅速摸索出一套适合自己特点和大学学习特点的学习方法。谁能最快地适应大学学习方法，谁就能尽快地适应大学生活。

（三）确立独立生活意识，建立良好人际关系

新生跨进大学，在一定意义上说，就意味着开始逐步地独立地走向社会。面对陌生的校园、陌生的面孔，许多学生缺乏独立生活和集体生活的能力，缺少新的朋友，“寂寞感”和“孤独感”油然而生，陷入烦恼和痛苦之中。为了适应新的环境，同学们就需要树立自信、自律、自立、自强的精神，学会与人打交道。大学里最小的人群是宿舍的同学，每天都要在一起共同学习和生活，宿舍的同学关系是大学里最基本的人际关系。由于同学们来自不同的家庭、有着各自的生活习惯，性格脾气也不同，在一起相处难免有些不习惯或不适应。同学们宿舍关系如果处得好，人际关系就融洽，心情自然愉悦，学习生活也更有劲头；如果关系僵硬紧张，不但影响日常生活，更会给心理上蒙上阴影。

（四）学会安排衣食住行，培养生活自理能力

离开父母，进入大学，同学们首先应该学会打理日常生活，

学会准时起床、积极运动、学会自己铺床叠被、收拾房间，学会自己洗衣服、逛街买日常用品，学会记账、合理安排自己的生活与闲暇时间，学会自己照料自己。养成良好的作息习惯和饮食习惯，进行适当的体育锻炼和文娱活动，主动参加集体活动，注重卫生，适应环境。

三、树立新的学习理念，培养优良学风

同学们进入大学，特别是进入高职院校，学习的内容、形式和要求都与以前发生了显著变化。高职高专教育是高等教育发展中的一个类型，占了我国高等教育的半壁江山，肩负着培养面向生产、建设、服务和管理第一线需要的高技能人才的使命。高职教育以服务为宗旨、以就业为导向，其人才培养模式和教学模式以校企合作、工学结合、顶岗实习为特点，注重实践教学和动手能力，倡导“能力本位”，它与研究型大学的教学有着极大的差别。同学们既要学习专业知识，更要掌握专业技能，做到知识够用，实践会用、就业适用，才能把自己培养成应用型、技能型的人才。

（一）树立自主学习的理念

自主学习是一种能动的学习，要求同学们有明确的学习目标，自觉适应专业要求和社会需要，积极主动地掌握相关知识、技能和方法，使自己真正成为学习的主人。自主学习要有强烈的求知欲和主动性，要求举一反三，触类旁通，注重对知识的拓展和领悟。在大学阶段，有大量的自学时间、自由的学习空间，营造了自主学习的浓厚氛围，也对自主学习理念的培养提出了必然要求。同学们要学会根据教学计划和所学专业的特点，合理确定学习目标，科学安排学习时间，掌握正确的学习方法，全面提高自主学习能力。

（二）重视掌握专业技能

培养应用型、技能型人才的核心是学习和掌握专业知识与专业技能，有一技之长。高职院校应该根据社会需求开设热门、紧缺专业；其次，要合理设置理论课程和实践课程的比例，作为高职院校，应当注重学生的动手能力，因此不能像本科院校那样设置课程；再次，专业课教师应当是“双师型”教师，有一定的实际操作经验及动手能力。总之，高职院校要培养实用型、技能型人才，一定要从实际出发，实习、实训、实作的学习时间应超过课堂上的理论学习时间，学习的主要任务是为了掌握和运用专业技能。

（三）培养吃苦耐劳的精神，养成勤奋求实的学风

无数事实证明，吃苦耐劳是中华民族的优秀品质，是决定一个人前途和命运的重要素质。要适应环境、战胜各种困难和挫折，就必须有吃苦耐劳的精神。“梅花香自苦寒来，宝剑锋从磨砺出”，“艰难困苦，玉汝于成”，在困难和逆境中最能磨炼意志，挖掘潜能，发挥自己的聪明才智，变压力为动力，变逆境为顺境，才能成长成才。

【案例 1】

李嘉诚的故事

1938 年日军轰炸潮州，刚刚读初中的李嘉诚在 1939 年 6 月与家人辗转到香港。一家人寄居在舅父庄静庵的家里。祸不单行，这时候李嘉诚的父亲李云经因劳累过度不幸染上肺病。身为长子的李嘉诚一边照顾父亲，一边拼命地温习功课。1943 年冬天，李云经病重，他把李嘉诚叫到床前，轻声告诫道：“求人不如求己。吃得苦中苦，方为人上人等训言。失意时莫灰心，得意时莫忘形。”

15 岁的李嘉诚坚定地点了点头，李云经才放心地闭上了眼睛。父亲死后，李嘉诚被迫离开了心爱的学校，用他还很稚嫩的肩膀，毅然挑起赡养慈母、抚育弟妹的重担。

李嘉诚先在舅父庄静庵的中南钟表公司当泡茶扫地的小学徒。李嘉诚到这里之后，学到的第一个功夫就是察言观色，见机行事。他每天总是第一个到达公司、最后一个离开公司。辛苦而困难的时光过去了，当年那个 15 岁的少年已经长成精瘦但结实、英气十足的小伙子了。17 岁的李嘉诚在一家五金制造厂以及塑胶带制造公司当推销员，开始了香港人称之为“行街仔”的推销生涯。他认为从事推销工作，重要的有两点：一是勤劳，二是创新。很快，李嘉诚成了全公司的佼佼者。但李嘉诚从来不喜欢高谈阔论，走南闯北的推销生涯不仅锻炼了他的商业头脑，丰富了他的商业知识，而且也使李嘉诚结识了很多好朋友，教会了他各种各样的社会知识。同时，在推销过程中，也使他学会了宽厚待人、诚实处世的做人哲学，为他日后事业的发展打下了良好的基础。

由于出色的推销成绩，李嘉诚 18 岁就做了部门经理，两年后又被提升为这家塑胶带制造公司的总经理。1950 年，年仅 22 岁的李嘉诚在筲箕湾创办长江塑胶厂。“长江”取意于“长江不择细流，故能浩荡万里”，足见李嘉诚的雄心壮志。

办厂初期，曾经出过质量事故，李嘉诚再一次体会到世态炎凉。1955 年，长江塑胶厂终于出现了转机，产销渐入佳境。1957 年，李嘉诚到意大利考察，回港后率先推出塑胶花，随即成为热销产品。不久，他又积极开拓世界市场，很快就成为“塑胶花大王”。1958 年，李嘉诚涉足地产业，在港岛北角建起了第一幢工业大厦；1960 年，又在柴湾兴建了第二幢工业大厦，李嘉诚的事业迅速走向辉煌。

2013 年 12 月 24 日，新出炉的彭博亿万富豪指数显示，香港富豪李嘉诚以 297 亿美元的净资产成为亚洲首富。

大学阶段，学习是同学们的主要任务，只有养成优良学风，刻苦学习，才能完成学习任务，在将来的工作岗位上才能有所成就、有所贡献，否则，“少壮不努力，老大徒伤悲”。

四、树立远大理想，迎接美好未来

乘长风破万里浪，理想信念对于大学生成才具有重要的意义。如果说社会是大海，人生是小舟，那么理想就是茫茫大海中引航的灯塔和推进的风帆。没有理想信念的人生就像失去了方向和动力的小船，在生活的波浪中随处漂泊，甚至会沉没于激流险滩。

（一）理想的概念

人在社会生活中，既追求眼前的目标，渴望满足眼前的物质精神需求，又憧憬未来的目标，期盼满足更高的物质精神需求。对现状永不满足，对未来不懈追求是理想形成的动力源泉。从一定意义上讲，理想是一种对未来的想象是有实现可能的、对未来社会和自身发展的向往与追求，是人的世界观、人生观和价值观在奋斗目标上的集中体现。理想不同于幻想，也不同于空想和妄想。

理想源于现实，又超越现实，它激励着人们在现实生活中一步一步地为实现理想目标而奋斗。理想从性质上分，有科学理想和非科学理想；从时序上分，有长远理想和近期理想；从主体分，有个人理想和社会理想；从内容上分，有社会理想、道德理想、职业理想和生活理想。

（二）理想的作用

1．指引人生的奋斗目标

理想对人生历程起着导向的作用，是人的思想和行为的定向器。理想一旦确立，就可以使人方向明确、精神振奋，不论前进的道路如何曲折、人生的境遇如何复杂，都可以使人透过乌云和阴霾，看到未来的曙光，永不迷失前进的方向。心有多大，舞台就有多大。大学时代确立的远大理想将对一个人的人生之路产生重大的影响. 科学、崇高的理想将使我们的人生道路越走越宽广，使宝贵的一生富有价值，卓有成就，充满自豪。

2．提供人生前进的动力

理想是激励人们向着既定目标奋斗前进的动力，是人生力量的源泉。一个人有了坚定正确的理想信念，就会以惊人的毅力和不懈的努力，成就事业、创造奇迹。史学家司马迁在《史记·太史公自序》中以历史上的政治家、思想家、教育家、文学家、军事家为例:“盖文王拘而演周易，仲尼厄而作春秋；屈原放逐，乃赋离骚；左丘失明，厥有国语；孙子膑脚，兵法修列；不韦迁蜀，世传吕览；韩非囚秦，说难、孤愤；诗三百篇，大抵贤圣发愤之所为作也。”古今中外无数英雄豪杰之所以能在充满困难的条件下最终成就伟业，一个重要的原因就在于他们胸怀崇高的理想信念，因而具有锲而不舍、披荆斩棘的动力。对于当代大学生而言，理想的这一作用主要体现在激励大学生为什么而学上。

3．提高人生的精神境界

人生是物质生活与精神生活相辅相成的统一过程。理想作为人的精神生活的核心，一方面能使人的精神生活各个方面统一起来，使人的内心世界成为一个健康有序的系统，保持心灵的充实和安宁，避免内心世界的空虚和迷茫；另一方面又能引导人们不断追求更高的人生目标，提升精神境界，塑造高尚人格。当代大学生肩负着祖国和民族的希望，科学崇高的理想能够升华大学生的人格与灵魂，从而为大学生“做什么样的人”指引出一条明确的方向，让每个大学生切实明白自己的人生价值，帮助大学生树立正确的人生观、价值观，正确对待人生。

（三）如何实现理想

理想信念既是一个思想认识问题，更是一个实践问题。理想不等于坐而论道，纸上谈兵，理想的实现往往要通过一条充满艰难险阻的曲折之路，有赖于脚踏实地、持之以恒的奋斗。实践，奋斗才是通往理想彼岸的桥梁。

1．立志当高远

青年时期是理想形成的重要时期，也是立志的关键阶段。志向是青春的火焰，是生命的动力；远大的志向如太阳，唯其大，才有永不枯竭的热能；如灯塔，唯其高，才能照亮前进的航程。有志者，事竟成；有大志者，人生事业才能辉煌。志向高远就是要放开眼界，不满足于现状，也不屈服于一时一地的困难与挫折，更不要斤斤计较于个人私利的多少与得失。大量事实告诉我们，那些在事业上取得伟大成就、对人类做出卓越贡献的人，都是在青年时期就立下了鸿鹄之志，并为之坚持不懈、努力奋斗。

2．立志须躬行

漫长的征途需要一步一步地走，崇高理想的实现需要一点一滴的奋斗。通往理想的路是遥远的，但起点就在脚下，在一切平凡的岗位上，在扎扎实实地学习和工作中。古人说："合抱之木，生于毫末；九层之台，起于累土；千里之行，始于足下。"实现崇高的理想要从我做起，从现在做起，从平凡的工作做起。著名数学家华罗庚曾语重心长地对青年学子说，踏踏实实、循序渐进，与雄心壮志、力争上游并不矛盾，"雄心壮志需要有步骤，一步步地，踏踏实实地去实现，一步一个脚印，不让它有一步落空"。

3．坚定执着、永不放弃

追求崇高的理想仅有美好的愿望是远远不够的。追求理想需要有执着的信念。没有对理想的执着，要实现宏伟的理想是不可能的。自信和毅力来源于对理想的执着追求，也是实现理想的强大精神力量。人的生命是在停止追求的那一刻结束的，只有执着追求，生命才会放出异彩。"无志之人常立志，有志之人立长志。""立志而无恒终身事无成。"朝秦暮楚，三天打鱼两天晒网是很难成大器的。没有坚定不移的志向，任何行动都不会收到美好的果实。“志不可一日坠，心不可一日放。”“立志在坚不在锐，成功在久不在速。”“志若不移山可改，何愁青史不书功。”世上所有成功者都具有永不言败的毅力，在千百次的挫折与失败中，在坚持中，经得起磨炼与考验而实现理想志向。

【案例 2】

英国教师布罗迪

布罗迪在整理阁楼上的旧物时，发现一叠25年前的练习册，它们是皮特金中学B（2）班31位孩子的春季作文，题目叫《未来我是——》。

布罗迪随便翻了几本，很快就被孩子们千奇百怪的自我设计迷住了。有的说，未来他是海军大臣；有的说未来的自己是法国总统；有的想当领航员，有的想做王妃，五花八门，应有尽有。最让他称奇的是，一个叫戴维的盲学生，他认为，将来他必定是英国的一个内阁大臣，因为英国还没有一个盲人进入过内阁。

布罗迪读着这些作文，突然有一种冲动：何不把这些本子重新发到同学们的手中，让他们看看现在的自己是否实现了25年前的梦想。当地一家报纸得知他这一想法，为他发了一则启事。没几天，书信向布罗迪飞来。他们中有商人、学者及政府官员，更多的是没有身份的人，他们表示，很想知道儿时的理想，并且很想得到那本作文簿，布罗迪按地址一一给他们寄了去。1年后，布罗迪身边仅剩下一个作文本没人索要，他想，这个叫戴维的人也许死了，毕竟25年了，25年间是什么事都会发生的。

就在布罗迪准备把这个本子送给一家私人收藏馆时，他收到了内阁教育大臣布伦克特的一封信。他在信中说，那个叫戴维的就是我，感谢您还为我们保存着儿时的理想。不过我已经不需要那个本子了，因为从那时起，我的理想一直在我的脑子里，我没有一天放弃过，25年过去了，可以说我已经实现了那个理想。今天，我还想通过这封信告诉我其他的30位同学，只要不让年轻时的理想随岁月飘逝，成功总有一天会出现在你的面前。

4. 全面发展、成长成才

进入大学学习提升自身价值是每一个大学生的愿望，德智体美全面发展是时代对每一个青年学生成才的要求。

德育是人才素质的灵魂，是培养学生正确的人生观、价值观，培养学生具有良好的道德品质和正确的政治观念，培养学生形成正确的思想方法的教育。同学们应当学习和践行社会主义核心价值体系，以理想信念为核心，以爱国主义为重点，以公民基本道德规范和遵纪守法观念为基础，以全面发展为目标，自觉接受社会主义思想道德教育，促进思想道德素质、科学文化素质和健康素质协调发展。

智育是人才素质的基本内容，是授予学生系统的科学文化知识、技能，发展他们的智力和与学习有关的非智力因素的教育。同学们需要努力掌握科学文化知识，掌握本专业比较系统扎实的基础理论和应用技能，不断拓展自己的知识领域，优化知识结构，丰富社会实践，提高学习能力、实践能力和创业能力。

体育是人才素质的基础，是授予学生身体健康的知识、技能，发展他们的体力，增强他们的体质，培养他们的意志力的教育。同学们要掌握科学锻炼身体的基本技能，积极参加体育锻炼，养成锻炼身体的良好习惯。同时，同学们还要保持心理健康，学会合理调节自己的情绪，掌握应对心理问题的科学方法。只有身心健康、体魄强健、意志坚强，才能胜任今天的学习任务和明天的工作职责。

美育是人才素质的综合体现，是培养学生的审美观，发展他们鉴赏美、创造美的能力，培养他们的高尚情操和文明素质的教育。同学们需要提高文化艺术修养，加强审美修养，认清什么是美，什么是丑，养成高尚的审美情趣和良好的人文素养。

这四个部分是人才素质的有机统一，其中思想道德素质应摆在首位。大学生的全面发展就是思想道德素质、科学文化素质、身体健康素质和心理素质的全面提高。每个同学都应抓住大学期间的宝贵时光，确立目标，主动发展、健康发展、全面发展，成为社会发展需要的人才。

学习思考

1. 大学生怎样尽快适应大学生活？

2. 结合自身实际，谈谈理想信念对大学生成长成才的重要意义。

3. 大学生如何全面发展，成长成才？

第二章　学会感恩　享受幸福

任何一个人都需要感恩。感恩赋予我们生命的父母，感恩传授我们知识的老师，感恩让我们实现自我价值的社会。感恩他人就是善待自己，感恩地活着，你会发现，生活如此美好。

感恩是一种质朴的情感，是一种积极的生活态度。英国作家萨克雷说："生活就是一面镜子，你笑，它也笑；你哭，它也哭。"让我们不快乐的往往不是生活本身，而是我们对生活的态度。生活中的挫折磨炼了我们的意志，生活中的苦难锤炼了我们的品质，为此，我们对生活要满怀感恩。我们要相信：今天所拥有的生活，不论顺境或逆境，都是我们最好的安排。拥有这样的积极态度，我们就能在顺境中感恩，在逆境中依然心存快乐。

感恩是一种处世哲学，是人生的大智慧。人生不可能一帆风顺，我们的成长离不开父母的关爱、老师的教诲以及朋友的帮助，我们同样需要在对手的挫败之下努力进取。漫漫人生路上，我们要常怀一颗感恩之心去面对身边的人，在接受给予的时候，一定要心存感激。若能如此，我们的人生之路才会畅通无阻，我们的学习征程才不会孤寂无助。

知识百科

感恩节的由来

11 月的第四个星期四是感恩节。感恩节是美国人民独创的一个古老节日，也是美国人合家欢聚的节日，因此美国人提起感恩节总是备感亲切。感恩节是美国国定假日中最地道、最美国式的节日，它和早期美国历史最为密切相关。

1620 年，一些朝拜者乘坐"五月花"号船去美洲寻求宗教自由。他们在海上颠簸了两个月之后，终于在酷寒的 11 月里，在马莎塞州的普旦茅斯登陆。

在第一个冬天，半数以上的移民都死于饥饿和传染病，活下来的人们在第一个春季即 1621 年开始播种。整个夏天他们都热切地盼望着丰收的到来，他们深知自己的生存以及殖民地的存在都将取决于即将到来的收成。

最后，庄稼获得了意外的丰收，为了感谢上帝赐予的丰收，举行了 3 天的狂欢活动。从此，这一习俗就延续下来，并逐渐风行各地。1863 年，美国总统林肯宣布每年 11 月的第四个星期四为感恩节。感恩节庆祝活动这一天，家家团聚，举国同庆，其盛大、热烈的情形不亚于中国人过春节。

一、感恩父母

感恩是一种回报。父母把我们带到这个世界上来，耗尽他们几乎一生的精力哺育我们长大。他们就像太阳，每天都会赐予我们阳光，却从不期望回报。小的时候，我们总把父母的付出当成天经地义，那是因为我们不了解，更不知道父母付出背后的心酸。现在，我们长大了，在不久的将来也会为人父母，也将体验父母所经历的一切。我们要永远记得，感恩父母就是善待明天的自己。

（一）我们成长背后的“影子”

每个人成长的背后都有一双“影子”，那就是我们的父母。从怀孕那一刻开始，母亲的生活便改变了轨迹。她的行为要小心翼翼，为了她心爱的宝贝健康降临，她要放弃原本傲人的身材，她要强迫自己吃原本不喜欢的饮食。而父亲除了挣钱养家之外又多了一项艰巨的任务——照顾母亲，为此他要付出比以往多一倍的精力。母亲十月怀胎，一朝分娩，用她几乎要虚脱的身体把我们带到人世间。她用分娩的阵痛，换来了我们的第一声啼哭，欣喜的她赏给我们人生的第一份礼物——亲吻。那一刻，任何人都会为之动容。

从此以后，我们的成长就成了父母关注的焦点，他们的生活节奏变得日益紧张起来。从哺乳喂养到照顾我们穿衣，从频繁上医院到教我们说话、走路，我们身上所发生的每一件小事都会成为他们忙碌的“大事”。

在我们完全不能自理的幼儿期，他们每天都要熬到筋疲力尽、夜不能寐。当我们一天天长大，渐渐对事物有意识的时候，父母深知，家庭教育格外关键。这时的父母除了管我们吃饭穿衣之外，还要教我们文明礼仪。为了我们能更懂事，他们甚至要重新去学习知识和教育理念，以便能更好地言传身教，传授我们为人处世的道理。

到我们开始上学时，父母身上的担子就更重了。为了不让我们输在起跑线上，他们会东奔西走，竭尽所能给我们选择最好的学校读书。对父母而言，送孩子上学就像放风筝，他们时刻都要牢牢抓住手中的线。除了心系我们的学习之外，他们还要分精力关注我们在外的安全。等到我们上大学，高昂的学杂费和生活费几乎要消耗掉一个中产家庭的全部积蓄。在中国，父母含辛茹苦供孩子读书的事例比比皆是。大学毕业以后，父母还要担心我们就业的问题。

然后是，儿女结婚生子、买车买房，照顾孙子等等，这样的事似乎没完没了。这其中无论大事小事，只要与孩子有关，父母都要亲自过问操心。毫无疑问，孩子成长的背后，始终不离父母的影子。

励志故事

不用还钱的欠条

他毕业了，想出去闯一闯，可是他没钱。于是，他去找父亲，不想屋里屋外都没找到。正在做早饭的母亲对他说:“你爸一早就到集镇上给你寻钱去了。出门在外,人地两生,没钱咋行。可咱家的情况你也知道,为了给你找工作,家底已经掏空了。”母亲说着,皲裂的双手仍在冰凉的水盆里搓洗着红薯,眼圈红红的,有些水肿。

半晌时候,父亲终于从外面回来了,身后跟着一个粮贩。那几年丰产不丰收,粮食贱得要命,父亲一直舍不得卖。可是那天,父亲一下卖了几千斤,装了整整一车。没等他开口,父亲就把2000元卖粮款交到了他的手里。出乎他意料的是,父亲板着脸,对他说:“写个欠条,这钱是我借你的。你已经长大,该自己负责自己了!”语气非常果断。他目瞪口呆地看着自己的父亲,像是在看一个陌生人,难以置信。但父亲已经拿来了纸和笔,摊在桌上。当时,父亲的不近人情,几乎让他失望到了极点,甚至父亲一句祝福和叮咛的话也没有,只让他留一张冷冰无比的欠条!恼恨、气愤一并涌上心头,他抓起笔,以最快的速度写下那张他永世难忘的欠条,头也不回地走了,但更憋着一股劲:一定要尽快赎回欠条,哪怕再难,让父亲看看儿子不是孬种!

他辗转漂到了省城。一天、两天、三天……像一只无头苍蝇在那个城市里东闯西撞。人才市场、街头广告、报纸招聘,不放过任何一次希望。一个星期后,凭着自己的一支笔,他在一家广告公司谋得了一份文案工作。在工作之余,也没忘给自己充电,时有文章在省内外的报刊上发表。半年后,他又跳槽到了一家报社。这期间,他也只应付式地往家里打了两次电话,每次都以工作忙为借口匆匆挂断,心里仍然对父亲满怀怨恨。

到报社发第一笔工资之后,他便匆匆回家。父亲对他的不期而归大感意外,一迭声问他在省城怎么样,坐啥车回来的,回来有急事吗……听得他心烦意乱。他只是冷冷敷衍着,同时郑重地掏出2000元钱,向自己的父亲索要那张欠条。

父亲愣住了，然后缓缓走到里间，打开箱子，从一本旧书里取出了那张崭新的欠条。没等他伸出手，父亲就当面把欠条撕了，又一把推开他的 2000 元，坐了下来。他抽着旱烟，有些伤感地说："当时让你写欠条，也是怕你年少轻狂，半途而废，逼着你往前走呢。你走时那种眼神，让我心里不好受到今天！要说欠的，2000 元你以为就能还清吗？"

他脸红了，无言以对。一张欠条当时就让他气愤难平，哪能体谅父亲的一片苦心？

——摘自《感恩中国（青少年必上的 8 堂感恩课）》

（二）世间最伟大的爱

母亲赋予我们生命，又用她毕生精力保护着我们。很显然，生命有多可贵，母爱就有多可贵。母亲的心里永远装着她的孩子，孩子受伤疼的是身体，但是母亲疼的是心。每个人都该庆幸拥有母亲，庆幸因为母爱我们幸福地活着。

母爱是伟大的，伟大到它能包容孩子的一切。无论我们身在何方，成功或失败，富有或贫穷，母亲都始终站在我们身边，浓浓的母爱无处不在；无论我们作何言行，一点一滴都能牵动母亲那脆弱的神经。母爱就像一坛陈年老酒，时间越是久远，它的味道就越厚重。

父亲，就是那个在你儿时心里高大、勇敢，而在成年的你眼中满是缺点的人。父亲就是那个一生都在承担家庭重责，想使你和这个家过得更好的人。天下的父亲不尽相同，但父爱是没有差别的。你将来的成就可以完全与他无关，但他仍是世上最希望看到你健康、快乐、成功的人。

沉默、严厉、智慧是多数人眼里的父亲形象，让人敬佩、感动、心酸。父亲通常用宽阔的胸怀，无私地给予我们一切。父爱显得深沉、内敛，却又巍峨持重，聪明的人会说，父爱如山。如果说母爱让人温暖，那么父爱就是让人深思，让人拥有一个人应该具有的品质。

试想，还有哪一种爱能像父爱、母爱这样持久、厚重、无私？很显然，父母对我们的爱无愧为世间最伟大的爱。

经典名由

感恩的心

在妈妈的坟前，女孩写了那首一直传唱至今的《感恩的心》：

我来自偶然/像一颗尘土/有谁看出我的脆弱/我来自何方/我情归何处/谁在下一刻呼唤我/天地虽宽/这条路却难走/我看遍这人间坎坷辛苦/我还有多少爱/我还有多少泪/让苍天知道我不认输

感恩的心/感谢有你/伴我一生/让我有勇气做我自己/感恩的心/感谢命运/花开花落/我依然会珍惜。

后来，台湾的一位作曲家陈志远听到这个感人至深的故事后为这首歌词谱上了优美的旋律，很快这首歌便唱遍了台湾和香港，传遍了祖国的大江南北。

——摘自《感恩中国（青少年必上的8堂感恩课）》

（三）和父母比一比

今天的我们，青春年少，风华正茂，享受着人生中最美好的时光。但你可知道，为了成就我们今天的幸福，父母却在慢慢变老。我们有多久没有好好地留意父母今天的变化。他们的身躯不再挺拔，身姿不再矫健；父亲的头发变得越来越稀少，视力越来越差，脊梁开始微微弯曲，那双曾经把我们举过头顶的双手不再有力；而母亲开始有白发，额头的皱纹又多了，牙齿也变得松动，昔日红润的双手因长期劳动失去了光泽。这就是轻拍我们入眠的父母，岁月的年轮正在无情地卷去他们的青春。

再看看今天的某些年轻人，贪图享受，爱慕虚荣，和别人比吃比穿，用父母辛辛苦苦挣来的钱大肆挥霍。今天，我们稍稍节约一点，每个月可以多省下两三百元，甚至更多。可是我们的父母要想每个月多赚一两百元，靠的是什么？靠的是爸爸出门，不舍得坐车；靠的是妈妈买便宜菜，吃便宜药。今天的某些人似乎忘记了过去，衣服不想穿就扔掉，鞋子不想要就换掉。你可曾留意，丢在家里的衣服，爸能穿的爸穿，妈能穿的妈穿。他们都说着一句话：我们老了，穿旧点不要紧，年轻人爱美，你们穿吧，我们没关系。今天某人过生日，动辄就花几百上千元，你可知儿的生日就是娘的苦日。每天要穿名牌、喝好酒、抽好烟、用好手机、高档电脑的那些人，你们可知道守候在家的父母，一块钱却当成一百块钱来花。但即便如此，你们还不满足，还在抱怨父母给予的不够，还在责怪父母拖了你们的后腿。

或许，和父母相比，我们永远都是物质上的“胜利者”，然而在精神上却是完完全全的失败者！

2004 年 11 月初，某大学一公告栏中贴出了一封信，这封信题为《辛酸父亲给儿子的一封信》成为校园轰动事件。

辛酸父亲给儿子的一封信

亲爱的儿子：

尽管你伤透了我的心，但你终究是我的儿子。虽然，自从你考上大学，成为我们家几代里唯一的大学生之后，心里已分不清咱俩谁是谁的儿子了。从扛着行李陪你去大学报到，到挂蚊帐缝被子买饭菜票甚至教你挤牙膏，这一切，在你看来是天经地义的，你甚至感觉你这个不争气的老爸给你这位争气的大学生儿子服务是一件特沾光特荣耀的事。

的确，你考上大学，你爸妈确实为你骄傲。虽然现今的大学生也不一定能找到好工作，但这毕竟是你爸妈几十年的梦想。我们那阵，上大学不是凭本事考的，要看手上的茧和出身成分，有些人还要用贞操和人格去换。这也就是我们以你为荣的原因。然而，你的骄傲却是不可理喻的。在你读大学的第一学期，我们收到过你的 3 封信，加起来比一份电报长不了多少，言简意赅，主题鲜明，通篇字迹潦草，只一个“钱”字特别工整而且清晰。你说你学习很忙，没时间写信，但同院里你高中时代的女同学却能收到你洋洋洒洒几十页的信，而且每周一封。每次从收发室门口过，我和你妈看着你熟悉的字却不能认领。那种痛苦是咋样的，你知道吗？

后来，你读二年级，这种痛苦煎熬逐渐少了，据你那位高中同学说，是因为你谈恋爱了。其实，她不说我们也知道，从你一封接一封的催款信上我们能感受到，言辞之急迫、语调之恳切，让人感觉你今后毕业大可以去当个优秀的讨债人。

当时，正值你妈下岗，而你爸微薄的工资显然不够你出入卡拉 OK 酒吧餐厅。在这样的状况下，你不仅没有半句安慰，居然破天荒来了一封长信，大谈别人的老爸老妈如何大方。你给我和你妈心上戳了重重一刀，还撒了一把盐。最令我伤心的是，今年暑假，你居然偷改入学收费通知，虚报学费。这之前，我在报纸上已看到这种事情。没想到你也同时看到这则新闻，一时间相见恨晚，及时娴熟地运用这一招，来对付生你养你爱你疼你的父亲母亲。虽然，得知真相后我并没发作，但从开学到今天，两个月里，我一想到这事就痛苦，就失眠。这已经成为一种心病，病根就是你——我亲手抚养大却又备感陌生的大学生儿子。不知在大学里，你除了增加文化知识和社交阅历之外，还能否长一丁点善良的心？

一位辛酸的父亲

（四）感恩父母，别爱得太迟

父母对我们的恩情，我们永世难忘，但是有多少人已经没有了报答母亲养育之恩的机会。

我们不妨算一笔再简单不过的账。小学毕业以前，父母天天接送我们上学，这时还能和父母经常待在一起。但从初中起，有的人就开始住校，只有到周末，才能和父母见面。上大学之后，就只有寒暑假才能回家。参加工作了，就有可能只是在过年的时候回一次家。随着时间的推移，我们能够陪伴在母亲身边的时间将会越来越少。“儿行千里母担忧”，我们身在外面，父母日夜牵挂，但在这期间，我们自己又是怎样对待父母的呢？我们有没有怀抱感恩之心，回报父母呢？

其实，感恩父母很简单。当在父母身边的时候，要用心感悟他们为我们所做的一切。我们说声“您辛苦了”，“谢谢您”，一句简单的话语就能让父母欣喜；当我们远离父母的时候，一封报平安的家书，一通嘘寒问暖的电话，常回家和父母团聚，这样他们就很满意了；在一些重要的节日，如父亲节、母亲节等，给他们一点自己用心制作的“小惊喜”，足以让他们备感幸福；对于已经成年的我们，要主动承担家庭责任，为父母减轻负担。

世间最伟大的爱是父母之爱，世间最难报完的恩是父母养育之恩。珍惜现在和他们相处的每一天，从心底去爱你的爸爸、妈妈，及时尽孝，别爱得太迟。在父母渐渐老去的日子里，我们要始终陪伴在他们的身边，就像他们当初陪伴我们一样。

知识百科

母亲节、父亲节的由来

母亲节是一个感谢母亲的节日。这个节日最早出现在古希腊；而现代的母亲节起源于美国，是每年5月的第二个星期日。

母亲节是起先在中国港澳台地区流行。20世纪80年代，母亲节逐渐被民众所接受。从1988年开始，中国南方的广州等一些城市开始举办母亲节的庆祝活动，并把评选“好母亲”作为内容之一。20世纪末，随着中国与国际的日益接轨，母亲节这一节日在中国各地日益推广开来，越来越多的人开始接受母亲节概念。

父亲节，顾名思义是感恩父亲的节日。1909 年美国华盛顿州的一位妇女约翰·布鲁斯·多德夫人提出应有类似母亲节的一天来向一家之长的父亲表示敬意。1910 年，世界上的第一个父亲节诞生，时间是每年 6 月的第三个星期日。节日旦，子女佩戴红玫瑰表示对健在父亲的爱戴，佩戴白玫瑰表示对已故父亲的悼念。

我国民间习惯上使用 6 月第三个星期日当作父亲节，中国台湾的父亲节订于每年的八月八日，又称为“八八节”。这是因为“八八”和爸爸相近，而且“八八”两字连缀起来，又像一个“父”字。

二、感恩老师

每一个人的生命中都会遇到许多许多的老师，不管是你的启蒙老师，还是你的授业恩师，拟或是一字之师、一理之师。如果说我们是花朵，那老师就是园丁，花朵的绽放需要园丁辛勤的栽培和精心的呵护。施肥、浇水、为花儿遮风挡雨，这些看来是平淡的事，日复一日，年复一年，园丁们永远乐此不疲。

视传学院的老师们举行“义卖筹资——爱心暖凉山”活动，帮助凉山州热地村小学的孩子们度过寒冬

老师们不尽相同，但他们都有共同的期望。学生们努力学习，长大成才，是普天之下的老师们共同的成就感。很多老师把自己无法实现的理想嫁接给一批批学生，让他们了却自己的遗憾；有很多老师把毕生心血献给了学生，却忘了自己的子女，这种无私的奉献精神捍卫了天底下最神圣的职业！

（一）我们成长的导师

每个人成长道路上的导师，除了父母，最重要的就是老师了。

老师是我们的引路人，教会我们在正确的道路上寻梦追梦；老师是知识技能的传授者，把我们从懵懂无知带向学有所长；老师更是我们心灵的工程师，塑造我们真善美的人格。正是因为老师，我们才能走出困惑，领悟生命，学会为人处世，不断追寻人生的真理和价值。

在我们迷失的时候，是老师的指引，避免了我们误入歧途。在我们遭遇挫折时，是老师耐心地开导，让我们重建信心。当我们失败的时候，又是老师帮助我们分析原因，改正错误，最后找到成功的办法。老师激励我们度过人生的低潮，又在我们自满自负之时果断敲打我们。可以说，我们成长的关键阶段都离不开老师们的教诲。

（二）老师也需要鼓励

同学们需要鼓励，以提高他们学习的兴趣和成效。老师们也需要鼓励，以维持他们的教学热诚。教育不单是知识的传授，也是双向的感情交流，以期达到共同提高人文素质的目标。

你们知道吗？对同学们来说，迟到几分钟，课堂上玩手机、打瞌睡、说悄悄话可能是再小不过的事。可是恰恰是这些小插曲会打断老师的思绪和情绪，让原本准备充分的讲课内容大打折扣。老师的一丝问候、一点赞美、一句鼓励会让同学们欢欣喜悦。可对老师而言，同学们的一点尊重、一点进步、一点努力却是对老师最多的鼓励，这会使他们更加自信，让他们投入更多的教学精力，讲出更精彩的课程。

（三）尊重老师的教学风格

老师也是从学生走过来的，有自己的个性，当然也有他们独特的教学风格。我们主动适应老师的教学风格，就像老师选择适合学生的教学方式一样，师生彼此要相互适应，才能激发更好的教学效果。我们可以在老师的赞美中自信，也要学会在老师的批评下改进自己；我们可以在活跃的课堂气氛中发挥潜能，也要学会在老师严厉的教学环境下规范自我。

现实中，有些学生对老师的教学喜欢先入为主，他们太在意自己的主观情绪，而不愿意主动适应老师的风格。我们都有这种感觉，当你发自内心尊重老师的时候，你就会认同老师，进而认同老师所教授的知识。这种认同感又能激发你的学习动力，让你处在一种愉快的学习氛围中，让你集中精力，主动学习，最终的学习效果自然很好。相反，如果你对老师不尊敬、一直抵触他的教学风格，那么他所教授的知识，你会认为不是你所想要的。这样一来，你的学习积极性就大打折扣了，甚至你会做一些违纪违规的事情，比如开小差，不做作业，甚至逃课。

尊重别人才会得到别人的尊重，这是再简单不过的道理。所以请相信，尊重老师，你就能得到老师的回报。

励志故事

不会弹的曲谱

一位音乐系的学生走进练习室。在钢琴上摆放好一份全新的乐谱。指导教授是个极有名的钢琴大师。授课的第一天，他便给自己的新学生一份艰深的乐谱。

“超高难度……”他翻动着乐谱，喃喃自语，感觉自己对弹奏钢琴的信心跌到了谷底，消弭殆尽。

这才是第一堂课，不知道教授为什么要以这种方式整人？

勉强打起精神。他开始用十指奋战、奋战、奋战……

“试试看吧！”他说。

乐谱难度颇高，学生弹得生涩僵滞、错误百出。

“还不熟，回去好好练习！”教授在下课时，如此叮嘱学生。

学生练了一个星期，第二周上课时正准备让教授验收，没想到教授又给了他一份难度更高的乐谱。

“试试看吧！”可是上星期的课，教授提也没提。

学生再次挣扎于更高难度的技巧挑战。

第三周。更难的乐谱又出现了。同样的情形持续着，学生每次在课堂上都被一份新的乐谱所困扰，然后把它带回去练习，接着再回到课堂上，重新面临两倍难度的乐谱，却怎么样都追不上进度，一点也没有因为上周的练习而有驾轻就熟的感觉，学生感到愈来愈不安、沮丧和气馁。

教授走进练习室。学生再也忍不住了。他必须向钢琴大师提出何以不断折磨自己的质疑。

教授没开口，他抽出了最早的那份乐谱交给学生。

“弹奏吧！”他以坚定的目光望着学生。

不可思议的事情发生了，连学生自己都惊讶万分，他居然可以将这首曲子弹奏得如此美妙、如此精湛！

教授又让学生试弹了第二堂课的乐谱，学生依然呈现超高水平的表现……

演奏结束，学生怔怔地看着老师，说不出话来。

“如果我任由你表演最擅长的部分，可能你还在练习最早的那份乐谱，而这样你就不会有现在的纯熟程度……”钢琴大师缓缓地说。

——摘自《活在当下》

（四）敬重老师，不忘师恩

多年前，流行着这样一句话：“读到中学，就会忘记小学教师；读到大学，就会忘记中学教师；当走上工作岗位之后，就会忘记所有的教师。”但是，每个老师的心中都会有一份自己的学生名单，会一直铭记在心。

古人曰：“一日为师，终身为父。”由此可见教师在人们心中的地位。自古以来，感恩老师不仅仅是一种礼仪，代代相传，它更是一种健康的心态，让人身心愉悦，相互感染。

从古至今，但凡成功的人背后都有一位恩师，而他们对待自己的恩师始终保持尊敬。感恩老师，不仅缘于世俗规则的要求，更是一个人道德修养的体现，只有当一个人的道德品质达到一定境界的时候，他才能够取得更大的成功。没有人会因为不尊师重道而受到称颂的。相反，不管你身在何处、如何成功，若能不忘师恩，始终尊敬老师，必定会被世人所称赞。

感恩老师要发自内心。感谢老师的严厉，教会我们自律；感谢老师的赞美，让我们自信；感谢老师的批评，让我们进步；感谢老师的鼓励，让我们跌倒后崛起；感谢老师润物无声的教诲，让我们一天天强大，勇敢走向未来。

感恩老师，重在行动。感恩老师并不需要我们去做什么惊天动地的大事，它表现在日常学习和生活中的点点滴滴。课堂上，一道坚定的目光，一个轻轻地点头，证明了你的全身心地投入，你在专心地听课，这便是感恩；下课后，在走廊里看到了老师，一抹淡淡的微笑，一声礼貌的“老师好”，这也是感恩；毕业多年以后，无论成功或失败都能和老师保持联系，这同样是感恩……

当下，珍爱自己，更敬重我们的老师！

知识百科

教师节的由来

教师节是感谢老师的节日，不同国家的教师节时间不同。尊师重教历来是中国的优良传统，早在西周时期就提出“弟子事师，敬同于父”。1985 年第六届全国人大常委会第九次会议通过了国务院关于建立教师节的议案，会议决定将每年的 9 月 10 日定为教师节，1985 年 9 月 10 日是中国的第一个教师节。1994 年联合国教科文组织规定每年 10 月 5 日为“世界教师日”。2004 年著名人文学者李汉秋以提案的方式多次呼吁以孔子诞辰作为教师节，认为将这一天作为教师节，其文化内涵会大为丰富，历史和现实意义也很强，这一建议受各方面支持，并且有其良好的外部环境和氛围，中国台湾至今仍把 9 月 28 日定为教师节。

三、感恩社会

我院学生代表成都艺术职业学院参加第二届中国成都国际非遗节，表演的火牛阵荣获“太阳神鸟金奖”

1933 年，梅奥提出“社会人”假设。他认为，人是有思想、有感情、有人格的“社会人”，而不是机器和动物；作为一个复杂的社会成员，对积极性起决定因素的不是物质报酬，而是在工作中发展起来的人际关系。该假设告诉我们，人是社会人，人除了物质需要外，还有社会需要；每个人在社会中扮演不同的角色，我们的一言一行都会对自己的社会圈子造成影响；只有那些有社会责任感，并懂得感恩社会的人，才能更好地处理社会圈子中的人际关系。

（一）感恩身边的人

作为“社会人”，每个人都有一个复杂的社会圈子，圈子里有亲朋好友，有同学老师，也有对手。感谢亲朋好友的关爱，依靠着他们，我们健康幸福地成长；感谢同学和我们聊人生、谈梦想，一起分享喜怒哀乐，陪我们度过充实的大学生活；我们还要感谢身边的对手和敌人，是他们的打击让我们认清自我，不断完善自己；我们要感谢的人还很多很多……每一种经历都弥足珍贵，每一个人都是我们的兄弟姐妹，感恩身边所有的人，带给我们一个温暖的大家庭，一个幸福的人际圈子。

（二）感恩学校

梅奥说过，人是独特的社会动物，只有把自己完全投入在集体之中才能实现彻底的“自由”。集体和个人是一对哲学命题，他们同呼吸、共命运。无论是学校还是公司，它的兴衰关系每个集体成员的成败，而我们每个人的发展又会直接或间接影响集体的发展。

很显然，一个口碑很好的学校出来的学生，口碑自然很好，反之亦然。

感恩学校，就是要用自己良好的言行维护学校的形象，驳斥那些对学校的诋毁；感恩学校，随时都要树立大局观，多一点理解和团结，少一些争吵和冷漠，用心去塑造学校的品牌；感恩学校，就是要发奋努力学好专业技能，争做行业精英；感恩学校，不管我们将来身在何方，成功与否，都要心系学校的发展。

感恩学校是我们义不容辞的责任！只有每个人手拉手、心连心，才能共筑学校美好的明天，微笑地走向未来。

真人真事

来自学姐的一封信

成艺的学弟学妹们:

大家好！我叫黄穆杨子，毕业于成艺 2006 级广告专业，是一名来自大山深处的羌族女孩。曾经的我出生在一个贫困又普通的家庭。全家靠爸爸妈妈种地和放牧为生。生活的艰辛波折，儿时的我就发誓一定要走出大山，所以我努力读书，于 2006 年考上成艺。当我怀着梦想拿着父母借来的 3000 块钱来到陌生的地方，非常感谢我的母校给了我拖欠学费的机会，让我开启了大学的学习生涯；也感谢学校领导和老师帮我解决了生活中的困难，使我能放心学习；更要感谢全校师生在雪灾和“5・12”地震之时对我以及家乡父老伸出援助之手……

怀着无数的感恩，我在校期间认真学习、尊重老师、帮助同学，不负众望成为建校以来第一位女性学生会主席，丰富了阅历，提升了心智，锻炼了能力。我连续 3 年都获得全校最高奖学金，也曾获四川省大学生旅游设计金银奖项、四川省优秀大学生、四川省爱心天使等近 30 项荣誉。

离校 3 年来的收获，我永远铭记母校曾给予我的品格和能力。现在的我抱着“不求回报地去帮助他人”，在公司里努力工作。通过一年的努力考核成为全中国排名第六的美容护肤老师，在 2011 年的研讨家族会上因荣获双星奖项被邀请成为整个家族最年轻的分享老师。今年 3 月我因成绩突出被公司送往马来西亚培训学习。同时也骄傲地培养了一名没有文化的女性成为部门独立的管理人员。在阿坝州内我名下的3家分公司也逐渐成熟，分别得到当地政府商务、就业、工商等部门的认可和支持。今年年底我将得到公司奖励给我的粉红色轿车，继续传承公司的使命——丰富女性人生！而我的人生未完待续，但我将始终怀揣一颗感恩之心去奋斗。

最后，我想再说一句：母校，谢谢你，我爱你！

爱你们的学姐：黄穆杨子

（三）感恩祖国

天下兴亡，匹夫有责！爱国是一个公民最起码的道德，也是中华民族的优良传统。在儒家传统文化里强调“舍生取义”，其意义就是为了国家利益，捍卫国家主权，不惜牺牲个人生命。爱国一定程度上是保证人的生存自由权利的需要。在社会主义制度下，爱国的内涵与以往有了质的变化。封建时代执政者强调人们爱国，但本质是维护皇权，人民生活在国中，但国不属于人民。社会主义制度下，实行人民民主专政，国家属于人民，人民是国家的主人。这样，公民爱国，实际上就是爱自己的政权，捍卫自己的根本利益。

1. 心怀梦想，共同实现中国梦

实现中华民族伟大复兴的中国梦就是要实现国家富强、民族振兴、人民幸福。中国梦是民族的梦，也是每个中国人的梦。“中国梦”里有“强国”，也有“富民”；“中国梦”里有期盼，也有实干。

人生如船，梦想是帆，每个人都有一个只属于自己的梦。

我们同属于一个国家，所以每个人的梦又与国家民族兴衰荣辱紧密相连。也许每个人的国家梦不尽相同，但共同的一定是国泰民安、经济发展、政治清明、文化繁荣、社会和谐、生态良好、公平正义。

中华民族是一个命运共同体，只有民族、国家全面科学发展，个人才能实现梦想。同样，只有每个人都实现梦想，“中国梦”才够美丽，才够坚实。

只要我们胸怀理想，坚定信仰，又脚踏实地，苦干实干，我们就一定能实现自己的梦想，从而共同拥抱美丽的中国梦。

2．感恩国家需要行动

爱国需要实际行动，并不是我们每个人每天说几遍爱国，我们就真的爱国了。作为未来社会的中坚，未来中华民族的领跑者，大学生理应从自身做起，为社会树立良好的榜样。爱国既要在学习上有效地利用好国家给予我们的优越的受教育机会，抓紧时间学好真功夫，尽早将自己锻炼成为有用的、能为国家做出贡献的人才；又要在生活中的点点滴滴去渗透、去践行“爱国主义精神”和“集体主义精神”。大学生可以利用自己的优势，利用假期去贫困地区支教，可以投身到服务社区的大潮中去，也可以利用自己所在的学生组织，学生社团去引导社会视点集中到社会弱势群体上去。当然每一个大学生切切实实地去关心身边的每一位同学，让这份爱国之心一传十、十传百地推广开更是爱国的良好表现。

国家助学金是党和政府为体现对高校家庭经济困难学生的关怀，由中央和地方政府共同出资设立，用于帮助他们顺利完成学业。国家助学金传递着国家对人才的重视，对教育公平的重视，对贫苦学子学业的关心和厚爱。它的精神实质是树立人的感恩心态、浓厚的社会责任感和高度的社会公德心。

作为国家助学金的获得者，一方面要严于律己，自立自强，塑造自我，在学习和生活中都要起好表率作用，凭自己的能力赢得同学、老师和社会的尊重。另一方面，要持之以恒地传递助学金的精神实质，心怀感恩，心系集体，用实际行动关爱他人，奉献社会，回报国家。

每个人心中都有一块爱国的丰碑，可以选择不同的爱国方式。让我们怀有一颗爱国之心，一颗感恩之心，向我们的祖国献上我们自己特有的爱吧！

第三章　大学生个人品德修养

第一节　认识个人品德开拓新的境界

一、个人品德的历史及其发展

（一）西方个人品德观

个人品德是一个古老的话题，也是历久弥新的话题。在西方，古希腊罗马人已经开始思考道德问题，其中不乏个人品德的论述和思想的火花。毕达哥拉斯从“灵魂不死、善恶报应”出发提倡“反省忘我”的道德修养；赫拉克利特认为正义就是斗争，快乐在于知识，幸福在于智慧；智者学派的代表普罗泰哥拉指出人是万物的尺度，道德的好坏由人的感觉欲望、需要和利益内定；大哲人苏格拉底提出“美德即知识”，倡导自我认识和修养；犬儒学派的代表安提斯泰纳说：善就是克制自己的欲望；快乐主义的创始人阿里斯提普则认为善乃是快乐，唯有能够带来快乐的知识才是有意义的；斯多葛学派认为：“坏的行为产生于错误的判断或者错误的意志，是激情或者无节制的冲动即过头的冲动的原因。”激情有四种：欢乐、欲念、恐惧和悲伤。对当前的善做出错误的判断引起欢乐；对未来的善引起错误的判断，引起欲念；对当前的恶做出错误的判断引起痛苦，对未来的恶引起错误的判断，引起恐惧。所有这些激情是灵魂的病态。我们不仅要使其有所节制，而且要予以根除，这颇为自然，因为那是荒唐而逾常的感情。”[①]柏

---

① [美]梯利：《西方哲学史》，北京：商务印书馆，2004年版，第52页。

拉图则说：善的理念是人追求的终极价值和最高目的，是人们德行的内在驱动力和标准；智慧、勇敢、节制和公正源自于人的理性、意志和欲望，它们是人天赋的本性。尽管当时学派纷呈，观点迥异，但是其立论的基石都是探讨人应该具备什么样的个人品质才能达到个人的幸福和完善。正如梯利所说："对立的各派关于导致好的生活的行为的看法，也没有什么差异，纯粹的快乐主义者及其反对者同样推崇聪明、克己、勇敢和正直这些基本的德行。他们一致承认，只要过有德行的生活，聪明、节制、勇敢和正直，人就能获得幸福，精神安宁和思想平静。"①

中世纪的阿奎那提出，现世的德行应为：明智、勇敢、节制、公正以及人对上帝的信、望、爱。到了近现代前后，霍布斯认为人的道德活动源自于人的欲望，而大卫·休莫和亚当·斯密等人批判了霍布期的人性恶，甚至有人提出人因为有同情和宽宏大量心理而天生趋于善良。如卢梭就认为：人的善和正义均来源于人的自爱本性，自爱是为了自我保存，怜悯心使人同情他人，关爱他人。但是在法国唯物主义者眼里。他们将人的个人利益看成道德的驱动力。如霍尔巴赫所说，爱别人，就是爱那些使我们幸福的手段；爱尔维修更是将情欲看成道德高尚的源泉；拉美特里则说，人的自然欲望是否得到满足就是道德的标准，饮食男女是人的本性；启蒙大师伏尔泰主张人的道德源自于人与人的关系，有了人的具体行为才有独立自在的善；人是善与恶、快乐与痛苦的混合物。狄德罗通过批判继承前人和他人的观点而得出：人不仅利己自爱，而且利他爱人；不但有感官和情欲的需要，也有理智和道德的需要。所以，他主张美德存在于人为了社会的利益而控制情欲的自爱和幸福之中，人不可能获得脱离社会必然的自由。哲学大师康德则认为个人道德在于自律，他说："一个人由道德规

① [美]梯利：《西方哲学史》，北京：商务印书馆，1975年版，第133页。

律所统帅，不受他的冲动、自私的欲望和嗜欲所支配，他是自由的。”[①]“费希特则坚持：伦理的目的是在世界中实现自己；自然和人是为善而服务的工具。良心是一切真理和信心的试金石。“人的天职是履行他的职责，有意识和自愿地实现至善，把他的注意力转向普通的道德目的。他的良心命令他从感觉的奴役中解放出来，要做人，不要做物。”[②]黑格尔指出，道德是个人的自由意志，内含目的、意图、福利、善和良心等内容；而伦理则是超越于人的主观和个体，涉及家庭、市民社会和国家。个人只有成为国家的成员才有客观性、真理性和伦理性。其学生费尔巴哈则反对上述论点，提出人的自爱利己的本性和追求感官的享乐就是道德的来源和基础。道德的基本原则就是对自己以合理的节制，对人以爱。“爱是一切道德的化身，它能够消除社会生活中的各种利益矛盾，使人类真正过上幸福美好的生活。”[③]

西方各路大师从不同视角探求道德和个人品德，尽管光怪陆离，但是同样洋溢着真知灼见，是我们大学生进行自我修养借鉴和批判继承的思想库。

（二）中国古代个人品德观

中国古代个人品德观集中见于儒家经典，其中首推《论语》。其主要论及以下观点。

其一，为人必须正直磊落。孔子认为，人之生也直，罔之生也幸而免。在孔子看来，一个人要正直，只有正直才能光明磊落。

其二，青睐“仁德”。子曰：“弟子入则孝，出则弟，谨而信，

---

① [美]梯利：《西方哲学史》，北京：商务印书馆，2004年版，第434页。

② [美]梯利：《西方哲学史》，北京：商务印书馆，2004年版，第455页。

③ 魏英敏：《新伦理学教程》（第二版），北京：北京大学出版社，2003年版，第58页。

泛爱众，而亲仁。行有余力，则以学文。”[①]又曰：“人而不仁，如礼何？人而不仁，如乐何？”（《八佾》）这说明只有在仁德的基础上做学问、学礼乐才有意义。同理，唯仁德的人才能无私地对待别人，才能得到人们的称颂。子曰：“唯仁者能好人，能恶人。”（《里仁》）齐景公有马千驷，死之日，民无德而称焉。伯夷、叔齐饿死于首阳之下，民到于今称之。（《季氏》）这充分说明仁德的价值和力量。

当然，在孔子看来要想完全达到仁是极不容易的。所以他教人追求仁德的方法，那就是：博学于文，约之以礼，亦可以弗畔矣夫！（《额渊》）即广泛地学习文化典籍，用礼约束自己的行为，这样就可以不背离正道。同时也要重视向仁德的人学习，用仁德的人来帮助培养仁德。而仁德的人应该是自己站得住，也使别人站得住，自己希望达到也帮助别人达到，凡事能推己及人的人。即“己欲立而立人，己欲达而达人，能近取譬，可谓仁之方也已”。（《雍也》）

其三，注重个人修养的全面性。曾子曰，“吾日三省吾身：为人谋而不忠乎？与朋友交而不信乎？传不习乎？”（《学而》）即我每天都要再三反省自己：帮助别人办事是否尽心竭力了呢？与朋友交往是否讲信用了？老师传授的学业是否温习了呢？强调从自身出发修养品德的重要性。在此基础上，孔子强调做人还要重视全面发展。子曰：“志于道，据于德，依于仁，游于艺。”（《述而》）即志向在于道，根据在于德，凭借在于仁，活动在于六艺（礼、乐、射、御、书、数），只有这样才能真正地做人。那么孔子为什么强调做人要全面发展呢？这里体现了孔子对人的社会性的认识，以及个人修养的相互制约作用。他说：“举于诗，立于礼，成于乐。”（《泰伯》）即诗歌可以振奋人的精神，礼节可以坚定人的

---

① 林觥顺：《论语我读》，北京：九州出版社，2006 年版，第 3 页。

情操，音乐可以促进人们事业的成功。所以，对于个人修养来说，全面发展显得极为重要。此外，《论语》谈及个人修养的长期性。子曰："吾十有五而志于学，三十而立，四十而不惑，五十而知天命，六十而耳顺，七十而从心所欲，不逾矩。"[①]

二、马克思主义与新时期个人品德观

（一）马克思主义的个人品德观

恩格斯指出，道德并非像杜林所说是从来就有、永恒不变的，它起源于原始社会后不断发展。当人类进入阶级社会，道德就变成了阶级的道德。每个阶级都有自己的道德，凌驾于一切民族和时代之上的永恒不变的道德是没有的。恩格斯说："善恶观念从一个民族到另一个民族、从—个时代到另—个时代变更得这样厉害，以致它们常常是互相矛盾的。""如古代杀死战俘被认为是合乎道德的，今天则被认为是不道德的，所以僵死不变的善恶规范是没有的。

每一个人在阶级社会里都从属于一定的阶级，不同于这个阶级便属于那个阶级，从来没有而且也不可能有超越阶级的人。人们总是站在自己的阶级立场上去进行道德评价，对于什么是善，什么是恶，什么是光荣，什么是耻辱，什么是乐，什么是苦，什么是正义，什么是不正义等等的评价，不同阶级的人是不一样的，甚至完全相反。比如"工人比起资产阶级来，说的是另一种习惯语，有另一套思想和观念，另一套习俗和道德原则，另一种宗教和政治。"[②]

马克思主义主张个人品德的阶级性，但并不否认也存在着某

---

① 林觥顺：《论语我读》，北京：九州出版社，2006 年版，第 282 页。

②《马克思恩格斯全集》（第二卷），北京：人民出版社，1980 年版，第 91 页。

些需要共同遵守的道德规范、道德戒条。例如切勿偷盗、敬老爱幼、遵守公共秩序等，这是否证明存在永恒不变的道德范畴呢？绝对不是，一定的道德观念是由一定的社会经济关系决定的，对具有或差不多具有同样特点的经济关系来说，在道德论中自然会有某些相同的道德规范

个人品德是由特定社会经济关系决定的。在阶级社会中，人们从自己的阶级利益中吸取道德观念，提炼出自己阶级利益所需要的道德原则和规范。这就是说，不同阶级的经济利益决定各自阶级的道德观念，不同阶级的道德观念又反过来为各自阶级的经济利益服务。一个阶级总是通过社会舆论、习惯等力量。借助宣传、教育等手段，使自己阶级的道德观念深入人心，使人们按照自己阶级的道德原则和规范去调节行为，从而有效地维护自己阶级的根本利益。

（二）新时期个人品德观

十一届三中全会以来，对个人品德的研究引起了人们的高度重视。2001 年的《公民道德建设实施纲要》是对公民个人道德的经典概括：爱国守法、明礼诚信、团结友善、勤俭自强、敬业奉献。八荣八耻是个人品德修养的行为准则。就学术界来看，呈现多元化趋势，不过其观点集中围绕社会主义道德规范体系问题、道德与经济发展以及市场经济与道德建设等展开论述，从中可见其对个人品德的相关看法和观点。

罗国杰认为，社会主义道德规范包括：一个原则，即忠于共产主义事业的集体主义；五条道德规范，即全心全意为人民、共产主义劳动态度、爱护公共财物、热爱科学坚持真理、爱国主义和国际主义；四个范畴，即义务、良心、荣誉、幸福；三个特殊行为要求，即爱情婚姻家庭道德、职业道德、社会主义人道主义。

魏英敏的观点是；尊老爱幼、诚实守信、谦虚礼让、见义勇

为、助人为乐等。在其主编的《新伦理学教程》第二版中，编者将社会主义道德品质体系的个人道德品质概括如下：

1. 忠实，即在日常生活中兢兢业业地做事，踏踏实实地做人，不偷奸耍滑，不当两面派。

2. 无私，即在日常生活中先公后私，因公弃私，绝不因私害公，或者损公肥私。

3. 勇敢，即在日常生活中不怕苦，不怕累，勇于挑重担，敢于负责任。伸张正义，主持公道，主动积极向坏人坏事做斗争。

4. 勤奋，就是自强不息，即在日常生活中勤恳的工作、劳动与学习，不辞辛苦，刻苦钻研技术、业务和学识，并力求精益求精。

5. 仁爱，即在日常生活中为他人着想，尊重别人如同尊重自己，自己方便与人方便，就是爱人如己，助人为乐。

6. 公道，即在日常生活中不讲亲疏贵贱，不论尊卑上下，一律按原则办事，努力做到合情、合理、合法。

7. 诚信，即在日常生活中说话算数，说到做到，不蒙骗，不作假。

8. 节制，与放纵相对，即在日常生活中行为有节、有度、适中。

社会主义道德品质体系，除了上述的几个主要范畴之外，还有谦虚、豁达、知耻、惜时等范畴①。

第二节 个人品德的时代内涵

一、提出个人品德的时代背景

和谐社会有赖于和谐文化，和谐文化离不开公民的素质尤其是个人道德素质。可见党的十七大报告提出“个人品德建设”不

① 魏英敏：《新伦理学教程》（第二版），北京：北京大学出版社，2003年版，第423-425页。

是空穴来风，而是国际国内发展形势的需求，是时代的呼唤。

自从2001年《公民道德建设实施纲要》印发以来，我国积极探索道德建设的新途径和新方法，提倡“以德治国”和“依法治国”双管齐下，大力开展“社会公德、职业道德、家庭美德”教育，以加强公共活动场所、职业领域和家庭邻里社区的道德规范。

但随着市场秩序的拓展，世界大开放、大发展以及经济全球化的推进，各国、各民族文化互相激荡、融合，人们的世界观、人生观、价值观也在悄悄发生着变化，我们的道德建设也遇到了新情况、新问题。在公共领域，依然有人破坏公物和环境；在职业领域，依然有人贪污受贿；在家庭婚姻方面，第三者插足、“包养”情人案例层出不穷。在这种背景下，党的十七大报告提出“个人品德建设”，一方面体现“以人为本”，另一方面可以说弥补了道德建设的“空白”，抓住了事物的根本。社会公德、职业道德、家庭美德都是外向型的要求，个人品德才是内在的动因，是基础。其外延由大到小，内涵由浅到深，从外向内共同构成一个完善的道德体系。在四德建设中，人的能动性及个人品德建设是至关重要的。加强社会主义道德建设，构建和谐文化体系的进程中，个人的修养特别是个人品德的修养是树立四德意识、规范言行举止、建设和谐家庭、爱岗敬业、维护社会和谐的基础。可以说，个人品德修养犹如石投水中引起环形水波一样，是四德建设的波源和基点。实际上，这是要求我们每个人在道德建设过程中自觉地以自身品德修养为起点而向内修炼。社会公德、职业道德、家庭美德、个人品德体现为一种系列关系，个人品德是系列之始，亦即个人品德修养、构建和谐家庭和建设和谐社会有内在的统一性。个人品德修养是社会公德、家庭美德、职业道德的内涵，而社会公德、家庭美德、职业道德是个人品质的外化与体现。不仅如此，在道德建设与人的关系中，人还是道德的体现者，只有个人具备优良品德修养才能由己及人，才能由己及家庭、集体和社会。

二、个人品德的基本内涵

个人品德来源于社会实践中的感知、经验以及风俗传统潜移默化的影响和个人生理素质及神经功能的作用。

从纵向上来看，个人品德由道德认识、道德情感、道德意志和道德行为等因素所构成。

道德认识是社会的道德要求转化为个人内在品德的首要环节，是品德形成的基础。个人品德的高低无不依赖于主体对道德的认识和理解。这是个人品德形成和社会规范内化的途径。正如我们每天都要摄取食物—样，道德也是—种精神“食粮”，只有通过消化、吸收才能转化为营养“品质”。道德认识内含两个方面：一是对道德的客观性和必然性的认识；二是对道德的价值和意义，即对自我和社会满足的认识。

前者是“真”，是前提和基础，后者是“善”，是驱动力和主要内容。因为道德规范失“真”，那么其中所提倡的“善“就是—种伪“善”，要么成为一种骗人的把戏，要么流于形式。如此一来，人就会有意无意地破坏甚至践踏道德规范，出现“满口仁义道德，一肚子男盗女娼”的现象。

道德情感是个体在社会实践和生活经历中基于自身立场、观点所形成的对现实道德关系和道德行为的好恶、爱憎等心理活动。认识基于人对道德规范的“真”的强烈而执着追求。同时，人一旦有了某种道德情感就会产生某种道德意识，形成道德意志。情感既是一个人的需要和目的的内在体现，也是外在表现。例如人做错事的时候常常会产生不良情绪：内疚自责，忏悔；获得成功时出现积极情绪：自豪感、荣誉感和幸福感；目的达不到时容易悲观失望；对某人某事不满时则产生厌恶和反感；遇到危险和威胁时就会焦虑不安，等等。由此可见，有意识地培育良性道德情感对于大学生提高心理素质应变突发事件，以积极心态面对人生的酸甜苦辣和成长成才是至关重要。有道是："幸运往往光顾有准备的头脑"，"自助者天助也"。

道德意志是人们在履行道德义务或决定道德行为的过程中，自觉自愿地做出抉择、克服困难的坚强力量和坚持精神。道德意志受道德认识、道德情感的影响，是道德认识向道德行为、道德品德转化的关键。

道德行为是个人道德品德的外部状态，表现为语言和行为习惯。只有在道德实践中，个人品德才能形成、巩固、成熟，成为人生整体行为的一贯倾向和稳定特征。社会实践不仅是人们形成品德的客观基础，而且是人们改变自己已经形成的品德的基础。人在一生中面临各种选择和矛盾，如何决断靠自由的意志。当前瞬息万变的社会环境要求人们迅速果断决策，针对事态采取有效的行为。在市场风险和激烈竞争中难免遇到困境和挫折，缺乏坚强的道德意志，没有坚韧不拔和奋发图强的精神，就很难排除障碍取得满意的结果。俗话说：人生最大的"敌人"是自己。要克服自己的弱点比如易于冲动、惰性、怯懦、奴性，自制力差等等取决于顽强的道德意志。如今的大学生中意志薄弱者大有人在，每年都有大学生自杀事件发生。一个大学生在期末考试中作弊被当场抓住，第二天就投湖自杀了。这不能不引起人们的思考和扼腕痛惜。问题在于：首先，这个学生缺乏正确的道德认知，片面夸大事情的阴暗面，越想越害怕，越是害怕越是去想，以致最后心理崩溃。其次，这个学生缺乏坚忍的意志，承受打击和挫折的能力太差。因此，大学生在即将踏入社会熔炉之前就应当磨炼自己的意志，学会独立自主和果断行事，增强自控、自制能力抵御人生风雨。

从横向上看，个人品德包括社会公德、职业道德和家庭美德。

社会公德　社会公德是社会全体公民为维护社会正常生活秩序和人际关系而必须共同遵守的最简单、最起码的社会公共生活准则。它调节人们在社会公共生活中的相互关系，维护公共生活秩序和社会共同利益，为社会普遍公认的最基本的行为准则，属于社会主义道德教育和建设中的基础层次，是最基本的道德规范，是个人品德中的最低层次。假如一个人连最基本、最低层次的公德也不遵守，那么这个人就不被认为是真正意义上的人了，而是异化为一般的低等动物。比如一个正常的成年人赤身裸体地在大街上行走或者白天在公园随地小便，旁观者会感到恶心，从而打心底瞧不起他。有时还会将他归于“畜生”。社会公德作为维护社会公共利益的道德规范，其本质是重视他人的存在，重视个人与社会、个人与自然的关系，以此协调人际关系、生态关系，维护社会公共生活的相对稳定及和谐，是个人品质在公共领域的外在体现。大学生只有在公共场所遵循社会公德，践行社会规范，做到文明礼貌、助人为乐、诚实守信、与人为善、爱护公物、遵纪守法，才有可能锤炼个人品德，成为时代需要的人才。

职业道德　职业道德从本质上来说，职业和职务集中体现社会关系的三大要素：责、权、利。每种职业都意味着承担一定的社会责任，如遵循职业规范、程序，承担职权范围内社会后果的责任，实现本职业岗位与其他职业岗位有序合作的责任等等。同样，每种职业都有一定的社会权利，即“职权”。如使用、操作、管理或者支配某些社会资源的权利，通过职务获得社会财富报酬的权利等等。更重要的是每种职业都体现着一定的利益关系，是国家利益、行业集体利益和个人利益的聚合体。可见，一个人不遵守职业规范的实质在于其个人品质有问题，也就是只讲岗位职权和利益而拒绝承担责任导致他人和社会利益受损。因此，提高职业道德的前提在于提升个人品德。

家庭美德　家庭美德是每个公民在家庭生活中应该遵循的行为准则，是调节家庭内部成员和家庭生活密切相关的人际交往关系的行为规范，涵盖夫妻、长幼、邻里之间的关系。家庭是社会的细胞，家庭的安宁与和谐，有利于形成安定团结的社会局面。我国评选的道德模范中“孝老爱亲”模范就是践行家庭美德的杰出代表。家庭是每个人的精神港湾与情感归宿，也是构建和谐社会的基础。可是一个家庭中，若有一两个成员缺乏个人品德修养，只从个人出发，无视家庭成员的感受，不尽家庭成员的义务，没有责任感，这个家庭还能安宁、美满吗？许多起初美满的婚姻家庭解体无一不是由个别家庭成员个人品德变质蜕化开始的。由此可见家庭美德也是靠每个家庭成员的个人品德来构建的。

第三节　个人品德——大学生成才的灵魂

一、大学生个人品德修养的现实意义

美德是最好的装饰品，它会使一位虽然长相不俊美，但举止优雅的人比虚有其表的人赢得更多的尊重。

人在与自然、社会、关系中，个人品德决定了一个人的一生。这就需要我们懂得爱，学会爱，这是人的生命存在的重要价值。古人云：人无弘量，但有小谨，不能大立也。凡成大事业者，总是个人品德高尚，胸襟旷达、宽怀大度。爱因斯坦曾说：“个人所能做的就是做出了好榜样，要有勇气在风言冷语的社会中坚定地高举伦理的信念。长期以来，我就是以此律己，取得了不同程度的成绩。”[①]鲁迅说：养成他们有耐劳作的体力，纯洁高尚的道德，广博自由能容纳新潮流的精神，也就是能在世界新潮流中游泳，不被淹没的力量。由此可知，良好的德行乃是大学生成就事业，参与社会竞争，迎接来来挑战的基石。市场经济竞争不是靠坑蒙拐骗，而是以实力为后盾，以诚信和服务意识为原则。一个品质败坏的人很难与他人合作，别人也会拒绝与其交往和从事业务往

① 《爱因斯坦文集》（第一卷），北京：商务印书馆，1979 年版，第 414 页。

来。这样就不可能将事业做大做强。相反，一个与人为善的人会赢得美好的声誉和发展的前景。培根说过：如果一个人对陌生人也彬彬有礼，就说明他是一位世界公民，他的心并不是与大陆隔绝的孤岛，而是使岛屿相连的大陆。如果他同情别人的痛苦，就说明他像那种高贵的树一样，伤害自己，却为人留下疗伤的香膏。如果他容易原谅和宽恕别人的罪过，说明他的心是植根于别人伤害不到的地方的，因此他不可能被击垮。如果他对微小的恩惠也充满感激，说明他看重别人的心而不是其他无用的东西。

二、个人品德修为的先在性和长期性

有人将品德比喻为铁轨，知识和智力就是火车与推动它前行的动力，如果失去了品德这个轨道，马力越大就越会导致车毁人亡。“机遇垂青于有准备的人”，你的人品素质也是一种无形的准备。“勿以善小而不为，勿以恶小而为之”，注重小事，培养自然、本能而非刻意做作的良好处世能力将有助于你走向成功。所以，必须先修好铁轨才能确保“火车”的安全，这就是修身的先在性。

现在用人单位在招聘中常出奇招来达到了解应聘人的目的。在不经意间，对应聘人的品德素质提出了高要求。

用小事来测试人品。美国著名的福特汽车公司，是以福特的名字命名的。当年福特大学毕业以后，去应聘汽车公司，和他同时去应聘的三四个人的学历都比他高，他觉得自己没什么希望了。但既然来了，也不能不去试一下，于是，他去见董事长。一进办公室他发现地上有一张废纸，就弯腰捡起来丢进了废纸篓，然后走到董事长的办公桌前，说：“我是来应聘的福特。”董事长对他说：“很好，很好，你已经被我们录用了。”福特感到意外，董事长说：“前面三位的确学历比你高，但是他们的眼睛里只能看见大事，而看不见小事。而只能看见大事、忽略小事的人是不会成功的。”福特就这样进了这家汽车公司。

福特不经意间做了一件小事，却为自己敲开了成功的门。小中见大，无意间的一件小事可以看出一个人的人品。

可见，提升个人品德必须从小事做起，从现在做起，从自我做起。人的习惯往往是从无数的小事一步一步养成的，良好的个人品德离不开良好的习惯和日积月累的修炼和培养。个人修为是一个长期性的积淀，善的品质不可能一天两天、一年两年养成，必须经历一个过程。首先是对道德关系和社会规范的理解和认识，在积累了一定的有关善恶、是非善恶美丑的知识后再进行判断和选择，此乃第一步。将已有的道德知识付诸实践，并指引人的行为是道德品质形成的第二步。将行为内化为品质还必须养成一定的习惯。所谓道德习惯就是人经常、持续不断地从事某种行为，使之积淀于心理形成自然的行为方式。没有道德习惯就没有道德品质。正如黑格尔所说："一个人做了这样或者那样一件合乎伦理的事，还不能说他是有德的，只有当这种行为方式成为他性格中的固定要素时，他才可以说是有德的。"①一言以蔽之，道德习惯的养成标志着人在内心自觉地履行某种道德行为，外在的规范不再是他律，而是成为内在需要，不履行这种道德行为就会受到良心的谴责和内心的煎熬，感到焦虑、惭愧、不安和内疚。实际上，也就是从外向内，再由内向外，循环往复的过程，是从他律走向自律的过程。也是一个反复、艰巨的长期过程。一句话，大学生只有在学习生活中养成良好的习惯，才能提升自己的道德素质，适应社会和时代的需要。

---

① [德]黑格尔：《法哲学远离原理》，北京：商务印书馆，1979 年版，第 170 页。

第四节　完善个人品德实现内外统一
——大学生个人品德修养的途径和方法

一、内在修养

（一）内在修养

所谓内在修养，是指一个人将社会道德规范加以内化之后在认识、情感、意志、信念等各方面所展示出来的一种内在品质及修养。内在修养对社会中的每一个人来说都非常重要，它不仅昭示着这个人道德水平的高低，同时也暗含着其在社会中被他人认可、接受和欣赏的程度，更意味着其在社会中所应获得的身份与地位。毫无疑问，一个具有良好内在修养的人，他的个人品德必然是高尚的，肯定能被社会中的大多数人所喜爱。因此，我们可以说，良好的内在修养是一个人完善自我品德的关键。没有这一必备条件，即便拥有再漂亮的外表和仪容也是毫无意义的。

在古今中外的历史上，许多知名学者及伟大思想家都非常注重个人的自我内在修养。如我国伟大的思想家、儒家学派创始人孔子就曾提出著名的修身哲学，“三人行必有我师焉”，“见贤思齐，见不贤而内自省也”，主张通过内在修养的方式来完善自己的人格。我国当代著名文学家巴金一生之中恪守一个做人原则：不说假话。因为他始终做到这一点，从而得以成为“感动中国”的重要人物。这些学者和思想家正是因为注重个人的内在修养才得以名垂天下、广受颂扬。

（二）内在修养的内容

内在修养给人的感觉是含蓄、内敛，看不见、摸不着，但又真实地存在，它是一个人内在和最深层次的秉性和品质。内在修养境界高的人，常常含而不露，其一举一动、一颦一笑能给人一种美的享受，对其周围的人亦能构成一种无形的影响力和感染力。我们形容一个伟人品质的高尚，常常情不自禁地使用“高山景行”、“有口皆碑”这样的字眼，表明他的品德伟岸足以与自然的山川相媲美。普通人要修炼出这样高尚的内在修养，并非一朝一夕之功，而需要在生活中长期和全面地锤炼。一般来讲，内在修养主要涵盖如下几个方面的内容。

1. 认识修养

它是指对一定的道德知识包括道德原则、道德规范的感知、理解、接受和逐渐内化，形成一种比较系统的正确看法。从认识论上看，道德认识修养是道德行为的基础。例如，“红灯停，绿灯行”是社会中最简单的交通规则，一个道德认识修养较高的人就会在思想上高度认同和接受它，并在实践中认真自觉地遵守它。反之，一个道德认识修养较低的人就会在思想上漠视和排斥它，以致在实践中破坏它。再如，在公共汽车上“为老弱病残孕让座”几乎已经成为一条公认的道德准则。一个富有认识修养的人会在心里视之为“理所当然”，而一个缺乏认识修养的人则会在心里视之为“强权公理”，这就是道德认识修养对人的品行所起的关键作用。

那么，我们该如何培养自己的认识修养呢？

首先，我们对“道德”的内涵要有一个深刻的体悟。道德作为一种社会现象，是人类社会在长期的历史发展中逐渐孕育和产生的，它体现了人类维持社会关系平衡的一种内在要求，也是人类社会维持自身发展的一种客观需要。从这个角度来理解，我们应该把道德看成是保障社会利益均衡的外在手段和保证每个社会成员生存空间的外在条件，而不应将其视为限制个人活动空间和自由的外在束缚，因为人独处于世上，是无所谓道德的。有些人不明白这一点，在观察和思考道德现象的时候，喜欢天马行空地想象，爱把自己设想成是泛于湖心的一叶孤舟。这种意境固然美妙，孤舟也很自在，但其最终的困境是这叶孤舟将单枪匹马独自面对狂风暴雨的袭击，没有任何外援力量可以求助。所以我们应转换思维，把自己设想成徜徉于海洋之上百舸争流中的一员，虽然这个环境富有竞争性，但至少在我们船只面临沉溺危险的时候能够及时获得救援和爱心的提携。

其次，我们要积累丰富的感性经验，以理性认识为指导。一个人对道德现象的认识，一般都是以感性经验开始的。生活体验丰富的人，观察事物的角度较能呈现多维化的倾向，反之，生活体验贫乏的人，观察事物的角度较为单一。这说明感性经验对一个人的品德成长非常重要。在校大学生由于接触社会几率较少，生活体验不丰富，经验世界呈现平面化而非立体化的特征，在观察事物的过程中缺乏一种对比性以及多维思考的可能性，容易形成对道德现象的不正确认识。在 20 世纪 90 年代末期，一部美国好莱坞影片《泰坦尼克号》曾风靡中国许多大学校园，其惊心动魄的故事情节和男女主人公真挚纯洁的爱情撼动了许多大学生的心灵，其中有些人喜欢杰克几乎到了爱屋及乌的地步，因为爱他的优点连带他的缺点也一并喜爱。影片中有这样一个情景：为帮助露丝找到摆脱身份束缚和释放压力的方法，杰克奇思妙想，教露丝对着大海吐痰，在教与学的过程中，两人其乐融融。对于这个镜头，许多大学生是报以理解和同情的心理，并不以之为丑。其实，出现这种现象的原因主要是大学生感性经验不丰富和缺少理性认识。如果我们大学生有足够的理性思维基础，就能对这一情景提出道德质疑：杰克帮助露丝摆脱束缚和释放压力，不一定非得通过这种途径，他完全可以像后来那样拉着露丝的手跃上栏杆眺望大海。总之，我们只有积累丰富的感性经验并培养一定的理性认识，才能在生活中不被眼前的事情给牵着鼻子走，从而树立起自己的道德良知。

再次，我们要站在大众的立场上，以社会主流意识为导向。当今时代是一个思想文化多元化的时代，纷繁各异的非主流意识无时无刻不在充斥着我们的大脑。拜金主义、享乐主义、个人主义等不健康思潮对我们的人生构成极大影响。再加上现代报刊媒体的发达和书籍出版业的兴盛，各种三教九流的书刊不断应市，宣传各种奇谈怪论的书籍俯拾皆是。在一些主流意识还未占领的领域，它们捷足先登，安插渗透。大学生由于生活经验不足，辨别是非的能力有限，容易受到某些非主流思想的影响，所以应多阅读一些主流性媒体，通过正常途径了解大众心声，掌握主流文化的特点，以助于个人认识修养的提升。

2．情感修养

它是指在道德认识的基础上，根据一定的道德准则，把处理相互关系和评价他人或自己的行为时所产生的情绪体验培育和升华为道德情感的过程。情感修养是在认识修养基础上的提高，对一个人的品德同样具有重要的作用。如果说认识修养还仅仅是停留在认识的初级阶段，那情感修养则带有很强的感情色彩了，凭借它能非常有效地判断出一个人的道德水平如何。例如，在公共场所不许大声喧哗是一条人人必须遵守的公共准则，有些人对它表示欢迎，并乐在其中；而有些人对它则表示厌恶，感觉身处其中如同受刑一般。再如，“尊老爱幼”是我国优良的传统美德，有些人对那些真正做到“尊老爱幼”的人表示由衷的钦佩，并情不自禁地向他们靠拢；而有些人对这群人则表示冷淡，并自觉不自觉地在行为上疏远他们。这就是情感修养对个人品行所显示出的巨大力量。

1998 年，中国长江流域和松花江流域发生历史上罕见的特大洪水，许多无辜百姓在洪灾中不幸遇难。在党中央的号召下，为挽救人民的生命和财产，中国人民解放军武警官兵不分昼夜地奋战在抗洪一线，发扬不怕牺牲、不怕疲劳、连续作战的精神，谱写了一首首催人泪下、感人肺腑的壮丽诗篇。许多人亲眼见证了军民之间血浓于水的亲情、真诚与善良的人性光辉、一幕幕可歌可泣的英雄壮举。这一情一景感动着无数普通人的心灵，使许多久已麻木的心又重新绽放出鲜艳的花朵，燃烧起生命的激情，呼唤出心灵深处最挚诚的善良。在那一时刻，同情与感动成为许多人生命情感中的主题。虽然事情已经过去了很久，但对于经历或见证过 1998 年洪灾的人来说却是终生难忘。可以说这样的生命体验对他们的人生旅程是一次成长，因为目睹了爱心而使自己有了爱心，因为见证了善良而使自己变得更加善良。这一事例说明良好的情绪体验有利于提高个人的情感修养。

大学生情感世界比较丰富，但情绪变动较大。喜新厌旧的心理常常使自己或悲或喜，或歌或泣。因此，应该多参加一些有益的社会实践，开阔自己的眼界，稳定自己的思想情绪。例如，参与“义务劳动”这样的活动，有利于矫正过去视劳动为肮脏下贱的低等活的错误观点，培养大学生与劳动人民之间的深厚感情，在情感上深深地体会到“劳动最光荣”这一深刻内涵，最终情不自禁地热爱和歌颂劳动人民。

3．意志修养

它是指人们在履行道德义务时克服一切困难和障碍，形成道德抉择的力量和坚持到底的毅力的过程。意志修养是贯彻道德信念并且使道德行为持之以恒的重要精神力量，因而也是道德观内化并形成良好道德品质的重要因素。例如，在火车站售票厅排队，有些人因为排队时间过长，开始有点急不可耐，当看到别人插队得以提前买到火车票的时候，就变得蠢蠢欲动，而步这种插队买票行为的后尘，这就是意志修养不够高的表现。

现在，多数大学生是生活在和风细雨里的温室花朵，很少经历暴风骤雨的洗礼，加上他们接触社会的机会较少，涉世不深，没有生活的历练，很难铸造一种坚不可摧的意志力。因此，他们在日常生活中极易产生“从众”心理而丧失自己的意志力。例如，在考试过程中“严禁舞弊”是每一位大学生都知道的考试规则。许多人事先都向自己保证不会舞弊。但在考试进行过程中遇到“下笔难”的问题时，又目睹其他人舞弊屡屡得手的情况下，就慢慢地突破了自己的意志防线，将最初的保证弃之脑后，开始效仿其他人的舞弊行为。再如，某些担任生活委员的大学生干部，在当初就职演说的时候信誓旦旦地向大家保证说，“我一定恪尽职守”，但一旦遇到手头紧，又听信别人“借鸡下蛋”等意在挪用公款之类的话之后，当初的那种雄心壮志就顿时不见了，种种劣迹也随之出现。这样的例子在我们大学生的身上屡见不鲜，因此更应该时时提醒自己，锤炼自己的意志，使自己的意志修养真正得到提升。2006年央视推出大型特别节目《我的长征》系列活动，以重温红军长征史、采访长征途中风土民情、亲身体验长征的艰苦与豪迈为主线，动员了许多大学生一同参加。在重走长征路的亲身体验中，他们加深了对革命前辈的景仰之情，磨炼了自己的意志，提高了自我的人格修养。大学生也可以利用业余时间参加类似“我的长征”这样的活动来锻炼自己的意志。

4. 信念修养

信念修养就是把正确的社会道德准则内化为自我确信的道德信条的过程。要想使道德行为恒久延续，还必须把道德的激情上升为道德责任，上升为潜藏于心的道德义务感。同时，正确的道德信念又是一种道德理性，总是避免盲目和迷信的成分，因而它成为人们正确行动的动力。

信念是一个人的立身之本，一个人如果没有明确的信念，那么他就好像无头苍蝇一样，只会到处乱转，不知道前进的方向。不论是先哲的古训，还是无产阶级革命家的谆谆教导，都要求人们在思想道德修养方面要不懈努力、持之以恒，绝不可一曝十寒，更不能半途而废，即要有坚定的信念。毛泽东曾说过：“一个人做点好事并不难，难的是一辈子做好事，不做坏事，一贯地有益于群众，一贯地有益于青年，一贯地有益于革命，艰苦奋斗几十年如一日，这才是最难最难的啊!”伟大的共产主义战士雷锋之所以能几十年如一日地坚定一辈子做好事”,就是因为他心中有一个坚定的“为人民服务”的共产主义信念。在现实生活中，有些人信守“我为人人，人人为我”的道德信念，因而把为他人做好事当成是一种人生乐趣；而有些人则信守“人不为己，天诛地灭”的庸俗信条，因而把为他人做好事视为一种煎熬。

当代大学生都是年龄在 20 岁左右的青年人。他们天真烂漫、喜爱幻想和憧憬未来，常常为自己设计种种美妙的人生蓝图并树立高远的奋斗目标，但往往有些人又好高骛远、眼高手低，同时他们所生活的周围环境又没有促使他们萌发信念的客观因素，因而容易缺少一种为实现自己宏伟目标而不断奋发进取、持之以恒的精神毅力。有些大学生为了培养自己的信念，专门给自己制定了一条人生座右铭：勿以恶小而为之，勿以善小而不为，以此来时时警醒自己，取得了很好的效果。事实证明，信念是人生中最伟大的精神力量，只要拥有了它，人就可以在任何险境中破浪而行，无往而不胜。因此，作为社会的骄子，大学生应该努力培养自己的信念，以便全面提升个人的品德修养。

二、外在修养

（一）外在修养的含义和重要性

所谓外在修养，是指一个人在完成对社会道德接受、认可等内化过程之后在语言、行为、仪容、仪态等各方面所表现出来的外在品质及修养。外在修养是在内在修养基础上的进一步提升，是对内在修养的付诸实施及全面展示。所谓“台下十年功，台上一分钟”,台下十年的内在修为,就是为了台上一分钟的瞬间展示。因此，对一个人来说，从内在修养到外在修养的过渡又是人生的一大飞跃与进步。判断一个人的修养水平如何，固然要看他的内在修养，但首先映入眼帘的往往是他的外在修养。

我国向来有文明古国之称，并被冠以“礼仪之邦”的美誉。不仅因为我们有着悠久而完善的礼仪制度，更重要的是我们的先人都非常注重自己的外在修养。至今还流传着的一句传统古训“君子正其衣冠，尊其瞻视”（《论语·尧曰》），就是古人重视礼仪、讲究穿着打扮的明证。他们对自己仪表的要求甚至到了一种近似苛刻的程度，“衣裳不如法，人前满面修（羞），行时无风采，坐在下行头”，意在一个人若缺乏外在修养，则其尊严与地位都会连带丧失。宋朝著名理学家朱熹曾在《童蒙须知》里明确指出“为人”的初步是“童蒙之学，始于衣服冠履”，可见做人要从着装洁净整齐做起，在当时已成为一种道德准则。

当今时代是一个人才竞争越来越激烈的时代。社会上许多热门岗位基本上是服务性的，这就对应试者的外在修养提出了更高的要求。同时，我们所生活的这个时代又是色彩缤纷和光怪陆离的个性化时代，我们在语言、行为方式、穿着打扮等方面面临着诸多选择。如何才能在芸芸众生的大千世界中找到适合自己个性和品位的外在修养模式，是一个值得每个人考虑和深思的问题。因此，外在修养在今天这个特殊时代就显得格外重要。

（二）外在修养的内容

与内在修养不同，外在修养是看得见并感觉得到的，因而可视性很强。一个外在修养良好的人，往往可以给他人带来极强的示范效应，通过他人效仿的方式促进周围人群素质的整体进步。外在休养的内容比较丰富，大体说来包括如下几个方面。

1. 语言修养

所谓“语言修养”，是指一个人为了使自己的言行合乎道德礼仪规范而对自己的语言进行长期锤炼的过程以及在此方面而最终达到的修养境界。大学生是一个语言修养水平较高的群体，但也存在明显的不足之处。这些不足对大学生的形象塑造形成制约。大学生要消除这些制约因素，就必须充分认识语言修养的层级性要求，采取必要措施加强语言修养，塑造良好形象。

首先，语言要文明健康，切忌说粗话、脏话、黑话。现代社会是一个大众化社会，俗语和俚语俯首皆是，不断地充斥着我们的耳边。耳濡目染之余，许多大学生在不自觉中学会了社会上流行的一些粗话、脏话。如有些人为显示自己的粗犷，喜欢把姑娘称为“小妞”，把有名的人称为“大腕”，把吃饭说成“撮一顿”。这些“出口戌章”的措辞，无疑使大学生的身份标识大大降格了。此外，随着现代商业文化的炒作与发展，港台及海外影视文化作品不断向大陆进军，其中有相当一部分内容是与黑社会有关的，可想而知，流行于黑社会的黑话也自然裹挟而来。久而久之，一些大学生无形之中也把这样的语言收入囊中。如有些大学生为了不让别人欺负，嘴里故意冒出一两句黑话来，显得匪气十足，实则让人生厌。

其次，说话要注意时间、场合。要善于察言观色，把握说话的艺术与分寸。孔子曾教导他的学生“言未及之而言谓之躁动；言及之而不言谓之隐；未见颜色而言谓之瞽”。(《批语·季氏》)主张讲话要看时间、场合和人的脸色，否则这个人就是不合时宜、不受欢迎的。现在的大学生在这方面存在两个极端，其一是有些大学生自以为处于天真烂漫的学生时代，可以“童言无忌”，甚至“信口开河”，说话完全不顾时间和场合，其二是有些大学生一味地信守“沉默是金”的人生信条，说什么“宁可让你的嘴闭着而被人认为是傻子，也不要开口让别人看出你的底细”。这两种极端的做法不但不利于挖掘大学生潜在的语言优势，而且不利于大学生个人语言修养水平的全面提升。

再次，大学生说话要注意防止“学生腔”。学生腔，自古有之。

比如，戏曲里，旧小说里，往往讽刺秀才爱说“之乎者也”。秀才口中爱转文，这恐怕就是古代的学生腔。现代学生腔里，也有爱转文的毛病，话说得不通俗。又如，在大学生的求职信中经常出现“给我一个机会，还您一个惊喜”、“久闻贵单位……”等这样的求职语。如果招考官真的给你一个机会，那你会带给应聘单位什么“惊喜”？“贵单位”是哪个“贵单位”？这样的语言带有明显的学生腔，也显得很虚伪，很空。有分析指出，不少用人单位都希望招到有一定社会实践经验的人才，并为之所用。这种学生腔语言很可能导致招致考官对你社会实践能力的否定，从而失去成功的机会。为了防止高高在上的“学生腔”，大学生要善于吸收群众语言，善于与社会上各种人物打交道，把自己融入社会，而不是脱离社会。这对自己来说也是面试，对未来就业是大有好处的。

最后，说话应该幽默灵活，切莫死板和生硬。语言是一门社交艺术，由不同的人经不同的发挥会产生截然不同的效应。只有活学活用的人才能真正道出语言的真谛。幽默的运用，则更加增添了语言艺术的光辉。一个富有幽默感的人，给人的印象是落落大方、富有修养；而一个没有幽默感的人，则给人的印象是死板生硬、缺少修养。我国现代史上的文学巨匠鲁迅先生讲话生动幽默，常常给人一种春风拂面的感觉。有一回，几个朋友和他谈起国民党的一个地方官下令禁止男女同在一个学校上学、同在一个游泳池里游泳的事，鲁迅先生说：“同学同泳，皮肉偶尔相碰，有碍男女大防，不过禁止之后，男女还是一同生活在天地中间，一同呼吸着天地中间的空气。空气从这个男人的鼻孔呼出来，被另一个女人的鼻孔吸进去了，淆乱乾坤，实在比皮肉相碰还要坏。要彻底划清界限，不如再下一道命令，规定男女老幼，诸色人等，一律戴上防毒面具，既禁止空气流通，又防止抛头露面。”这样的语言无疑具有很强的感染力。大学生要善于从文学大师的身上汲取幽默的因子，培养自己幽默的语言风格。

2. 行为修养

行为修养是指在现实生活中将一定道德意识转变为自觉的道德行为的过程。行为修养是一个人道德水平的重要标志。看一个人是否具备高尚的道德品质，不在于他的言论多么动听，而在于他的行为是否高尚，言行是否一致，是否始终如一地把道德原则和规范贯彻到实际中去①。

判断一个人的行为是否富有修养，有几个衡量标准，即合乎“礼”、顺于“情”和契合文明社会的时代轨迹。

所谓合乎“礼”是指一个人的行为要符合大多数中国人的生活礼俗或生活方式。如在中国传统的生活礼俗中，家中有客人来访，主人应笑脸迎客，并殷勤待客，及时地给客人上茶或上点心，就餐时要让客人就上座。而对于客人这方来讲，主人上茶时需用双手迎接以示尊重。这些从传统中国习俗中衍生并提炼出来的生活习惯，业已成为普通中国人日常生活中习以为常的行为方式。他们在现实中习惯于从生活习俗的角度去看待人和事，因为他们主要还是生活在带有惯性的生活习俗中。在此，我们可以想象一个终日游手好闲、无所事事的人是谈不上什么行为修养的，因为他的行为不符合中国人传统中“日出而作，日落而息”的勤劳品质和“勤于稼穑”的生活特征。有这样一则流传在民间的小故事颇能说明问题，说有个骑马的年轻人出远门看望一位远房亲戚，当路走到一半时，已近日落时分，因为路途遥远，人疲马乏，再加上自己不太识路，想找人打听打听。这时正好看见不远的地方有一位老农还在田中劳作，未急着回家，年轻人一个箭步上前，大声喊道：“喂，老头，去李家庄的路怎么走啊？”老人听了头也不回，用手往南一指，说：“往那走。”话音刚落，年轻人连一声

① 王东莉：《大学生修养》，杭州：浙江大学出版社，2002 年版，第 195 页。

“谢谢”都没说，就迅速上马赶路。其实，为了惩罚这个不谙世情的年轻人，老人故意给他指了一条南辕北辙的路，所以，年轻人再煞费苦心也永远到不了目的地。而造成这一恶果的原因就是因为他的行为方式与中国人的生活礼俗有出入，缺乏作为人的最起码的修养。所以，一般来讲，如果一个人的行为符合这种生活礼俗，则容易被普通人接受和认可，并被冠以“有修养”的美誉；反之，则容易受到他人排斥，并被认为是没有修养。

所谓顺于“情”是指一个人的行为迎合大多数人的主观感受或顺应大多数人的心理审美需求，换句话说，其行为的结果可以使人在心理上获得一种愉悦感和舒畅感。曾经有一位来自中国社会科学院的研究员，在某高校图书馆报告厅开过一个讲座，效果非常良好。其讲座内容十分精彩，讲课语言流畅动人，富有节奏感，且讲课风格清新独特。更为重要的是其彬彬有礼、落落大方的绅士气度给人留下难以忘怀的印象。在开讲之前，当主持人对他的经历和研究成果作简单介绍之后，他非常自然地从讲台上走下来，面对观众深深地鞠了一躬，结果这一行为博得了大家的一致掌声，从而为他的开讲奠定了良好的基础。在讲座圆满结束以后，在大家雷鸣般的掌声中他又从讲台上来到观众面前深深地鞠了一躬，对大家的热情表示由衷的感谢。最后，当主持人对其讲座发表感言并代表大家向他表示祝贺和感谢时，他又以鞠躬的方式以示回谢。事后，有一名女研究生曾非常感慨地说；“本来那天我身体有点不舒服，不太想去，但幸亏我去了，听了他精彩的演讲，看了他文质彬彬的君子风度，我顿时觉得整个人身体好像复苏了一样，一点都没有难受的感觉了。”由此我们可以领悟到，良好的行为修养必然会在心理上给人一种欢欣愉悦的感受，甚至可以毫不夸张地说，它有时还能起到一种生理治疗或心理治疗的功效。

所谓契合文明社会的时代轨迹是指一个人的行为方式要随着文明社会的发展和进步加以不断的修正以契合时代发展的要求。

众所周知，人类社会是从不文明逐渐走向文明的，随着文明社会的到来，人口的急剧增多和社会矛盾的日积月累给处理社会问题的人类本身提出了一个重大难题。为保持社会秩序的有条不紊和节约处理问题的社会资本，一些规范社会公民行为、使之逐渐文明化的条规也就应运而生。如过去被中国人不以为然的“随地吐痰、擤鼻涕、随手乱抛垃圾”的行为，在今天文明社会的人看来则被视为一种社会陋习和不文明的病症。还有过去中国人见到亲朋好友时互相作揖的行为已逐渐被西方式的握手给替代了。总之，一个人的行为只有契合了文明社会的时代要求，才可称得上是有修养的行为，否则，将会被视为不识时务的怪物。

3．仪表修养

所谓“仪表修养”，是指一个人为了使自己的仪表合乎道德礼仪规范而对自己的仪表进行长期锤炼的过程以及在此方面最终达到一种美的境界。仪表即指人的外表，它包括人的面部修饰、着装、神态、姿态等方面，是一个人精神面貌的外在体现。我们在日常生活中会经常听到别人说某某“不修边幅”、“面部邋遢”；某某一身流氓小混混的习气、一幅嬉皮士的模样，都是指的仪表修养问题。

在现代社会，对个人而言，随着人与人交往的日益频繁，自我仪表和自我形象越来越重要。有一句十分流行的时髦用语叫“形象决定成败”，也许有些人会对这句话产生疑问或不以为然，他们认为第一形象固然重要，但是我们还有与对方再接触和再见面的机会，可以通过二次接触或三次接触的方式让对方进一步了解我们的内心世界，从而达到让彼此心灵相通的目的，这也是古人所提倡的“精诚所至，金石为开”的道理。这种观点固然不错，但我们必须了解到当今社会人们的工作和生活节奏越来越快，人们交往的范围越来越广泛，交往的对象越来越复杂，在同一时间内交往的频率之高、交往群体的变更性之大，使得我们难以固定地同某一群体交往，甚至某些交往是转瞬即逝的，如果我们的仪表修养不到家或第一形象不雅，就可能使对方对自己产生不悦心理，从而永远丧失再次接触的机会。因此，每个人都应从现在开始认识到仪表修养的重要性，注重自己的仪表问题。

首先，个人仪表修养要与自己的职业和身份相符。每个人在社会中都有自己的职业，为了融入其一职业，人们在仪表上都会透露出一些职业气息。例如，从事国家公务员和新闻播音员这一职业的男士在仪表上一般以短发、不蓄须为主要面部特征，常常给人一种整洁精干的感觉。而对于从事音乐、绘画、文学这一类职业的人来说，情形又截然不同，有些男士留长发或蓄长须，不但无损于其个人形象，有时还能给人一种艺术般的飘逸感觉。如著名的画家、齐白石老先生就是典型的髯者形象，其下须之长延至脖颈以下，表现出一种智慧和深沉的气质。还有在过去的战争年代，中国共产党创始人李大钊和革命家兼文人的鲁迅都是以蓄浓黑的短须为面部特征，我们不但不觉其丑，反而能感受到其身上不屈从于旧势力的铮铮傲骨与阳刚之气。

其次，个人仪表修养要与自己的个性特征相符合。在现实生活中，人与人无论是外在体形还是内在性格都是存在巨大差异的。因此，我们在仪表方面应尽量彰显自己的个性。但是，随着商业文明的不断发展，我们所生活的这个时代似乎越来越成了一个偶像崇拜的时代。许多人由崇拜偶像进而发展到模仿偶像。应该说，我们对模仿他人的行为不能一概否定。因为偶像之所以能成为偶像，说明他在某些方面确实存在吸引人的地方。例如，某某明星的仪表看起来很漂亮，因为她比较擅长用装饰手段将身体的各个部位有机地协调起来，在一定程度上能给人提供一种参照和借鉴。所以，当某人在外形上模仿偶像的时候，他或多或少地获得了一些仪表方面的知识，有利于自己的进步。但是，这种作用不宜夸大，因为一个人如果长期地模仿偶像，慢慢地就会泯灭自己的个性，甚至忘记自己的存在。古人在这方面已经给我们现代人提供了许多深刻的教训，如东施效颦和邯郸学步的故事就是典型事例。或许有些人会问："我们要怎样装扮才能体现自己的个性？在体现个性的过程中又如何把握住分寸？"这也是许多年轻女孩觉得困惑的地方，"我是施浓妆好呢，还是施淡妆好呢？"宋代文学大师苏东坡有两句名句说得好，一句是"欲把西湖比西子，淡妆浓抹总相宜"；另一句是"横看成岭侧成峰，远近高低各不同"。我们完全没有必要遵循固定套路，可以根据自己的个性特征因时因地来装扮自己的仪表，因为我们相信，观赏者无论怎么看，山还是那座山，湖还是那个湖，你还是你。

再次，个人仪表修养还应与自己的年龄相符。人生是一段路程，从少年走向青年，从青年走向中年，再从中年走向老年。在人生跋涉的旅途中，随着年龄的增长，人的性情和心理都会相应地发生变化。青少年时期青春浪漫，充满憧憬和想象，中老年时期成熟稳重，练达老成，做任何事情都是三思而后行。为了更好地衬托人生每一个年龄段的心理特点，我们应该选择合适的服饰，恰如其分地打造好自己的仪表。大学生正处于青年时期，所以在着装上可以选择颜色明快、格调新颖的服饰，在发型外观上也可以时尚一点，但切忌过分追求时髦。

仪表看起来似乎是一件微不足道的小事，但其中却蕴涵着大智慧和大学问，它可以考验我们对细节的观察力，检验我们对生活的领悟力和统筹事物的协调能力。一个仪表修养良好的人，至少说明他比较热爱生活、善于观察生活和领悟生活。所以，为了培养我们对生活的热爱，锻炼我们对生活细节的观察力，不妨从自我仪表修养开始。

三、人生美是内在美和外在美的统一

（一）内在美与外在美的辩证关系

内在美与外在美是构成人生美的两个重要因素，就如同硬币的两面是相辅相成的关系。内在美包括人的思想、情感、个性、智慧、能力等方面；外在美包括人的身材相貌、体格素质、服饰打扮、言行举止、气质风度等方面。一个人唯有具备了内在美与外在美两方面，其人生才称得上是完美的。

首先，内在美决定外在美，内在美给外在美提供智力支持和精神动力。内在美是外在美得以“美丽常在，青春永驻”的取之不尽的源泉。一个人的美通常是以由内到外的方式表现出来的，拥有外在美的人常常离不开内在美的指导性作用，而拥有内在美的人一般也能表现出一定的外在美。五四运动时期与鲁迅齐名的文化巨匠胡适，家学渊源十分深厚，而且他学贯中西，既受到中国传统伦理道德的熏陶，又经过西方文明的洗礼，故能表现出一种谦恭有礼、富有涵养的儒雅气质。无论自身物质条件优裕与否，他对钱财从来都不十分看重，每当朋友经济拮据的时候都能倾囊相助，而且他帮助别人都是发自内心的，并不希冀他人回报，所以凡是与他交往过的好友终身都难以忘怀他。他们无一不是被他的真诚与善良所打动。著名散文家陈之藩早年在美国留学期间，因经济困难，曾得到胡适 400 美元的借款，后来他仅仅用了两年的时间就还清了这笔款，可是胡适却在给他的回信中说：“其实你不应急于还此 400 元。我借的钱，从来不盼望收回，因为我知道，我借出的钱总是‘一本万利’，永远有利息在人间的……”陈之藩后来在其散文集中公开了此信，并意味深长地写道：“我每读此信时，并不落泪，而是自己想洗个澡，我感觉自己污浊，因为我从来没有见过这样澄明的见解与这样广阔的心胸。”正因为胡适拥有这样的内在美，才表现出超凡脱俗的外在美。

其次，外在美是内在美的外化，是它的感性形式。内在美是一种无形美，外在美是一种有形美，无形美需借助有形美才能得以施展。我们平时认识或结交一个人，通常是通过对其外在特征的观察，进而了解他的内心世界的。

再次，内在美与外在美之间虽是相辅相成的关系，但它们的地位和作用却不是等同的。外在美具有短暂性的特点，容易转瞬即逝，而内在美比外在美更丰富和深刻，常常给人留下刻骨铭心的记忆，故能长存不灭，历久弥新。中国人常说："红颜易老。"西方人把青春美貌比成"盛夏的果实"，说它"容易腐烂而难保持"。普希金曾自豪地宣称："我的灵魂在百音交响的竖琴中，将比我的遗骸活得更长久，且逃避了腐朽死亡。"

最后，内在美与外在美虽然都是构成人生美的重要因素，但并不总是并存的，而是具有一定的相对独立性。有些人拥有内在美，却不一定拥有外在美；有些人拥有外在美，却不一定拥有内在美。

（二）探索人生美德规律，追求人生美的境界

1．人应该爱惜生命

一个人能够来到这个世界上，本身就是上帝对他的恩赐。所以，作为我们活着的人来说，我们没有理由拒绝和漠视生命，相反，我们应爱惜生命。人的生命与整个人类历史相比，就如同流星划过天际一样十分短暂，因而我们要充分把握并利用宝贵的光阴去做对生命有益的事情。孔子曾教导他的弟子"不知生，焉知死"，意思是告诫他们不要太多地谈论有关死的话题，而应好好地把握住生命，做好当下的事情。古今中外许多杰出人物都是极为热爱生命的典型，他们争分夺秒与时间赛跑，力图在自己有限的生命流程里干一番轰轰烈烈的伟业。所以，孔子终其一生，都在疲于奔命，周游列国，因而常常显得精神狼狈，犹如"丧家之犬"。

他的行为被人戏称为“明知不可为而为之”，但为了实现自己的人生抱负，使自己的治国理想得以实施，即使四处碰壁，孔子也依然努力奋争。

法国著名作家巴尔扎克也是极为爱惜生命的典型范例。在20岁的时候，他就立下一生的写作计划，在此后的30年中，他奋笔疾书，从未懈怠，给后人留下了上百部作品，其中代表作《人间喜剧》就有90余部小说。在生命弥留之际，他拼命追问医生他还有多少时日，以便于再利用生命的最后一点时间抓紧完成写作任务，就在这追问的过程中，他离开了人世。

当然，我们也要明白：一个人生命的长短是由各种条件决定的，不是人的主观意志所能控制的。一个人如果长期为如何延长自己生命而殚精竭虑，他是没有兴趣也没有精力去做对生命有益的事情。中国的始皇帝秦始皇在完成统一霸业之后，就全身心地投入长生不老药的探寻之中，但终其一生都未实现这一夙愿。如果他明白人不可能长生不老的道理，把后半生的宝贵时光用来考虑如何治理国家，那么对他和百姓来说都不失为一件好事。

2．人应该脱离物质世界的束缚

一个人的生命活得有没有质量，他的人生美不美，不是由他的物质财富的多寡来决定的，也不是由他的名誉和地位的高低来决定的，而是由他的精神世界的丰富与否来决定的。毫无疑问，人必须依赖一定的物质条件来维系生存，人的衣、食、住、行都离不开物质世界，但过度的物质追求会让人迷失心志，找不到人生的方向。庄子的人生堪称是超脱物质世界羁绊的人生。他之所以活得快乐和洒脱，就是因为他把物质财富看成是一种身外之物。他把自己比喻成一只展翅高飞的大鹏，摆脱了世俗的束缚，步入了自由之境。到了自己快死的时候，其弟子忙着为他置办下葬的棺材和陪葬物，想好好厚葬他，可庄子却说：“吾以天地为棺椁，以日月为连壁，星辰为珠玑，万物为送賫，吾葬岂不备邪？何以加此？”（《庄子·列御寇》）这从中反映了他不为世俗所累的旷达乐观的心理。

3．人应该在奋斗中彰显生命的力量

生命是数量与质量的有机统一。其数量的这一特性就反映了生命的动态过程，也就是说生命不是停滞不前的，而是一个流动变化的过程。中国古人提倡“三不朽”，即立德、立功、立言，就是说，在我们的有生之年应该给后人留下些什么，或者为国为民的伟业，或者名垂千古的名作，或者有口皆碑的美德。司马迁写一部《史记》花了15年，李时珍撰写《本草纲目》花了27年，曹雪芹写一部《红楼梦》耗费10年心血，达尔文著《物种起源》长达20年，马克思写《资本论》用了将近40年，而歌德的《浮士德》则几乎耗尽了他一生的时间，整整60年。有一句名言说得好，“生命不息，奋斗不止”，人不应仅仅为金钱而奋斗，而应为远大的精神目标而奋斗

人只有在奋斗中才能体会充实与快乐，只有在奋斗中才能彰显生命的力量，也只有通过奋斗才能使自己的生命水垂不朽。

【相关链接】

“给”，永远比“拿”愉快

1907年，文坛巨匠高尔基在一个小岛上疗养时，他的儿子去看望他并在小岛上种了许多花。他儿子走后，高尔基在给儿子的信中写道：你走了，可是你栽的花却留下来了，在生长着。我望着它们，心理愉快地想着，我的好儿子动身以后在卡普里岛留下了某种美好的东西——鲜花。要是你在任何时候，任何地方，自己一生留给人们的都只是美好的东西——鲜花、思想、对你的非常好的回忆——那你的生活将会是轻松愉快的。那时你会感到所有的人都需要你，这种感觉会使你成为一个心灵丰富的人。要知道，“给”，永远比“拿”愉快。

分析：这则故事折射出这样的人生哲理，即“给予”与“得到”是辩证统一的。一个人想“得到”之前，必须给予，否则，就得不到。一个有德之人就是一个从理性出发的文明人，知道“赠人玫瑰手有余香”。在日常生活中，一个人遵守社会公德，助人为乐、与人方便，那么当其身处困难时才会得到他人的帮助。同理，一个爱岗敬业、服务大众的人总会得到社会的认可和他人的回报。对于家庭社区以及邻里之间来说，更应该相互帮助、相互团结。可见，生活在今天的人们，遵守社会公德、职业道德和家庭美德，加强个人品德修养是生活愉快、人生幸福的基础和关键。

第四章　遵守社会公德　把握社交礼仪

人类社会生活主要包括公共生活、职业生活和婚姻家庭生活。爱情和婚姻我们另行专章学习。公共生活是最普遍、最基础的社会生活，其秩序直接影响着人们的社会生活质量，这一秩序又是人类行为共同决定的。社会公德是公共生活中最起码、最基本的准则，也是社会文明程度的体现，主要包括文明礼貌，助人为乐，爱护公物，保护环境，遵纪守法等内容。大学生是青年中受教育程度较高的群体，是文化教育的接受者和传播者，又是社会文化的创造者，应该在社会公德方面体现出较高的素质。加强和改进大学生社会公德教育，使他们树立正确的道德观念，养成良好的文明行为习惯，对于构建社会主义和谐社会，全面实施科教兴国和人才强国战略，加快推进社会主义现代化的宏伟目标具有重大而深远的战略意义。

一、遵守社会公德

（一）大学生社会公德的现状

从总体上看，当代大学生具有较强的社会公德意识和社会责任感，以大学生为主体的青年志愿者已成为无偿献血、捐献骨髓、环境保护等公益活动的主力军。但是，少数大学生在社会公共生活中表现出来的某些陋习，在一定程度上影响了人们对大学生的评价，同社会对大学生的期望不相符合，也有损大学生群体的形象。

学院负责打扫卫生的一位保洁人员这样评价我院的部分大学生。

“有的大学生当然是很好的，有礼貌，也尊重我们的劳动，自己制造的垃圾随手就带走了。但是，有些大学生乱丢垃圾的现象比较普遍，草地上、路上、教室里到处都是垃圾，而且什么垃圾都有，面巾纸、饮料瓶、水果皮，还有难以清扫的瓜子皮。光清扫也就罢了，最让我们保洁员难受的是有些同学的态度。一名同学正在乱扔果皮，我们保洁员上前制止，那同学竟然说：'我不扔你们有东西扫吗？你们的工作不就是做这个的吗？'这种不讲社会公德的同学真令我们失望。”

这些凌乱的垃圾、这种狂妄不负责的态度，和大学生们狂放的青春一起，如实反映了当前一些大学生素质低落的真相，确实有损大学生的形象。让我们细看，到底有哪些方面，部分大学生还做得不够好。

1．校园生活

在教室，有些大学生上课时玩手机，打游戏，听音乐，看电影，甚至还有些大学生在课堂上吃东西，吃早餐、零食，课后在干净的抽屉里留下塑料袋、饮料瓶、矿泉水瓶等等；有的同学在课桌上、墙壁上留下大量的永久的字迹、图案、清晰可辨品牌的脚印；有的同学在炎炎夏日穿着舒适的贴身小衣裤就进了教室……在食堂里，有些大学生就餐时不排队，见缝插针，并将吃出的骨头和鱼刺随意丢弃在餐桌和地板上。在寝室，有些同学口无遮拦地脏话连篇，志得意满地大声喧哗，不管有没有人在学习或休息……在公共的卫生间，有些同学在使用完卫生间的设备以后，堂而皇之拂袖而去，完全不管不顾不处理自己留下的后果……

2．社会生活

有些大学生不注意自己的身份与形象，在公共场所随时随地地吸烟、随地吐痰，甚至经常醉醺醺地从外边回校。有些大学生在与人交谈时全无一点礼貌可言，不管对方是谁或年龄大小都喊“喂”。有些大学生喜欢贪小便宜，逛商店时总要偷拿一些小东西，回来后还向同学炫耀。有些大学生在公共场合总喜欢与其他人大声交谈，毫不顾忌周围人怎么看……出行时，公交车刚停，有些大学生就迫不及待地掰开车门往上冲，不论前门后门，根本不顾“请从前门上车”的提醒；一上公交车、地铁就猛窜快跳抢到座位，不管身边有没有老人或孕妇，就算没抢到座位，书包、背包都已飞过人群占了座位。当售票员请其让座时又悻悻地站起来，反唇相讥抱怨一句：“为什么不叫别人让？”有些大学生走人行横道时从不管红绿灯，奉行过马路的原则是“凑起一群人就一起过，法不责众”，大摇大摆在马路上穿过，甚至敢于与机动车抢道，认为车要让人，有些大学生为了少走一点路，随意翻越护栏……

上述现象在当今社会和大学校园中较为普遍，表明部分大学生的社会公德缺失问题已相当严重，那么，大学生应当如何遵守社会公德呢？

（二）增强社会公德意识，践行社会公德规范

高等学校是建设社会主义精神文明的重要阵地。大学生理应具有较高的文化知识和科学素质，对宣传、维护社会公德负有义不容辞的责任。社会公德与人们在公共生活中的实践活动有着紧密的联系。因此，大学生应该培养社会公德意识，努力做社会公德规范的传播者和践行者。

1. 积极参与各种社会活动，在实践中培养社会公德意识和责任意识。参加志愿者服务等公益事业和社会实践活动对大学生了解社会、拓展实际工作能力，尤其是增强社会责任感。大学生培养社会公德意识的实践活动有很多具体方式，既可以参加社会公德的宣传活动普及社会公德规范、传播文明新风，也可以结合自身的专业特点服务社会、回报社会；既可以参加学校的各种社会公益活动，也可结合自己的兴趣爱好加入各种社会公益组织。大学生参与社会公德实践活动本身就是一种学习，可以从实践中体

会到什么是符合社会公德规范的言行，什么是不符合社会公德规范的言行，从而在实践中不断提高自身的社会公德素养，并带动他人，影响社会。

2. 从小事做起，从小节改起，带头践行社会公德规范。社会公德所规范的行为包括社会公共生活中最微小的行为细节，这些细节极容易被人们忽略，而它一旦被社会群体中的大多数人所忽视，往往就可能形成不良的社会风气。因此，社会公德意识要在点点滴滴的日常小事中培养，古人云，“勿以善小而不为，勿以恶小而为之”，讲的就是这个道理。其实，践行社会公德并不难，提升敬人礼让的境界同样不难，比如，见到老师长辈主动问候是讲社会公德；乘坐公交车主动为老幼病残乘客让座是讲社会公德：在银行、邮局等公共场所排队时自觉站在“一米线”外是讲社会公德；最后离开教室时随手关灯是讲社会公德；外出旅游时不在景点设施上随意刻画是讲社会公德等等。社会公德的境界就是在这些不起眼的一举手一投足间慢慢升华的。

3. 勇于同违背和破坏社会公德的言论和行为做斗争。当今社会，随着经济的快速发展和法制社会进程步伐的加快，社会文明程度日益提高，社会公德状况总体较好，但也不能否认，由于受经济发展不平衡、个人素质制约、资产阶级自由化思潮等因素的影响，社会上的不良习气、不良行为还时有出现，如拜金主义、享乐主义、私欲膨胀、贪占公物、污染环境、见死不救等。在这里要强调的是，任何违背和破坏社会公德的言行都会给国家和人民造成损坏，大学生要以社会公德为准绳，公正地评价自己和他人在公共生活中行为的善恶、是非和美丑，敢于同违背社会公德的不正之风做坚决的斗争。如针对当前社会上个别人所奉行的“事不关己，高高挂起”、“多一事不如少一事”这些消极观点，这是与我国社会公德建设的要求是格格不入的，应给以明确地反对。

又如对公共场所出现的偷盗、打架、闯红灯、乱扔杂物、传播封建迷信等违背社会公德的活动，我们都应该理直气壮地站出来，观点鲜明地给予制止和谴责，让这些丑陋现象无市场、无安身之地。再如有人认为好人难当，遇到事情不愿上前、不愿帮忙，怕连累了自己，这也是不可取的。因为正义的必然会胜利，社会各界群众的关注、媒体的热议，最终都会证明这一点。作为当代大学生万不可因眼前暂时的一点不良现象，而动摇自己的理想信念。我们应始终站在社会公德建设的前沿阵地，摇旗呐喊，躬身实践。

4．虚心向先进人物学习，坚持从严要求自己。“以人为镜，可以明得失”。在遵守社会公德的问题上，历史人物、革命领袖给我们做出了很好的榜样。千百年来，中华历史流传的历史典故中有许多就是古人遵守社会公德的具体体现，如孔融让梨、程门立雪等。

制度需要遵守，社会公德也需要遵守。当代大学生要想成为社会公德建设的模范，就必须在公共生活中时时处处以国家、集体、他人利益为重，抛弃小我，关心集体，顾全大局，“勿以恶小而为之，勿以善小而不为”。从我做起，从现在做起，从小事做起，坚定目标，持之以恒，身体力行，为社会公德建设做出自己不懈的努力。

实践环节（如表 1 所示）

表1 做有道德有素质的公民实践行为指导表

一级指标	二级指标	三级指标	四级指标
个人品德	明礼	用语礼貌	不说脏话粗话
			不忘致谢致歉
			态度和蔼语气温和
		行为得体	穿着睡衣不出家门
			公共场所不大声喧哗
			遵守“一米线”规定

（续表）

一级指标	二级指标	三级指标	四级指标
个人品德	讲理	理性行事	不轻易激化生活纠纷
			协商解决邻里矛盾
			得理让人
		服从公理	遇到分歧先查看政策法规
			有矛盾找有关部门解决
			遵守申诉的程序和规则
	诚信	拒绝做假	不使用可提供假证明
			不有意传播不实信息
			知情不购买假冒盗版产品
		守信守约	按时缴纳应缴费用
			遵守协议和承诺
			遵守居民公约
	自强	生活自理	自食其力不依赖社会
			尽其所能不依赖家人
			自我约束不给邻居添麻烦
		人生自强	遇挫折不放弃希望
			珍惜工作岗位或就业机会
			主动学习参加培训
家庭美德	敬老爱幼	维护权利	履行赡养照顾义务
			维护房屋财产权利
			尊重老人的合理选择
		精神关爱	关心老人的生活
			经常与老人谈心
			对老人态度好
		促进自立	承担力所能及的家务
			自己的事情自己做
			给子女自主安排的机会

（续表）

一级指标	二级指标	三级指标	四级指标
家庭美德	敬老爱幼	发展人格	能承受批评与挫折
			答应的事情尽力完成
			让人分享珍爱的东西
	夫妻平等	彼此尊重	不随便猜疑对方
			不翻看对方私人物件
			尊重对方的生活习惯
		互信互让	尊重对方的个人选择
			家庭收支透明
			家庭大事协商决定
社会公德	邻里团结	相知相识	小区内见面打招呼
			同单元互知楼室号码
			同层互知姓名
		互谅互让	不搬弄是非
			合用部位互相谦让
			滴水掸灰浇花顾及楼下
		互帮互助	紧要时刻救急解难
			帮助照应门户
			帮助照应老人小孩
社会公德	遵守规范	依法纳税	依法交房屋税、个人所得税
		遵章守法	不沾染黄赌毒
			不违章经营或搭建
			持证饲养宠物
		文明出行	不乱穿马路
			有秩序上下车
			主动让座

（续表）

一级指标	二级指标	三级指标	四级指标
社会公德	社区参与	维护秩序	车辆进出停放有序
			保持楼道整洁不乱堆物
			饲养宠物顾及环境和他人
		保护环境	不乱扔垃圾或高空抛物
			避免噪声干扰邻居
			晾晒衣物注意场合
		积极奉献	积极捐赠钱物
			热心扶助弱残帮困
			自愿献血献髓
		居民自治	参加社区公共活动
			参加评议和听证活动
			参与社区事务管理

二、社交礼仪

（一）社交礼仪对当代大学生的重要性

社会公德是社交礼仪的基础，讲礼仪是讲道德的必然要求和重要表现形式。社交礼仪是社会公德的表现形式。社交礼仪有利于大学生与他人建立良好的人际关系，形成和谐的心理氛围，促进大学生的身心健康，有利于促进大学生的社会化，提高社会心理承受力，有利于对大学生进行思想道德教育，提高思想道德素质，有利于对大学生进行人文知识教育，提高大学生的人文素质，有利于强化大学生的文明行为，提高文明素质，促进社会主义精神文明建设。

（二）大学生礼仪的内容

1．仪表礼仪

得体的外在形象、勤奋的工作态度和骄人的业绩，会赢得更多工作的机会与同事的认可。大学生化装应以所在群体为标准，以显示出年轻人的朝气蓬勃、积极奋进的精神风貌。

（1）学做护理“专家”，为自己赢得一副好仪容。以下是“仪容美”的一些基本常识。

第一，仪容美的关键是护肤。皮肤是人的第一件衣服，皮肤的肤色是人们不能选择的，但是皮肤清理干净，使人看起来干净整齐，清爽宜人却是人人可以做到的。台湾歌坛被称为“常青树”的费玉清在媒体采访青春永驻的秘诀时，他说：一块香皂洗干净皮肤，就是我唯一的青春永驻的秘诀。

第二，仪容美的核心是得体。得体的化妆需适应不同的场合。平时上课，可以素颜裸妆，出入正式的场合应化淡妆，外出旅游也可以休闲妆搭配。

第三，仪容美的制高点是美发。发型可以塑造出不同的气质，但是发型的设计与制作需要花费多的经费与时间。进入高年级以后，可以适当地制作一些简单的发型，寻找某几种衬托自己气质的发型，塑造自己仪容美和贴近职业形象。

【案例1】

王力是艺术学院大三的毕业生，一头五彩的披肩发着实让他潇洒了两年时间，只要是见过他的同学都十分“赞赏”他的决心和勇气。在艺术学院，虽然留披肩发的男生不少，但像王力这样五彩斑斓的还不是很多。记得在刚上大一的时候，来自农村的王力留着个寸头，那时的他显得十分淳朴，但王力不愿再回顾那段历史。今天的“超然”让王力找到了自信，带着这份自信，王力去省影视中心面试，结果以失败而告终。困惑不解的王力被告之：

他的发型和发色让人感到眼花缭乱，人们只注意他的发型和发色了，而忘却了关注他本人。

王力的失败告诉我们一个道理：发型和发色是为人的仪容、是为人服务的，当它能把人的仪容更好地衬托出来的时候，它才是美的。

（2）提高“审美”情趣，让服饰为形象添光彩

让我们先看一个案例：

学影视的小李可没有刻意择衣的烦恼，她的身材很好，她十分欣赏自己的体形。为了展示自己的形体之美，在校几年的时间，除了紧身服以外，别无选择。即将毕业了，大家对如何着装去应对招聘会争论不休，也有同学多少有些烦恼。小李则不然，她兴奋地告诉好友，即将面试她的考官是位男士，根据“异性相吸”的道理，她已想好面试穿的衣服，面试的服装要遵循三个原则：薄、透、露。

这个原则你同意吗？事实上，服装与饰品搭配是有一些基本原则的。

第一，着装色彩与肤色要协调。不同肤色与不同颜色的衣服搭配将各有千秋。一些常见的肤色与衣服搭配的经验可令你扬长避短，穿出个人品味。

面色白皙的年轻人选择服装的范围比较广泛，深色、浅色、冷色、暖色皆适宜，特别是红色和粉红色，效果更佳。面色苍白的人不宜穿黑色或茶绿色的服装，由于这些色彩会使脸色显得更加憔悴、苍白。

面色黄白的人选择服装适宜穿橘红、粉红等柔和的暖色调衣服，不适宜穿绿色和浅灰色衣服，否则会显出“病容”。

面色偏黄的人适宜穿浅蓝色上装，可将偏黄的肤色衬托得洁白娇美。

面色较黑的人不宜选用黑色、深红、大红等颜色较深的服装，这些色彩会使脸色显得更加灰暗。如果改换成浅淡、明快的服装，像浅黄、浅粉、月白等色彩，效果就会好一些。

面色红润的人不适宜穿茶绿、墨绿等绿色的衣服。因为红色与绿色是互补色，两色反差太大，对比强烈，这样会使脸部显得刺眼不协调，会给人一种很俗气的感觉。这种面色的人应该选择偏暖的浅色服装，使得脸色映衬得明快红润。

第二，着装款式与身材搭配应合适。因每个人有高矮、胖瘦身材的差异，着装款式上就需要留意。

梨形身材的特点是上小下大。这种身材最好使用垫肩，使上下比例保持均衡，为了避免扩大下身，最好不要选用紧身上衣、宽皮带、大圆裙、宽裤腿等类的服装。梨形身材比较适合的款式是上长下短，不加皮带的外套、连衣裙或梯形线条的瘦长直筒裙等。

倒三角形身材的特点是宽肩窄臀。倒三角形的身材适合穿各类服装。倒三角形身材要注意，不要使用垫肩，以免上身过大。

直线型身材通常显得瘦高。直线型身材应避免穿露颈部较多的低领口的衣服。直线型身材适合的款式是轻飘有动感的服装。直线型宜穿横条纹、浅颜色、杂色的服装。

凹凸型身材的特点是隆胸蜂腰。适合穿合体的套装和束皮带的衫、裙，不宜穿宽松的罩衫，以避免掩盖纤腰。

第三，着装应与气质相吻合。每个人的五官、身材、性格的差异，所以在着装款式方面也有不同。服装款式风格一般分为戏剧、自然、古典、浪漫、优雅、前卫六种款式风格。

戏剧型给人印象是夸张、大气、成熟、有舞台效果，代表人物：梅艳芳、索菲亚·罗兰等；穿衣要回避中庸，强调个性。

自然型给人印象是大方、自然、亲和力强、邻家小妹，代表人物：朱迪·福斯特等；穿衣要回避华丽、可爱，强调自然、休闲。

古典型给人印象是精致、成熟、距离感、高贵、端正，代表人物：撒切尔夫人等；穿衣要回避流行、随意，强调精致上品突出气质和品位。

浪漫型给人印象是华丽、成熟、大气、迷人、性感，代表人物：玛丽莲·梦露；穿衣要回避锋利、坚硬，强调华丽、高雅。

优雅型给人印象是贤妻良母、精致、温文、婉约，代表人物：林黛玉；穿衣要回避粗糙，强调高雅。

前卫型给人印象是个性、小夸张、与众不同。穿衣要回避平庸，强调个性。

第四，着装与职业身份相适应。职业身份的不同，可能着装也会存在不同的风格倾向。如在校大学生的着装无须追求奢华品牌，只要看起来得体，保暖干净，彰显气质就很合适。教师、公务员、外企工作人员等白领的着装就需要加以注意，如女白领着超短裙上班，一般被认为与其职业身份就不适应了。

第五，饰品搭配需讲求时尚与适宜。此处所述饰品是指服装、发头、身体所戴的装饰品，常见的有胸针、手机挂坠、项链、手链、手表、戒指等等，饰品搭配需讲求时尚与适宜。常见的搭配技巧有以下一些。

深色的衣服如黑、蓝、红、绿、咖啡等色系应配以浅色的饰品。反之，浅色衣服就用比较鲜艳的饰品来点缀。白色的饰品对于任何颜色的衣服都是极其适宜的。若衣服样式简单，颜色朴素，佩戴一些饰品将使衣服更出色。如果衣服式样复杂，颜色花花绿绿，佩上饰品，反而画蛇添足。

在平时，饰品则尽量保持简单和朴素。饰品挂得满身都是，大摇大摆，金光闪闪，会给人不好的印象。晚上参加宴会时，如着正装或晚礼服，可用颜色夺目耀眼的饰品，避免过于朴素和简单，如项链、手包的样式应以端庄为要，耳环以长垂形为首选。胸花配晚礼服不很适合，如果着洋装，胸花就很迷人。在正式的晚宴中如戴手套时，手套上不应戴戒指等。

皮肤黑的人可戴上银色和白色的饰品，使人看起来很清雅；皮肤白的人则可选择琥珀、碧玉、宝石、翡翠、水晶等，从而使人显出高贵大方的气质。

值得注意的是，戴眼镜的人最好避免头部再有过多装饰品，如耳环等，否则会让人有眼花缭乱之感。

2. 举止礼仪

举止礼仪是自我心诚的表现，一个人的外在举止行动可直接表明他的态度。做到彬彬有礼，落落大方，遵守一般的进退礼节，尽量避免各种不礼貌、不文明习惯。下面先看一个本校案例。

【案例2】

小叶是成艺大三某专业毕业生，他曾不无痛苦地回顾自己的一次面试，当时的他不知道眼睛应该注视考官的哪个部位，结果就一直盯着考官的眼睛“死死不放”。谁知这种“深情专注”的凝视不但没有赢得对方的好感，反而让考官心里发毛，只有赶紧把他给打发了。表演专业的小李比小叶可放松多了。她在面试之前就已得知考官是位男士，于是利用“异性相吸”原理，使用她的撒手锏——优美的体形和深情的双眸，让美丽的双眼隔三分钟冲考官眨一眨，电晕他！小李的面试也以失败而告终。

体态举止具有传递信息的作用，一个讲究礼仪的大学生就要学会运用体态语言表示自尊和他尊。在与人交往中的基本礼仪举止包括站姿、坐姿、走姿、表情谈吐等动作。人类的形体美是指身材天生条件好，但这不等于体态美。体态是一和语言，且丰富多彩。体态美的实现要注意以下方面。

人的体态美体现在“站、坐、行”之中。

站是人的最基本姿势。正确优雅的站姿会给人挺拔笔直、舒展俊美、精力充沛、充满自信的感觉，正所谓“站有站相”，那是一种静态之美。良好的站姿有四条标准，即“正”、“直”、“挺”、“垂”。“正”指头正、眼正、肩正，即头要正，双目要平视，双肩要舒展。“直”指身体直立，双腿挺立。“挺”指挺胸、收腹。男生站立时，应讲究挺拔、笔直，使人能有稳定感，即“站如松”；女生站立时，应讲究挺直、舒展，古人常用“亭亭玉立”来形容。“垂”指双臂自然下垂。

坐也是一种静态造型，它同样有美与不美、优雅与粗俗之分。良好的坐姿不仅传递着自信练达、友好诚挚、积极热情的信息，同时也展示着高雅庄重、尊敬他人的良好风范。

行走也是一种常见的人的体态。一般而言，女性行走靠腰部带动，男性行走靠肩部带动。不正确的行走姿势可能会影响颈椎，影响身体骨骼的生长。正确的行走姿势，下巴突出、抬高头，气力充实。展开膝盖，脚跟先着地，再将身体重心移到脚尖前脚着地时，脚跟先着地，身体重心落在脚跟上。然后，身体重心由脚跟通过脚掌向脚尖方向“滚转”，最后到达脚尖。与脚的动作相对应，胳膊自然摆出。走路时，忌两手插在衣袋里，或两肩收拢，也忌全程低头看路。

微笑的表情能助你成功。微笑一定要发自内心，表情要自然。其方法是：露出上排 6～8 颗牙齿，眼睛一定要带有笑意，不能生硬死板。对着镜子，用手遮住嘴，看自己的眼睛是否在笑。

3．谈吐礼仪

语言是双方信息沟通的桥梁，是双方思想感情交流的渠道。语言在人际交往中占据着最基本、最重要的位置。语言作为一种表达方式，能随着时间、场合、对象的不同，而表达出各种各样的信息和丰富多彩的思想感情。说话礼貌的关键在于尊重对方和自我谦让。要做到礼貌说话必须做到以下几点。

在日常生活中，“请”、“麻烦”、“劳驾”、“谢谢”、“对不起”、“您好”、“再见”都是常常用到的敬语、谦语。

同时，与不同关系的人也应保持适当距离。如同性朋友在宿舍里，当然可以近距离一起看书，讨论问题，但与老师、异性同学则应保持 20 厘米的距离，这个距离是人际交往彼此的舒适空间。在适当的场合也应恰当地称呼他人，有同学擅长与亲密的朋友出口成章，零距离交往，但是在正式场合还是应注意分寸。

4．课堂礼仪

遵守课堂纪律是学生最基本的礼貌。

上课时，预备铃声一响，学生就应准备好教材、辅导资料、笔记本等端坐在教室里，恭候老师上课。当教师宣布上课时，全班应迅速肃立，向老师问好，待老师答礼后，方可坐下。学生应当准时到校上课，若因特殊情况，不得已在教师上课后进入教室，应先得到教师允许后，方可进入教室。

听讲时，要认真听老师讲解，注意力集中，独立思考，重要的内容应做好笔记。当老师提问时，应该先举手，待老师点到你的名字时才可站起来回答。发言时，身体要立正，态度要落落大方，声音要清晰响亮，并且应当使用普通话。

下课时，若下课铃已打响，老师还未宣布下课，学生应当安心听讲，不要忙着收拾书本，把桌子弄得乒乓作响，这是对老师的不尊重。下课时，全体同学仍需起立，与老师互道“再见”。待老师离开教室后，学生方可离开。

在校园内进出或上下楼梯与老师相遇时，学生应主动向老师问好。进老师的办公室时或宿舍应先敲门，经老师允许后方可进入。在老师的工作、生活场所不能随便翻动老师的物品。学生对老师的相貌和衣着不应指指点点，评头论足，要尊重老师的习惯和人格。

5．校内公共场所礼仪

应该自觉保持校园整洁，不在教室、楼道、操场乱扔纸屑、果皮、不随地吐痰、不乱倒垃圾。不在黑板、墙壁和课桌椅上乱涂、乱画、乱抹、乱刻，爱护学校公共财物、花草树木，节约用水用电。

自觉将自行车存放在指定的车棚或地点，不乱停乱放，不在校内堵车。在食堂用餐时要排队礼让，不乱拥挤，要爱惜粮食，不乱倒剩菜剩饭。

6. 应聘面试礼仪

大学生在面试中表现出的礼仪水平不仅反映出大学生的人品和修养，而且直接影响面试官的最终决定。在面试中，一个仪表出众、懂得礼仪的大学生更能得心应手，也较别人有更大的成功机会。

首先，要重视第一印象。其次，要注意求职形象设计，外在的形象塑造与职业身份的吻合。再次，在求职面试前应做好充分的着装打扮的准备工作。最后，在求职面试时言行要符合规范，自始至终给用人单位留下良好的印象。对此问题，在《求职择业》专章里将会讲述，此处不再赘述。

三、诚实守信

（一）诚实守信是基本行为准则

诚实守信是中华民族千百年来传承下来的传统美德的一个重要规范，也是革命传统道德的一个重要内容。诚实，即忠诚老实，就是忠于事物的本来面貌，不隐瞒自己的真实思想，不掩饰自己的真实感情，不说谎，不作假，不为不可告人的目的而欺瞒别人。守信就是讲信用，讲信誉，信守承诺，忠实于自己承担的义务，答应了别人的事一定要去做。

随着时代的不断发展和变化，诚实守信也被赋予了体现时代精神的新内涵。在中国共产党成立后，在民主革命与社会主义革命和建设中，进一步加深和丰富了对“诚信”的认识，把“诚信”提高到党的建设的高度。毛泽东提出“实事求是”之后，在《为建设一个伟大的社会主义国家而奋斗》一文中还提出，我国人民要努力工作，要“老老实实，勤勤恳恳，互勉互励，力戒任何的虚夸和骄傲”。刘少奇多次强调“大力提倡说老实话，办老实事，当老实人，坚决反对弄虚作假”。邓小平也着重指出要“实事求是”、“老老实实”，反对“说空话、说假话、说大话”，要求必须杜绝这种“恶习”。这一切都充分说明，“诚实守信”、“老老实实”、“说老实话”、“办老实事”、“做老实人”不但是传统美德的要求，也是革命传统的重要要求。

在社会主义建设时期，“诚实守信”具有体现时代精神的新内容，其现实意义更加重要。它也是个人、企事业单位等的基本行为准则。

1．诚实守信是立人之本

诚实守信是做人的基本准则。“诚实守信”既是一种道德品质，更是一种“高尚人格”。做人是否诚实守信是一个人品德修养状况和人格高下的表现；做人是否诚实守信是能否赢得别人尊重和友善的重要前提条件之一。孔子说：“人而无信，不知其可也。”“诚信”在一个人的人格中是不能缺席的，它是一个人步入社会、与社会中其他人交往的最起码的底线。

在公民道德建设中，“诚实守信”也已融入职业道德的各个领域和各个方面，使各行各业的从业人员都能在各自的职业中，培养诚实守信的观念，忠诚于自己从事的职业，信守自己的承诺。“职业道德”总的要求是“爱岗敬业、诚实守信、办事公道、服务群众、奉献社会”，而“诚实守信”是其中的“立足点”。

作为一个社会人，诚实守信就是要做到：在思想上，忠诚老实，为人处世以诚相待，信守诺言，讲求信用，有约必践，能与其他人共同营造出守信光荣、失信可耻的社会氛围，抵制、反对唯利是图、见利忘义、背信弃义、不讲信誉、尔虞我诈的思想。在行为上，要能够正确对待利益问题；开阔自己的胸襟，培养高尚的人格；要树立进取精神和事业意识。

【案例 3】

曾子是我国著名的思想家。有一次，他的妻子去街上买东西，独生儿子哭闹着一定要去。可曾子妻子嫌麻烦，就随便哄他一句说："你在家玩吧！等妈妈回来给你杀猪吃。乖！"儿子果然不哭闹了，等着吃猪肉。妻子回来后，曾子拿起刀就去杀猪。妻子感到很奇怪，就问丈夫："咦，今天又不是过年过节的，你杀什么猪呀？"曾子回答说："不是你自己说回来后要给儿子杀猪吗？""哎，我是哄孩子玩呢，你怎么当真了，应付一下就算啦。"曾子严肃地说："孩子可不是开玩笑的对象。他小，不懂事，凡事都要向父母学习，听从父母的教诲，如果父母说话不算数，欺骗了孩子，孩子就会认为人是可以欺骗的，转而去欺骗别人。如此一来，孩子骗人就成为父母教的了。而且，你骗了孩子，孩子以后就不再相信你了，你说的话他还听吗？"曾子的妻子恍然大悟。父母的这种诚信行为直接感染了儿子。一天晚上，儿子刚睡下又突然起来，从枕头下拿起一把竹简向外跑。曾子问他去做什么，儿子回答："我从朋友那里借书简时说好要今天还的。虽然现在很晚了，但再晚也要还给他，我不能言而无信呀！"曾子看着儿子跑出门，会心地笑了。

2. 诚实守信是成事之基

"诚实守信"是人和人之间正常交往、社会生活能够稳定、经济秩序得以保持和发展的重要力量。对一个企业和团体来说，它是一种形象，一种品牌，一种信誉，一个使企业兴旺发达的基础。对一个国家和政府来说，"诚实守信"是"国格"的体现，对国内，它是人民拥护政府、支持政府、赞成政府的一个重要的支撑；对国际，它是显示国家地位和国家尊严的象征，是国家自立自强于世界民族之林的重要力量，也是良好"国际形象"和"国际信誉"的标志。

"八荣八耻"中就要求:"以诚实守信为荣，以见利忘义为耻。"诚实守信是社会主义新时期的需要，人人都应以诚实守信为荣。

作为职业人、企业，诚实守信就是要做到：

（1）忠诚所属企事业单位，能做到诚实劳动，关心企业发展，遵守劳动合同。

（2）维护本身所属国家、团体、集体信誉。如企业信誉和形象的树立主要依赖三个要素：一是产品质量；二是服务质量；三是信守承诺；四是保守企业秘密。

【案例 4】

××著名的食品企业——某食品厂的倒闭就是因为企业的不诚信。

2000 年中秋节过后，某食品厂将当年没有卖完的价值几百万元的月饼陆续从各地回收，并运进了一间蒙着窗户纸的车间。它们都将在经历几道工序后，入库冷藏被重新加以利用。2001 年 7 月 2 日，也就是离中秋节还有整整三个月的时候，某食品厂就正式开工做新月饼了。在从早到晚的生产过程中，冷库的门被打开了，这些保存了近一年的馅料也被悄悄派上了用场。2001 年 7 月 3 日上午，4 箱莲蓉馅从冷库直接拖进了生产车间；2001 年 7 月 23 日下午，20 箱凤梨馅被从冷库拖出。在这些馅料中，有不少已经发霉变质，长满了真菌。

在这样的车间里，月饼以大约每天 9 万只的生产量被源源不断地生产出来，销往各地。后来，经由媒体曝光，某食品厂终于为它的"不诚信"亲自买单，单位破产，退出了食品市场。

（二）大学生需要提高诚信度，加强诚实守信修养

对一个人来说，"诚实守信"是一种道德品质和道德信念，也是每个公民的道德责任，更是一种崇高的"人格力量"。对当代大学生来说，诚实守信就更为重要。当前大学生诚信度需要提

升，大学生不诚信的行为屡见不鲜。

生活不诚信现象。如大学生高消费，借老师和同学的钱、物不还；应该交学费的钱不交却挥霍一空；沉迷网络中，在老师、同学面前随口说谎说去上自习了；不遵守校、院日常管理规定，晚归给出任意借口；对同学朋友不真诚。

学习不诚信现象。如：抄袭作业、论文或设计，考试舞弊；上课迟到、早退、旷课、替他人签到答到；借阅图书馆资料不归还或撕走、涂毁资料等。有的同学家庭并不困难，却要申请助学贷款；有的替人当“枪手”，有的雇“枪手”替自己考试；有的自造假毕业推荐信、各种证书……

求职就业与工作不诚信现象。如工作中不如实反映情况；欺上瞒下、阳奉阴违，表里不一；不负责任、互相推诿、敷衍塞责；不按要求去落实相关工作精神；在就业过程中，做假推荐材料、说假话、欺骗用人单位；签订了就业协议却又不忠诚地履行。

【案例 5】

应届大学生就业难与部分大学生就业“不诚信”有关

浙江余姚某电器企业 2010 年招聘浙江省内外 23 名大学生，2011 年就只剩 1 名大学生坚守在岗位上，公司不得不再到人才洽谈会招聘人才。诸如此类的情形并不少，许多大学毕业生只顾追求利益和薪酬，没有对企业的忠诚和劳动合同的诚信，最终大学生频频毁约跳槽，成为相当部分用人单位的心病。

许多企业表示，为什么他们不敢招聘太多应届大学毕业生工作呢？就是担心这些大学生不诚信，企业成了大学生初入社会学习专业技能的“实验田”。

作为大学生，应该明确，在市场经济中，人格信誉是自身最宝贵的无形资产，是每个人的立身之本。大学生在学校学习科学文化知识的同时，一定要加强自身的道德修养，在成才的同时也要成为一个具有高尚道德品质的人、一个身心健康的人，为将来走入社会打好基础。用自身拥有的良好的道德品质、丰富的科学知识去迎接未来社会的挑战、用人单位的挑选。

大学生群体是未来社会主义市场经济的重要参与者，在现实生活中，大学生诚信缺失的问题客观存在，其表现形式多种多样，究其原因，除了社会不良风气的侵袭，还与目前高校、大学生本身对德育重视不足、约束和激励机制缺失、不良学术风气的负面影响有关。因此，提高大学生诚信度可以从更多方面入手。

1. 道德教育与文化教育同等重要

许多高校都存在“重知识和技能传授、轻道德和素质教育”的现象，对学生的德育建设，特别是诚信教育应予以高度重视。借讲座、征文、团会形式开展多样的诚信教育主题活动，在大学生中确立诚实守信的意识，将其作为为人处世的第一准则。

2. 配合地方征信及信用评估活动，在高校大力开展征信体系建设，积极推行大学生诚信档案制度

个人诚信档案是大学生走向社会的“通行证”。应从学生入学开始，为其建立个人信用档案，使其了解到诚信对个人生存和发展的极端重要性。通过一系列有效的数据、事实和行为来记录大学生的诚信度，对其信用状况实行动态管理和实时监控。充分利用信用记录，与银行、企业等展开合作，对学生拖欠贷款、工作违约等失信市场行为形成有效制约。

3. 严抓师德和学术诚信制度建设

古语有云：学高为师、身正为范，教师对学生的影响甚大，为人师者的榜样作用不容低估。高校学术造价、学术腐败等投机行为时有发生，这些丑恶现象的负面效果往往比普通失信行为有过之而无不及，可对大学生形成正确的价值观和人生观产生严重破坏。而推行教师学术道德建设，树立诚信为学的典范，对大学

生可起到事半功倍的教育功效。同时，对损害学术道德的失信行为予以曝光和惩治，用诚信筑起一道坚不可摧的城墙。

诚信和道德是中华民族的传统美德。作为当代大学生，应该继承和发扬。大学生的诚信意识、诚信行为、诚信品质关系到良好的社会风尚的形成，关系到社会主义和谐社会的构建，在一定意义上关系到中华民族的未来。所以我们大学生要自觉加强诚信道德建设，把诚信道德作为高尚的人生追求、优良的学习品质、立身处世的基本原则

诚信是大学生树立理想信念的基础。大学生只有养成诚信实用的道德品质，才能真正忠诚于国家和民族的事业，牢固树立为实现中华民族的伟大复兴终生奋斗的理想信念。

诚信是大学生全面发展的前提。大学生只有诚实守信为重点，加强思想道德修养，讲诚信、讲道德，言必行、行必果，诚心做事、诚实做人，言行一致、表里如一。自觉端正态度，坚守道德、规范，才能不断提高思想道德素质、科学文化素质和健康素质，实现全面发展。

诚信道德是大学生进入社会的“通行证”。大学生只有树立诚信为本、操守为重的信用意识和道德观念才能得到社会的认可，成为高素质人才，承担起社会责任和历史使命。

第五章　妥善处理爱情　拥有爱的能力

爱情和婚姻是古老而永恒的话题，是人生的一个重要的主题，它是人生的必经之路，它会伴随绝大多数人的一生。一个人的人生历程幸福与否，很大程度上与其爱情历程、婚姻经营有关。拥有真挚爱情的人将会生活得精神饱满、情绪欢愉、充实快乐，没有爱情的人，可能人生会苍白无力、黯然消沉、毫无意义。虽然爱情究竟是什么，需要每一个人用自己的心灵和生命去体验，但是，爱情的相关知识积累，无疑会帮助人们更好地理解爱情的本质，更好地珍惜和体验真爱。爱究竟是什么？爱为什么可以在我们心中唤起如此深切的情感？人们为什么会坠入情网？我们怎样才能维持和发展爱？还有更多令人困惑的问题等待着我们的回答。

一、爱情的本质

所谓爱情是一对男女基于一定的社会基础和共同的生活理想，在各自内心形成的相互倾慕，并渴望对方成为自己唯一终身伴侣的一种强烈、纯真、专一的感觉。

20 世纪 80 年代中期，美国学者罗伯特·J. 斯腾伯格（Robert J.Steinberg）在《爱情心理学》中提出了著名的爱情三角理论，他认为，爱情由激情、亲密和承诺三个基本成分组成。激情是爱情中的性欲成分，是情绪上的着迷，是爱情的动机成分；亲密是指在爱情关系中能够引起的温暖体验，是爱情的情感成分；承诺指维持关系的决定期许或担保，是爱情的认知成分。

现在，一般将其衍生演变为爱情的三要素，即性爱、理想和责任。性爱把爱情与人世间的其他情感，如亲人之爱，朋友之情区别开来，使爱情成为特殊的情爱。理想使爱情具有巨大的鼓舞力量，能够振奋人的精神，激发人的智慧，升华人的品质。责任是对性爱理想的升华，因此也成为爱情得以长久的重要保障。

可是，在生活中，爱情往往被认错，被误解混淆成以下的一些情感。

（一）爱与喜欢不同

喜欢包含对一个人或事物最基本的好感。它是一种由内向外的，非迫切需要的，在维持自身生存之外的得到与占有，更多的是得到情感上的满足。喜欢是中等强度的人际吸引形式，也是人际吸引的一般形式。社会心理学家通过大量的研究概括出影响喜欢的一些重要因素：相似性、互补性。爱包含广泛而深远的意思，除了喜欢之外，还包含责任与承诺。喜欢就是喜欢，很简单。爱就是爱，很复杂。其实，喜欢和爱仅一步之遥，但要迈这一步就看你是喜欢迈这一步，还是爱迈这一步，才发现喜欢与爱的不同，喜欢只是喜欢，没有爱，而爱却是喜欢的全部。

（二）爱与情不同

爱是专一的，是责任，是动力，是手拉手走完一生的勇气，爱的力量是巨大的。情是一种感觉，是情绪的冲动，是满怀的激情，是一种模糊的感情，不一定是唯一的。

有些人的信条是“不想天长地久、只愿曾经拥有”、“走过路过千万不要错过”……爱情并不是一场游戏一场梦，多情并不是真正的爱情。恋爱初期，情绪冲动——情占主导因素，恋爱双方会爱得很深，它使人激动，使人热情，但是随着时间的推移，情将慢慢跌入深谷。能够持久的爱情源于冲动之情，却成熟于现状的理性认识之后，这是爱的升华。没能持久的爱，夭折于理性认识之后，真正的爱情是激情和情感升华的统一。

（三）性与爱不同

性爱指男女之间有情感、用心地和对方进行性亲密的行为，是怀着爱心和幸福感情的美好的男女性行为。很多人把性跟爱混为一谈，特别是在性生活中。性与爱是不同的能量，性侧重于生殖中心，爱侧重的是心门位置。性并非爱情的全部，但是它是爱情路上必不可少的内容。只有在性爱的基础上，情爱才能升华，才能天长地久，反之，情爱也会使性爱更上一层楼。

二、爱情中的道德

（一）爱情也要受到道德约束

可以爱别人是幸福的，被别人爱也是幸福的；当然所爱之人正爱着自己，这才是最最幸福的。曾有文学作品中这样写道：

在对的时间遇到对的人是一种缘分；
在对的时间遇到错的人是一种不幸；
在错的时间遇到对的人是一种无奈；
在错的时间遇到错的人是一种残忍；
在对的时间遇见错的人是一场心伤；
在错的时间遇见错的人是一段荒唐；
在错的时间遇见对的人是一声叹息；
在对的时间遇见对的人是一生幸福。

可相爱并不是全部，如何使“爱”与“被爱”转化为“相爱”呢？那就需要你从内心中拿出非凡的勇气。恋爱作为一种人际交往行为也应追求高尚的道德，体现在如下几个方面。

第一，尊重彼此独立的人格。爱情的双方要注意，再甜蜜的爱情也是两个人的爱情，女性不应小鸟依人地主动附庸于对方，男性不能事事做主发挥男子汉气概。

古今中外的佳作中均有相关的解说，启发着人们：浴在爱河里的男女双方，应当透过对方的外表，理解对方的内心世界，尊重对方的人格。英国女作家夏洛蒂·勃朗特在小说《简·爱》中，借简·爱之口表达了这种思想。

你以为，因为我穷、低微、不美、矮小，我就没有灵魂没有心么？你想错了！——我的灵魂跟你的一样，我的心也跟你的完全一样！如果上帝赐予我财富和美貌，我会使你难于离开我，就像现在我难于离开你。上帝没有这么做，而我们的灵魂是平等的，就仿佛我们两人穿过坟墓，站在上帝脚下，彼此平等——本来就如此！

中国现当代女诗人舒婷在《致橡树》中提及：

我如果爱你
绝不像攀援的凌霄花，借你的高枝炫耀自己。
我如果爱你
绝不学痴情的鸟儿，为绿荫重复单调的歌曲。
也不止像泉源，常年送来清凉的慰藉；
也不止像险峰，增加你的高度，衬托你的威仪。
甚至日光，甚至春雨。
不，这些都还不够！
我必须是你近旁的一株木棉，
作为树的形象和你站在一起。

爱情里的双方是独立的、平等的，都有给予爱、接受爱、拒绝爱的自由，放纵自己的爱或强迫对方均不符合恋爱的道德要求。

第二，爱情与责任紧密相连。爱情双方应为对方考虑，为对方承担责任。无论对方是顺境逆境、富裕贫困、健康患病……爱一个人或接受一个人的爱就要自觉为对方承担责任。那种“不求天长地久，只求曾经拥有”的想法是不负责任的，可能会使女性或男女两性都悔恨终生。西式的婚礼仪式上，牧师会说：

请你以爱情的名义宣誓，你愿意娶你面前的这位女士——做你的妻子吗？无论顺境或是逆境，富有或是贫穷，健康或是疾病，你愿意和她终生相伴，永远不离不弃，爱她，珍爱她，直到天长地久吗？

然后也会把同样的问题抛给新娘。爱情中两个人的结合只是表象，双方要为对方考虑，要以两个人的思维考虑问题。

第三，爱情的行为讲求文明交往。文明的恋爱是符合人际交往道德与社会公德的。独处时，恋爱的双方可以互相爱慕亲近。在公共生活中，就需要注意言行举止的得体。在公共场所，或许能见到一些情侣，他们抱肩揽腰，旁若无人展示私领域亲昵举动，表情是眉飞色舞兴高采烈，过路的人则是一脸的厌恶表情。爱情也讲道德，恋爱双方都应用高尚的道德为长久的爱情保驾护航。

（二）爱与被爱均应受到尊重

大学是人生美好的时光，大学校园里美妙动人的爱情故事比比皆是，但也有许多不成功的爱需要受到尊重。将单纯的好感、喜欢、友谊误作爱情，可能会给对方平添许多苦恼。在爱与被爱中，有人爱、被人爱是幸福的，能爱人也是幸福的。

但爱情毕竟是两个人的事，被爱的人如果要拒绝不想得到的爱，首先应当感谢得到的爱，尊重施与爱的人，对施与爱的人采取得体的方式拒绝。而施与爱的人应知道，爱情中也是有理性的，爱与被爱均应得到尊重。哲学家柏拉图曾说："理性是灵魂中最高贵的因素。"爱与被爱均需顾及对方的感受与体验，一方应主动收回得不到回应的爱，不应影响所爱的人的生活和幸福，让爱做到"发乎情，止行礼"。民国四大才女之一的林徽因的感情经历中，爱情不成功的金岳霖历来为人所称颂。

林徽因美丽高贵清雅脱俗，在美国求学期间，梁思成和金岳霖是同学，他们都爱上了林徽因。林徽因认为两个人都很好，就坦白告诉梁思成自己在两个人中不知如何做出选择。梁思成想了一夜，第二天跟林徽因说：你是自由的，如果你选择了老金，我祝你们永远幸福。后来，金岳霖知道这件事后，对林徽因说，思成能说这个话，可见他是真正爱着你，不愿你受一点点委屈，我不能伤害一个真正爱你的人，我退出吧。林徽因与梁思成成婚，金岳霖仍跟他们毗邻而居，相互间更加信任，甚至梁思成林徽因吵架，也是找理性冷静的金岳霖仲裁。金岳霖，一米八的个头，仪表堂堂，极富绅士气度，为林徽因终生未娶。自始至终他都以最高的理智驾驭自己的感情，尊重所爱的林徽因的选择与感情，显出一种超脱凡俗的襟怀与品格。

三、正确选择爱的对象

如何选择恋爱的对象？爱的对象，不是门当户对，不是郎才女貌，更非郎财女貌。在这数不清的答案中，只有选对了爱的对象，才能拥有真挚美好的爱情。拥有爱情的双方有共同点，这个共同点就是基于双方建立在共同的人生观、价值观、心智成熟程度等基础上，在思想、情感、性格等方面的共鸣和谐。

人生观是指对人生的看法，也就是对于人类生存的目的、价值和意义的看法。人生观是由世界观决定的。其具体表现为苦乐观、荣辱观、生死观等。

价值观是指一个人对周围的客观事物的意义、重要性的总评价和总看法。一方面表现为价值取向、价值追求，凝结为一定的价值目标；另一方面表现为价值尺度和准则，成为人们判断价值事物有无价值及价值大小的评价标准。对诸事物的看法和评价在心目中的主次、轻重的排列次序构成了价值观体系。价值观和价值观体系是决定人的行为的心理基础。

心智成熟程度是人们的心理与智能成熟与否的内在与外在表现。人生是一场艰辛之旅，心智成熟的旅程相当漫长，它的成熟程度不取决于年龄。心智成熟的人能正确认识自我，面对生活中的痛苦与挫折能翻越困惑主动调整自我，也能正确认识他人建立良好的人际关系，对未来有明确的目的并选用合适的方法实现目标。

人生观的形成是在人们实际生活过程中逐步产生和发展起来的，跟个人的生活学习环境等有关系。个人的价值观一旦确立，便具有相对稳定性，难以大动。心智成熟程度则与年龄无关，是人的身心发展到一定阶段的成熟表现。幸福的爱情只属于那些心智成熟、人生观、价值观接近的人。只有这样的人才有勇气、有能力、有资格承受美妙的爱情，否则便是此情可待成追忆，事后方知，追悔莫及。因此，要通过朋友般的交往，友谊作为过渡，充分了解对方之后，才能确定正确的爱的对象。

四、拥有爱的能力

爱是一种深情，也是一种能力，爱需要学习。爱的能力是指和他人建立亲密关系的能力。爱的能力不仅在物质财富范围内，也存在于人性特有的领域，它包括对爱的感知、认知及接受能力。

培养爱的能力，具有爱的能力要懂得以下三方面的内容。

第一，要懂得健康的爱是什么。先要了解认识自我，知道自己喜欢什么，需要什么，适合什么；然后也要了解认知他人，了解他人的兴趣、爱好；更要学会如何主动关爱关心他人、帮助他人，具备给予他人爱的条件。

第二，要培养爱的表达艺术，掌握施与爱的技巧。在追求爱时，给予他人爱时，要勇于、善于表达爱，使自己的爱得到真正的体现和高水平的爱。爱的能力给予我们的志趣、理解、幽默、知识、悲哀，给予对方生命活力全部表达。对于一个人来说，什么是爱，在他的成长过程中怎样恰当地表达爱，怎样恰如其分地接受爱，将爱对自己和别人的伤害减到最低程度，这既是一种生存能力的表现，更是一种爱的能力的体现。

第三，爱的能力也包括拒绝爱的能力。一是在自己不希望得到的爱情来临时，一定要敢于果断地、理智地拒绝自己所不希望得到的爱情。要勇敢地说“不”，优柔寡断或屈从于对方的穷追不舍而接受是极其有害的。爱情关系到一个人一生的幸福，来不得半点的勉强和将就，所谓“强扭的瓜不甜”。不要因一时的勉强和将就，错爱一生，造成终生遗憾。二是要掌握适当的拒绝方式。每个人都有爱和被爱的权利；有接受爱和拒绝爱的权利。要尊重每一份真挚的感情，珍重真挚的感情是对他人的尊重，也是对自己的尊重，要学会用充满关切、尊重、机智的方式来维护他人和自己的尊严。

五、爱情的命运

深厚爱情的正前方，就是恋爱双方渴望终生相伴而步入婚姻的殿堂。

（一）恋爱和婚姻不同

恋爱是王子与公主，很容易和平相处，恋爱是把最美的东西给恋人看，说话有礼貌、行事讲修养，办事讲效率、能办的事马上就办，倾其所有、投其所好。而婚姻是被柴、米、油、盐，抚养、赡养、进项、支出等现实生活包围，双方应当呵护、珍惜生活中的细节。爱情需要更新，婚姻需要互相信任、理解、体谅，为对方营造一个温暖、轻松、舒服的婚姻环境，也只有如此，才能使婚姻稳固而幸福。爱情是基于双方在思想、情感、性格等方面的共鸣和谐，是建立在共同的人生观基础上的真挚情感。而婚姻还要求男女双方共同承担责任和义务，需要共同的物质基础和精神基础。

（二）爱情以婚姻为结局

婚姻是恋爱的最好归宿。婚姻和爱情不是享受，它为双方安排了责任和义务，其核心因素是奉献精神。正是无私的奉献和给予，才使爱情高尚和纯洁，才使婚姻稳固而幸福。

婚姻以夫妻共同生活为目的，夫妻双方应当互相忠实。婚姻家庭关系十分复杂，家庭成员间应当敬老爱幼，互相帮助，维护平等、和睦、文明的婚姻家庭关系，大力倡导尊老爱幼、男女平等、夫妻和睦、勤俭持家、邻里团结的家庭美德。就婚姻中的道德规、家庭美德这部分的实践行为，参看《社会公德和社交礼仪》部分的实践行为对照表。

（三）爱情以失恋告终

走功利的路，也许生活有保障，吃喝不愁，可是走情感的路，也许悲欢离合，刻骨铭心。恋爱是两个人的事，爱情的前方将由两个人共同决定，不是一方凌驾于另一方之上，也不是一个人征服另一个人，更不是两个人的永久的深情凝望，是两个人共同面对世界，调整心态，共同成长。感情上的事，没有对错，只有是否适合。爱情正前方也可能会因为度没把握好，致使相爱的人产生误会，最终擦肩而过。双方投入的感情都是真实的，深刻的，受伤在所难免。分手了，无须怀恨，不应报复，就让过去的成为美好的人生回忆。积极面对人生，认真投入生活，等待下一份爱情的出现，才是失恋应有的心态。

六、婚姻的结局

恋爱讲求高尚的道德，婚姻还要遵守法律法规。婚姻需要质量，如果两个人生活在一起非常痛苦，离婚就成为必然，社会应该理解，法律应该支持，但要特别注意公平公正友好地就共同养育的子女、财产做出合理的安排。结婚是自由，离婚也是自由，但结婚、离婚不按程序办事都会制造出许多麻烦。当爱情瓜熟蒂落就应顺其自然结婚，但如果婚后形同陌路、感情破裂，也应和平离婚。结婚当慎重，离婚更应当慎重。

（一）结婚的条件、程序

我国《婚姻法》规定了两性依法结合的法定条件及结合后配偶双方的权利义务及由此而产生的其他责任及义务。婚姻关系的成立有以下三个基本的法律特征。

第一，结婚的主体是男女两性。不是由男女两性生理差别的结合便不构成结婚。同性别的人之间现在中国不能结婚。

第二，结婚行为是法律行为。申请结婚的双方当事人必须遵守法律的规定，履行法律规定的结婚登记程序，否则，婚姻关系不产生法律后果。即：不受法律保护的无效婚姻，需符合《婚姻法》所规定的实质要件和形式要件，否则不具有合法婚姻的效力。

结婚的必备条件：一是男女双方完全自愿，二是必须达到法定年龄，男不得早于 22 周岁，女不得早于 20 周岁，三是必须符合一夫一妻制。

结婚的禁止条件：一是禁止直系血亲和三代以内旁系血亲结婚。二是禁止患有医学上认为不应当结婚的疾病的人结婚。

第三，结婚行为的法律后果是确立双方的夫妻关系，并承担由此而产生的责任、权利、义务。这种已确立的夫妻关系未经法律程序，任何单位、个人或夫妻双方都无权解除夫妻关系。

申请结婚登记的男女双方当事人持户籍证明、户口所在地的相关单位出具的未婚证明等证件资料，共同到一方户口所在地指定的婚姻登记机关申请登记，符合条件的男女双方即可登记结婚，正式在法律上确认为夫妻关系。

（二）离婚的条件、程序

离婚是互为配偶的双方生存期间，通过法律手段解除婚姻关系的方式。通常办理离婚程序的过程中，都要面对许多复杂的问题，尤其是子女的抚养权或监护权，以及夫妇间甚至是双方家庭在财产上的分配；而且相当多的夫妻离婚之前会先协议分居。离婚协议书里的内容应该是平等协商后的两全其美的公平结果。

"感情确已破裂"是实体性规定，是准予离婚与不准予离婚的法定条件。审理离婚案件应当进行调解，调解无效，方准离婚。判断夫妻感情是否确已破裂，应当从婚姻基础、婚后感情、离婚原因、夫妻关系的现状和有无和好的可能等方面综合分析。一方坚决要求离婚，经调解无效，也可依法判决准予离婚。

男女双方当事人如需离婚，必须共同到一方户口所在地的省、自治区、直辖市人民政府指定的婚姻登记机关申请离婚登记，或者到法院起诉，通过审理离婚。由于离婚要面对许多复杂的问题，尤其是子女的抚养权或监护权，以及夫妇间甚至是双方家庭在财产上的分割，所以，离婚很可能会造成子女无人抚养、教育受影响、离异子女或单亲子女心理问题、老人无人赡养、财产分割不公平等诸多问题，建议离婚要慎重。

七、大学生恋爱箴言

（一）校园恋情应适度，要做到失恋不失志

青春年少的爱情，谁都无法抗拒。校园恋情浪漫纯洁、又多变不稳定，具有两面性。一旦恋爱就应积极调整个人心态，务求在心智成熟、共同成长中交往，在行为上把握好度。心理、行为上把握适度，恋爱就会有利于心理的成长，促进学业进步，给人鼓舞，为事业插上腾飞的翅膀。大学生人生观、价值观尚未定型，心智不一定成熟，虽然恋爱的多，但走进婚姻殿堂者寥寥无几。处理不好失恋的人，很可能会形成错误的信念，如"男人全是负心郎，女人全是爱慕虚荣者"，可能会带来挫折感、扭曲感，意志消沉，态度悲观，对未来的学业、工作、生活带来不利后果。所以，对待恋爱要谨慎，保持一颗充满希望的心，积极地面对生活，做到失恋不失志。

（二）恋爱行为务必遵守社会公德和法律

男女之间的恋爱行为不仅是个人生活，它也对社会生活产生影响。所以，公共场合应注意控制言行与恋爱的表达，私人场合也要考虑到行为的后果，尤其要尽量避免婚前性行为，避免堕胎，甚至强奸等行为。不要伤害爱你或你爱的人身心健康。有了社会对于爱情相对的要求和约束，爱情才能够超越本能，升华为人类一种最高尚、最优美和最诚挚的情感。

没有爱情的人生是不完满的人生，人生当中缺少任何内容——事业、亲情、友情都是不完满的。大学校园里的爱情不是罕见的，也不是秘密，但它是一种深情，一种技巧，一场关乎人生未来幸福与否的合作。愿天下有情人终成眷属，愿大家都能树立健康的爱情观念，掌握表达爱的技巧，体味到甜蜜的爱情，获得美满的婚姻，充分享受爱的温馨。

附：本章实践环节

大学生婚恋调查问卷

一、基本情况（请在选项字母上打√）

1．年龄：周岁
2．性别：A 男　B 女
3．现所在年级：A 大一　B 大二　C 大三
4．你来自：A 城市　B 城镇　C 农村
5．所学专业：A 文科　B 理工科　C 艺术类
6．是否在上大学前谈过恋爱：A 是　C 否
7．是否正在谈恋爱：A 是　C 否

二、问题（以下问题均为单项选择，请在选项上打√）

1．你欣赏你父母的婚姻吗？

A 非常欣赏　　B 欣赏

C 不太欣赏　　D 不欣赏

2．你是否接受过有关恋爱观的家庭教育？

A 接受过很多　　B 接受过

C 接受很少　　D 一点也没有

3．你的家庭文化气息如何？

A 非常强　　B 强

C 不太强　　D 不强

4．如果父母知道你在恋爱，他们会

A 赞同　　B 批评

C 严厉批评　　D 不管不问

5．你父母对你现在的恋爱倾向做出的教育正确吗？（如未谈过，可跳过本题）

A 非常正确　　B 正确

C 不太正确　　D 不正确

6．你读过的中学对学生进行过恋爱观教育吗？

A 经常进行　　B 进行过

C 不太进行　　D 从不进行

7．你的同学恋爱的多吗？

A 有很多　　B 多

C 有一部分　　D 不太多　　E 没有

8．你的同学对你的恋爱观影响如何？

A 非常积极　　B 积极

D 有些消极　　D 消极　　E 没有

9．你对大学期间恋爱的观点是

A 赞成　　　　B 反对
C 应当适当限制　　　　D 正常现象
E 不反对也不倡导　　　　F 没想过

10．经过紧张的高中阶段，进入相对轻松的大学，你希望有一个男/女朋友吗？

A 非常想　　B 想　　C 有点想　　D 没有

11．当你看到别人有男/女朋友时，自己也想交一个吗？

A 非常想　　B 想　　C 有点想　　D 没有

12．从总体上看，你认为大学生谈恋爱的最初动机是

A 出于真心　　　　B 弥补内心空虚、寻找精神寄托
C 只是想玩玩　　　　D 对学习、交往有所帮助
E 很认真，准备将来结婚

13．你与异性恋爱的目的是什么？

A 发展爱情　　　　B 慰藉解闷，排除孤独
C 追求生理快乐　　　　D 组织家庭
E 赶潮流，不谈恋爱会被笑话　　　　F 证明自己的魅力
G 满足好奇心　　　　H 积累经验
I 想找个人互相帮助，互相关心

14．如果你不谈恋爱，原因是什么？

A 怕家人反对　　　　B 没有自己喜欢的人
C 以学习为重　　　　D 我喜欢的人不喜欢我
E 因为受过伤害不愿意再谈恋爱　　　　F 其他

15．你认为选择配偶的主要标准是

A 志同道合　　B 经济条件　　C 外貌仪表
D 人品内涵　　E 学识才干　　F 家庭地位

16．和一个自己不喜欢而又非常有钱的人恋爱可以吗？

A 非常好　　B 可以　　C 不太好　　D 不好

17．你希望你的男/女朋友比别人的帅或漂亮吗？

A 非常希望　　　　　B 希望　　　C 有点希望　D 不希望

18．假如你爱上一个异性，你会

A 主动向对方表示　　B 先暗示再表示

C 绝不向对方先表白　D 通过暗示让对方先表示

E 不知道该怎么办　　F 其他

19．假如有人喜欢你，你会

A 直接拒绝　　　　　B 委婉拒绝

C 接受　　　　　　　D 不理睬，观察一段时间

20．你对脚踩两只船、三角恋、多角恋的看法是

A 不道德　　　　　　B 恋爱中的正常现象

C 恋爱自由的表现　　D 很刺激浪漫

21．如果你喜欢的男/女喜欢上了别人，你会怎么做？

A 非常生气地与之分手

B 继续追求

C 想尽各种办法拆散他们

D 找人报复那个别人

22．当你的恋人提出分手，你会

A 由爱转恨并采取报复行动

B 坦然面对

C 不知所措

D 无所谓再找一个

F 悲伤欲绝对爱情失去信心

E 很伤心无奈接受

G 死缠烂打绝不放手

23．当你打算中断和对方的恋爱关系，而对方坚决不同意，你会

A 通过朋友或同学做工作，尽可能让对方接受自己的想法

B 不管对方同意与否，以后不再来往

C 可怜对方，继续保持恋爱关系

D 使用各种方法激怒对方，让其不再纠缠自己

24．你对“毕业即分手”的看法是

A 如果是真爱，会不存在这样的问题

B 要考虑许多现实因素，有可能会这么做

C 一切顺其自然

D 尽量创造条件，两个人继续相爱

25．你认为大学生恋爱成功概率有多大？

A10%　　B50%　　C 能成功　　D 绝对不能成功

26．就大学生恋爱对自己的影响，你认为

A 学习生活更有动力

B 分散精力浪费时间成绩下降

C 只有二人世界脱离集体

D 影响正常同学交往

E 因人而异

27．你怎样看待你的男/女朋友在你面前表达出的亲昵动作？

A 非常正常　　B 正常　　C 不太正常　　D 不正常

28．你觉得可以为你接受的恋人之间的亲密行为可以到什么程度？

A 牵手　　B 搂抱

C 接吻　　D 抚摸身体　　F 发生性关系

29．你对恋人间的性的看法是

A 基于爱情就可以发生

B 双方愿意就可以发生

C 应受道德谴责

D 应受法律制裁

F 无所谓

30．法律允许大学生可以结婚，你认为

A 可以接受

B 可以接受别人身上发生，不希望发生在自己身上

C 坚决反对

31．你认为大学生结婚

A 利大于弊　　B 弊大于利　　C 难说

32．你认为婚姻应该是

A 以爱情为基础　　B 以经济为基础　　C 以需要为基础

33．你认同社会上“小三”等婚外恋吗？

A 非常认同　　B 认同

C 不太认同　　D 不认同

34．你希望爱情的归宿是婚姻吗？

A 非常希望　　B 希望

C 有点希望　　D 不希望

35．你认为在家庭中，

A 以丈夫为中心　　B 以妻子为中心

C 以孩子为中心　　D 彼此平等相互尊重。

第六章　重视心理健康　发展健全人格

本 课 导 读

曾几何时，我们经历了多年的寒窗苦读，怀揣着父母的期望与自己的梦想，来到了大学生这座人生的殿堂。我们对周围的一切都充满了好奇，期待着未来几年的大学时光。但进入大学，就意味着即将独自面对和安排自己的生活，也意味着我们要自己解决各种人生难题。当我们以极大的热情来拥抱自己的大学生活时，会发现生活并非一帆风顺，期间，我们会经历迷茫、失落、痛苦、无助，所以，身心健康对于成长中的大学生来说，就显得尤为重要。拥有强健的体魄，良好的心理素质，高尚的道德情操，积极地面对生活中的困难与挫折是大学生顺利完成学业，实现自我人生价值的基础，也是我们走向社会，开创精彩人生的伏笔。

影视导读（影片简介摘自百度百科）

一、《叫我第一名》

电影的主人公布拉德·科恩，一个乐观向上的天生患有妥瑞氏症（即抽动秽语综合征，指以不自主的突然的多发性抽动以及在抽动的同时伴有暴发性发声和秽语为主要表现的抽动障碍）的男人。而这种怪异的行为更是让他从小不被周围的人理解，在学校里老师经常批评他，同学们更是对他冷嘲热讽，就连他的父亲也对他失望透顶。学校的校长发现了这点，在一次全校师生都在时，校长巧妙地让大家知道布拉德·科恩为什么会发出奇怪的声音和不时地抽动，因为他得了一种病，因为这种病他无法控制自己的行为。校长的几句话打开了布拉德·科恩通往全新世界的一扇门。从那时起布拉德·科恩希望成为像校长那样爱孩子的老师。

大学毕业后，布拉德·科恩秉持着每个学生都值得被教导而很想当老师的想法，去各个学校面试寻求教职，但是，校方人员总因为他的症状而对他抱着怀疑的态度，甚至还要求他上课中不能发出声音才会聘请他。这种种原因让他受到挫折，但幸好有母亲一直支持他鼓励他，让他勇敢地面对生活，克服困难，在这过程中他也收获了爱情。

最后，经过大约 25 所学校的面试后，终于有一所小学愿意聘请他担任有一年合约的二年级老师。而他也印证了他非常适合当老师，与学生的关系都相处得很融洽，最后甚至被选为那年度的优秀新进教师。

（电影改编自 Brad Cohen 的真实故事）

二、《当幸福来敲门》

克里斯·加德纳（威尔·史密斯），生活在旧金山的黑人男青年，靠做推销员养着老婆还有幼子。克里斯从没觉得日子过得很幸福，当然也不很痛苦，就跟美国千千万普通男人一样过着平淡的生活。直到有一天，一系列突如其来的变故才让克里斯知道，原来平淡的日子有多珍贵。

首先，他丢了工作，公司裁员让他丢了饭碗。克里斯从此遭遇了一连串重大打击，妻子因忍受不了长期的贫困生活愤而出走，连一岁大的儿子（杰登·史密斯）也一同带走。没过多久，妻子又把儿子还给了克里斯，从此克里斯不仅要面对失业的困境，还要独立抚养儿子。没过多久，克里斯因长期欠交房租被房东赶出家门，带着儿子流落街头。在接下来的两三年中，这对苦命父子的住所从纸皮箱搬到公共卫生间。克里斯坚强面对困境，以打散工赚钱，同时也努力培养孩子乐观面对困境的精神，父子俩日子虽苦，但还是快乐生活。

一次，克里斯在停车场遇见一个开高级跑车的男人，克里斯问他做什么工作才能过上这样的生活，那男人告诉他自己是做股票经纪人的。克里斯从此就决定自己要做一个出色的股票经纪人，和儿子过上好日子。完全没有股票知识的克里斯靠着毅力在华尔街一家股票公司当上学徒，头脑灵活的他很快就掌握了股票市场的知识，随后开上了自己的股票经纪公司，最后成为百万富翁。

一路上克里斯经历了不少挫折，但是年幼的儿子每次都能给予他最大的鼓励，两父子相互扶持最终完成了又一个美国梦（影片取材真实故事，主角是美国黑人投资专家 Chris Gardner）。

课堂讨论

1. 科恩和克里斯最终能克服困难，实现梦想，他们靠的是什么？

2. 每个人都会经历人生中的各种不幸，我们应该以什么样的心态去面对？

3. 你认为什么样的心理状态是最好的？

知心讲堂

案例中介绍的两部电影，你或许看过。之所以把他们罗列在一起，是因为故事中的主人公都面临着巨大的困难，一个是有先天疾病的科恩，一个是失业且要独自抚养儿子的克里斯，他们都承受着痛苦，但他们都没有放弃，最终，科恩站上了他梦想中的讲台，而克里斯收获了巨大的财富。他们之所以成功，除了拥有强健的体魄之外，更重要的是因为在他们的内心，一直有一种信念，那就是对生命的希望和对生活的热爱。

在偌大的大学校园中，或许你来自贫困的农村，或许你来自繁华的都市，但是，我们都有一个共同的梦想，那就是实现自己的人生价值。所以，在大学这所人生大讲堂中，我们应努力绽放属于自己的色彩。生活并非绝对如人意的，鲜花的前方或许有荆棘，欢笑的背后或许有泪水。在追梦路上，我们将会面临无数的困难，那么，我们应当怎样过好大学生活，走好人生之路呢？

三、大学生心理健康概述

有种财富是我们与生俱来的而又时常被我们忽略，当我们拥有它，就像拥有阳光、空气和水一样自然，而我们一旦失去它，才会意识到它弥足珍贵，这与我们生命同样无价的财宝就是健康。

（一）健康与心理健康的含义

1．健康的含义

世界卫生组织把健康定义为：“一个人只有在身体健康、心理健康、社会适应良好和道德健康等四个方面都健全，才算是完全健康的人。”

世界卫生组织提出的人类健康十条标准：

（1）有足够充沛的精力，能从容不迫地应对日常生活和工作压力，而不感到过分紧张。

（2）态度积极，乐于承担责任，不论事情大小都不挑剔。

（3）善于休息，睡眠良好。

（4）能适应外界环境的各种变化，应变能力强。

（5）能够抵抗一般性的感冒和传染病。

（6）体重得当，身体匀称，站立时，头、肩、臂位置协调。

（7）反应敏锐，眼睛明亮，眼睑不发炎。

（8）牙齿清洁、无空洞、无痛感、无出血现象，齿龈颜色正常。

（9）头发有光泽、无头屑。

（10）肌肉和皮肤富有弹性，走路轻松。

世界卫生组织又提出“五好”、“三良”的健康新标准：“五好”，即胃口好、便能好、睡眠好、口才好、腿脚好。“三良”，即良好的个性、良好的处世能力、良好的人际关系。

从以上两种健康的标准可以看出，身体健康和心理健康是相辅相成、缺一不可的。身体健康有利于保持心理健康，心理健康又可以促进身体健康；反之，生理的不健康会影响到心理健康的维持，心理的不健康则会导致身体疾病的产生。比如：当你生病的时候，你可能会特别容易感到烦躁、不安；病愈之后，心情也会随之好转。因此，我们在考虑自身的健康和疾病时，要注意身心两个方面的反应。

2．心理健康的含义

迄今为止，关于心理健康还没有一个统一的概念。国内外学者一般认同心理健康标准的复杂性，不像生理健康的标准那样具体、精确和绝对，既有文化差异，也有个体差异。

《心理学百科全书》（浙江教育出版社 1995 年 8 月）在“心理健康“词条下的解释是：心理健康又称心理卫生，包括两方面的含义：①指心理健康状态，个体处于这种状态时，不仅自我感觉良好，而且与社会契合和谐；②指维持心理健康、减少行为问题和精神疾病的原则和措施。

第三届国际心理卫生大会对心理健康是这样定义的：“所谓心理健康是指在身体、智能以及情感上与他人的心理健康不相矛盾的范围内，将个人心境发展成最佳的状态。”郭念锋主编的《心理咨询师》中这样定义心理健康：“所谓心理健康，最概括、最一般地说，是指人的心理，即知、情、意活动的内在关系协调，心理内容与客观世界保持统一，并能据此促进人体内、外环境平衡和促进个人与社会环境相适应的状态，并由此不断地发展健全的人格，提高生活质量，保持旺盛的精力和愉快的情绪。”

总的来说，我们可以从广义和狭义两种角度来解释心理健康。从广义上讲，心理健康是指个体具有一种持续、高效而满意的心理状态，在这种状态下，生命具有活力，潜能得到开发，价值得以体现。狭义的心理健康是指个体具有稳定的情绪、适度的行为，具有协调人际关系和适应环境的能力。

虽然心理健康至今没有一个确定的概念，但是，多数观点都强调个体的内部协调和外部适应，都把心理健康看成是一种内外和谐的良好状态，也由此提出了心理健康的标准。

第三届国际心理卫生大会提出的心理健康标准为：

（1）身体、智力、情绪十分协调；

（2）适应环境，人际关系中能彼此谦让；

（3）有幸福感；

（4）在工作中，能充分发挥自己的能力，过有效率的生活。

著名的人本主义心理学家马斯洛提出的心理健康的10标准为

（1）有充分的安全感；

（2）充分了解自己；

（3）生活的目标切合实际；

（4）与现实环境保持接触；

（5）能保持人格的完整与和谐；

（6）具有从经验中学习的能力；

（7）能保持良好的人际关系；

（8）适度的情绪表达与控制；

（9）在不违背社会规范的条件下，对个人的基本需要作恰当的满足；

（10）在不违背团体的要求下，能适当满足个人的基本需求。

结合我国的实际情况，清华大学的樊富珉教授在《大学生心理健康与发展》中提出关于心理健康的7条标准。

（1）能够保持对学习的较浓厚的兴趣和求知欲；

（2）能保持正确的自我意识，接纳自我；

（3）能协调与控制情绪，保持良好的心境；

（4）能保持良好的人际关系，乐于交往；

（5）能保持完整统一的人格品质；

（6）能保持良好的适应环境能力；

（7）心理行为符合年龄特征。

从以上关于心理健康的标准可以看出，心理健康不是一种一成不变的固定状态，而是一种富于变化的相对状态。因此，我们在鉴别心理健康状况时，多主张以个体行为的适应情况为标准，而不是以个别症状的有无为依据。

（二）大学生心理健康的标准

综合国内外专家学者对心理健康标准的设定，结合我国大学生这一特殊群体的身心发展及社会角色特征等实际情况，可以将大学生心理健康标准概括为以下几点。

1．智力正常（IQ＞80）

智力是人的注意力、观察力、记忆力、想象力、创造力及实际操作能力等的综合，包括理解能力、学习能力、应用能力等。智力是大学生学习、生活和工作的基本心理条件，也是适应周围环境变化所必需的心理基础。因此，在衡量时，关键在于其是否正常充分地发挥了自我效能，即有强烈的求知欲，乐于学习，能够积极参与学习活动。

2．能够正确地认识自我和接纳自我

正确的自我认识是大学生心理健康的重要条件。一个人如果能够正确地认识自己和评价自己，就能够正确地对待和处理他人与社会，有利于做到扬长避短。大学生要学会客观正确地认识自己，对自我进行合理的评价，做到自知、恰如其分，摆正自己的位置，善于自我接纳；既不妄自尊大，也不妄自菲薄；自信乐观，喜欢自己，接受自己，悦纳自我。

3．情绪健康，有较强的情绪控制能力

情绪影响人的身体健康，也影响人的心理健康。情绪健康主要包含三点：情绪稳定、心理平衡和心情愉悦。其主要表现为：愉快情绪多于负面情绪；情绪较稳定，善于控制与调节自己的情绪，既能克制又能合理宣泄；情绪反应强度与引起这种反应的情境相适应。

4．拥有健全的意志

意志是人在完成一种有目的性的活动时所进行的选择、决定与执行的心理过程。意志健全者有独立的生活能力，在行动前的决定、顽强性和自制力等方面都表现出较高的水平。他们拥有明确的目标，并能根据现实情况进行具体调整；能适时地做出决定并运用合理的方式来解决所遇到的问题；能够专注于某件事，并且克服各种困难，坚持不懈地为了目标而奋斗；能够合理地控制自己的情绪和言行等。

5．人格完整，具有健全统一的人格结构

人格是个体比较稳定的心理特征的总和，是一个人的整体的精神面貌。人格完整是指构成人格的各要素，即气质、能力、性格、理想、信念等各方面都平衡发展。个人所说、所想、所做都是协调一致的。人格完整的个体具有正确的自我意识，自我同一性发展良好，以积极进取的人生观作为人格的核心，并依此为中心把自我的需要、目标和行动统一起来。

6．人际关系和谐

良好的人际关系是心理健康的必要条件。人在社会生活中，与他人接触交往是不可避免的，良好的人际关系是大学生生活幸福和事业成功的前提。一个心理健康的大学生有积极的交往态度，善于与人沟通交流，有一定的交往方法和技巧。其具体表现为在交往过程中，能够保持独立完整的人格，能够客观地评价自己和他人，做到不卑不亢，宽以待人。

7．社会适应良好

社会适应是指对社会环境中的一切刺激能够做出正常而恰当的反应。良好的适应能力是心理健康的重要特征。社会适应正常的大学生能够正常地面对现实，对现实环境做出客观的认识和评价，并能以有效方法应对环境中的各种状况，使其自身行为符合环境要求。对于大学生来说，最首要的任务就是适应大学生活，充分地融入大学群体和环境，从而获得更好的发展。

（三）心理行为符合大学生的年龄特征

大学生处于特定年龄阶段的群体，应具有与年龄和角色相应的心理行为特征。

四、大学生心理特征及常见的心理问题

（一）大学生的心理特征

大学生年龄一般在18~24岁，处于人生的青年期（也称成年初期）。这一时期人的心理已接近成熟或达到成熟，这为他们的独立生活提供了基础。从发展心理学的角度讲，大学生在大学期间经历着认知能力、情感和人格发展日趋完善，人生观和价值观逐步稳定的过程。其心理发展特点有以下几个方面。

1．智力发展达到高峰但缺乏成熟的理性思考

大学生经过十几年的学习，到大学阶段，各项智力因素均达到较高的水平，接近人生的巅峰。这个时期的人的认知能力获得了很好的发展，他们的感知觉、记忆力以及思维能力不断增强，逻辑抽象思维逐渐占主导地位，表现出强烈的求知欲和开拓创新精神。尤为可贵的是，随着知识的增长、经验的积累和思维能力的提高，他们不再满足于对事物的表层或理论的认知，开始对事物的深层次意义进行探索。但又由于知识、经验的局限和认知方式的不足，抽象思维能力还未完全成熟，思维的广泛性、深刻性、敏感性发展较慢，所以他们往往把问题看得过于简单而陷入想当然的境地，在分析问题时容易钻牛角尖，有些主观片面。这是大学生心理与社会性发展不成熟的表现。

2．自我意识增强但发展不成熟

自我意识是指人对自身的认识以及对他人和社会关系的认识，它包括自我认识、自我体验和自我控制。它是认识、情感和

意志的综合，是人心理发展过程中极为重要的部分。人的自我意识从儿童时期开始发展，到青年期逐步走向成熟。大学生由于生活环境的变化，自我意识进一步发展。大学生自我意识的增强主要表现在以下方面。

首先，随着他们对外界认识的提高，生活经验的不断丰富，更加关注自己的内心世界，迫切要求深入地了解自己和发展自己，出现了主我与客我、理想自我与现实自我的分化，力图从现实与理想的关系中认识自己、把握自己、要求自己，以此来完善自己。

其次，自我评价能力增强。大学生既能借助一定的社会评价认识自己，但又不完全依赖外界的评价，表现出明显的独立性和自主性。但同时，由于他们生活阅历有限，与社会有一定的差距，社会实践能力不强，以至于他们自我认知、自我体验等方面出现了偏差，表现为过分自尊或过分自卑。

3．情感日益丰富但不稳定

心理学家霍尔认为，处于青年期的人的特点是起伏的，会出现一些非常显著的冲动，他把青年期称为“狂风暴雨时期”。大学生正值青年时期，随着校园生活的深入开展，社会性需要的增多，他们的情感日趋复杂且迅速发挥。但由于其生理、心理和社会性的不平衡，对社会的复杂性、自己行为的合理性缺乏足够的认知，加之，他们精力旺盛，自尊感敏锐而强烈，使得他们的情绪情感不稳定，突出表现为情绪情感的波动性，即时而平静，时而活跃；时而积极，时而消极。这种主客观的矛盾是大学生情绪情感不稳定、易走极端的主要原因。

4．人际交往欲望强而心理闭锁

对处于青年期的大学生而言，人际交往是自我意识成熟的重要途径。因此，人际关系的好坏直接影响大学生的适应状况。大学时代是既渴望友谊，又追求个人空间的时代，整个时期都存在着与他人建立亲密关系以此满足情感互助的需要。然而，许多大学生对人际交往的认识不够成熟，对人际关系的追求带有较浓的理想色彩，以友谊的理想模式来衡量现实生活中的人际关系，以至高期望值与高挫折感并存。同时，多数学生习惯以自我为中心，缺乏合作以及包容精神，缺乏人际交往过程中必要的信任和理解，加之不知道正确的人际交往方式，容易造成人际交往失败。长此以往，使一些学生把人际交往看成负担，逐渐造成心理闭锁。

5. 爱情需要与性意识进一步发展

性意识是指对性的理解、体验和态度。性意识是个体心理发展极为重要的方面。大学生的生理发育已经基本完成，尤其是性机能的成熟促使其对性的渴望，他们对异性充满了好奇，憧憬着美好的爱情。轻松的大学环境使得不少学生考虑恋爱问题，并尝试建立相对稳定的恋爱关系。多数学生能处理好自己的感情，但也有部分学生在尚不了解爱情的真谛时就匆忙涉足爱河，陷入感情漩涡，在性道德以及性法律约束下造成性心理失衡，出现一系列性心理问题，如异性交往障碍、性焦虑等。

（二）大学生常见的心理问题

1. 适应问题

适应困难是大学生的普遍问题。适应大学生活，完成大学生作为“文化人”和“社会人”的培养任务，使大学生社会化是大学生活的重要内容。大学生，尤其是大一新生由于其自身成长经历、家庭环境和受教育环境等差别很大，到大学后在自我认知、人际交往和环境适应等方面都面临着全新的调整。加之，当下多数大学生生活自理能力和适应能力普遍较低，因而适应能力差的现象普遍存在。

2. 学业问题

学习是大学生活的主旋律，一项关于大学生学习调查发现，由于社会竞争压力和专业学习压力越来越大，学生在升入大学后，会出现过渡性的脱节或困惑，主要表现为以下几个方面。

第一，学习动机不明确。对于多数人来说，高中时，高考是唯一的目标，学生动机集中而明确。进入大学后，度过了人生第一个紧张阶段的大学生会感到前所未有的放松。但是，困惑也随之而来。个人不同的学习动机取代了单一的高考动机。有些人为就业而学，有的人为父母而学，有的人为提升自我而学，还有一部分人完全茫然不知为何而学、为谁而学，因此也难以产生明确而强烈的学习动机。

第二，学业态度误区。与学习动机不明确相联系，学习态度也出现偏差。有的大学生学习兴趣与所学专业不符，上课自然缺乏动力。而有的对学习的态度取决于对老师的个人好恶，他们因喜欢某老师而喜欢某学科或者因不喜欢某老师而厌恶某学科。

第三，学习方法不适应。应试教育是死记硬背的、单一的学习模式，这与大学课堂的多元化与个性化教学形成了巨大差异，从而使学生感到困惑、茫然。又因为大学管理个性化，使得学生个人的自觉性与主动性成为支配学习的主要因素。面对这种情况，部分学生不适应大学的学习方法。

3．自我意识问题

因为多数大学生正处于青年期，在这一时期，其自我意识存在以下几个问题。

第一，自我意识不成熟。

第二，自我意识不统一。

第三，自我意识不完善。

4．情绪问题

稳定的情绪、良好的情绪反应是大学生心理健康的表现。但情绪管理能力低是当代大学生普遍存在的问题，这与大学生人格发育滞后相关联。有相关研究表明，大学生的负向情绪高于正向情绪，大学生的情绪问题主要有：一是焦虑，调查表明，大学生的焦虑情绪普遍存在，如人际焦虑、考试焦虑和就业焦虑等。二是自卑和抑郁，表现为个体持续情绪低落，常伴有身体不适，睡眠不足，心情压抑，做什么事都无精打采，逃避参与。三是情绪失衡，其具体表现为情绪波动大，会因一点小小的胜利而开怀，也会因一点小挫折而一蹶不振。

5. 人际关系问题

良好的人际关系是大学生成长和社会化过程中的重要组成部分，也是大学生心理健康的重要基础。因此，如何建立良好的人际关系是每个大学生面临的一个重要课题。由于每个人成长环境的不同、家庭教育方式的不同和个性特征的差异，再加上青年期心理固有的敏感和冲动，使得大学生在人际交往过程中不可避免地遇到各种问题，从而产生抑郁和焦虑等心理问题，从而影响大学生的心理健康。人际关系不协调是大学生最常见的心理困扰。

6. 恋爱问题

恋爱问题是大学校园的热门话题，多数大学生都有恋爱的愿望和冲动。由于大学生接受青春期教育不够，对爱情真谛的不明确感与对异性的神秘感和渴望交织在一起，进而产生各种心理问题，甚至产生心理障碍。大学生恋爱问题主要有以下几点。

第一，恋爱观模糊。因为人生观价值观的不成熟，不少大学生的恋爱观也是模糊的。他们对恋爱缺乏严肃性，责任感不清，恋爱目的各异：有的为及时行乐，有的为填补空白，有的为缓解焦虑。

第二，恋爱技术不成熟。一些大学生识别不了爱情和友谊、爱情和好感；有的不知道如何正常地与异性对话；有的不明白恋爱的阶段性，将后阶段的任务过早提前；有的承受不了恋爱失败所带来的痛苦，进而产生一系列的困扰。

7. 求知择业问题

多数大学生在刚踏入大学校园时对前途有着无限的憧憬，但随着对当下大学生就业形势的深入了解，发现现实与理想相去甚远，进而产生心理困惑。

（三）影响大学生心理健康的主要因素

近年来，随着社会环境的变化和经济的快速发展，人们对大学生心理健康问题的关注程度日益增加。大量的研究表明，大学生中约有 20%的人呈现出不同程度的心理健康问题，越来越多的学生因为心理适应不良而休学、退学。影响大学生心理健康的原因是各种各样的，既有外界环境的影响，又有个体心理素质的原因。就当前大学生的现状而言，影响其心理健康的因素有许多方面，既有遗传和生物因素，又有心理、社会和环境因素，主要体现在以下几个方面。

1．个体原因

第一，生理因素。有部分学生因为遗传等因素的影响，在外貌上存在着一些先天缺陷；或是因为身体素质不好，患有疾病，在学习生活过程中感到吃力；或是因为自身性格缺陷，如内向、固执、急躁等。这些因素容易让人产生自卑心理，长此以往，会造成严重的心理困扰。

第二，自我认知因素。大学生的自我意识、自我控制能力和自我评价能力虽然处于快速发展时期，但是由于思维过程存在着片面化和表面化，自我认知还不够完全，自我控制能力相对较弱，自我评价也不够全面。客观上来讲，他们的心理还不够成熟。自我认知容易出现两极化，即过度自信和过度自卑，因此，不断地调整对自我认识对每位大学生都非常重要。在现实环境中，有的大学生能够及时调整自我认知使其符合客观现实的要求，但是有些大学生因为对自我认知偏差以及调整不及时，则会出现抑郁、消沉等心态。实证研究表明，大学生抑郁、焦虑以及人际关系障碍等心理问题的主要原因在于他们不当的自我认知。

第三，应对方式因素。应对方式是指大学生在面对挫折和压力时所采用的认知和行为方式，包含积极的应对方式、消极的应对方式和中间型的应对方式。大学生心理问题的产生与其消极的、不成熟的应对方式有着紧密联系。

第四，人际关系因素。大学生一方面期待着与人建立和谐美好的人际关系，另一方面这种期望又过于理想化，进而造成对人际关系状况的不满。这种不满又会反过来对他们的人际关系产生消极影响。

2．学校教育因素

学校层面的影响有三点：一是学校心理教育实践环节薄弱；二是学校的教育方式方法以及校风学风的改变和生活环境的差异；三是高等教育观念的变化，高等教育逐步适应市场，学生在一定程度上自主择业，市场经济增加了对高校和学生的约束机制。

3．家庭环境因素

第一，家长期望。当今社会，家长对孩子的期望普遍较高。父母强烈的期望在促进孩子努力学习的同时，也给孩子带来了沉重的心理负担。

第二，家庭氛围。现代心理学研究表明，家庭环境对人的一生产生的影响是重大的，特别是早年形成的人格结构会在以后的心理发展中留下深深的烙印。家庭环境包括父母的文化水平、父母关系以及父母的人格特征等。家庭关系不和谐、气氛紧张、家庭结构的变化，如单亲家庭、重组家庭对大学生的心理都有一定的影响。紧张的家庭氛围容易使大学生产生焦虑、自卑、粗暴等不良性格特征。

第三，家庭经济能力。对高校贫困生而言，其不仅要承受学业压力，还要承受经济压力。因此，他们所承受的心理负担明显高于其他同学，极易导致心理上的不平衡。

4．社会因素

当下大学生处于社会转型期，社会生活发生着剧烈的变化，承受着多元价值观的冲突。随着社会的发展，西方文化、价值观大量涌入，与东方文化及价值观相冲突，是大学生陷入混乱和迷茫的状态。与此同时，随着网络信息时代的到来，各方面信息纷繁复杂，良莠不齐，而大学生由于求知欲强但辨别能力弱，导致对信息的加工处理能力不强，使理论与现实产生激烈的矛盾冲突，进而产生相应的心理问题。

总之，造成大学生心理问题和心理障碍的原因是多方面的，生理、心理和社会因素相互联系，相互制约。因此，保持和维护大学生的心理健康也应从多方面着手。

五、心理健康自测

老师辅导学生用以下量表自测，了解自己的心理健康状况

大学生人格健康调查表 UPI

个人资料：

姓名：　性别：　民族：

学号：　所在系、班级：

出生年月：　高中毕业时间：

家庭情况：

Ⅰ）父亲：年龄：职业：文化程度：健康状况：

Ⅱ）母亲：年龄：岁职业：文化程度：健康状况：

Ⅲ）兄弟姐妹：

兄：年龄：职业：文化程度：健康状况：

姐：年龄：职业：文化程度：健康状况：

弟：年龄：职业：文化程度：健康状况：

妹：年龄：职业：文化程度：健康状况：

入学动机：（　　）

1. 为了振兴中华

2. 为了社会发展人类进步

3. 想做学问

4. 想掌握专门知识和技能

5. 想提高自己的教养水平

6. 为出国打基础

7. 为了今后就职方便

8. 由于父母老师的规劝

9. 想过几年自由的日子

10. 想参加丰富多彩的社团活动

11. 对结婚有利

12. 其他

既往病史：

Ⅰ）难产、早产、肺炎、肝炎、结核

Ⅱ）脑炎、脑膜炎、痉挛、头部外伤

Ⅲ其他（　　）

你的近亲中，有精神卫生方面的问题吗？

（有病、中毒、自杀、去向不明等）有无

如果有，是（父母、兄弟、祖父母、叔舅、姑姨表兄弟、堂兄弟）

录取的专业和自己的愿望：（　　）

1. 非常符合、满意

2. 比较满意

3. 一般

4. 不太满意

5. 相差太远，很不满意

6. 无所谓

你的第一志愿是

大学专业

其他：

是否做过心理测验：是否

兴趣、爱好、特长：

以下问题是为了了解你的健康状况并为了增进你的身心健康而设计的调查。

请你按照题号顺序阅读，在最近一年中，你常常感觉到、体验到的项目的题号上画“√”,没有感觉过的项目的题号上画“×”。注意只有两种选择。为了使你顺利完成大学学业，身心健康地去迎接新的生活，请真实地填写。心理咨询中心的咨询人员将以满腔的热情和爱心，以及严守秘密的职业道德，随时提供你所期待的帮助。

1. 食欲缺乏　是否
2. 恶心、胃口难受、肚子痛　是否
3. 容易拉肚子或便秘　是否
4. 关注心悸和脉搏　是否
5. 身体健康状况良好　是否
6. 常常失眠　是否
7. 头痛　是否
8. 脖子、肩膀酸痛　是否
9. 胸痛憋闷　是否
10. 总是朝气蓬勃的　是否
11. 为脸红而苦恼　是否
12. 口吃声音发颤　是否
13. 身体忽冷忽热　是否
14. 注意排尿和性器官　是否
15. 心情开朗　是否
16. 身体倦乏　是否

17．一着急就出冷汗 是否
18．站起来就头晕 是否
19．有过失去意识，抽风 是否
20．人缘好受欢迎 是否
21．牢骚和不满多 是否
22．父母期望过高 是否
23．自己的过去和家庭是不幸的 是否
24．过于担心将来的事情 是否
25．不想见人 是否
26．莫名其妙地不安 是否
27．一个人独处时感到不安 是否
28．缺乏自信心 是否
29．办事畏首畏尾 是否
30．容易被人误解 是否
31．过于拘泥 是否
32．对任何事情不反复确认就不放心 是否
33．对脏很在乎 是否
34．摆脱不了毫无意义的想法 是否
35．觉得自己有怪气味 是否
36．觉得自己不是自己 是否
37．缺乏热情和积极性 是否
38．悲观 是否
39．思想不集中 是否
40．情绪起伏过大 是否
41．对任何事都没兴趣 是否
42．记忆力减退 是否
43．缺乏耐力 是否
44．缺乏决断能力 是否

45. 过于依赖别人　　是否
46. 不相信别人　　是否
47. 过于猜疑　　是否
48. 厌恶交往　　是否
49. 感到自卑　　是否
50. 杞人忧天　　是否
51. 别人在自己背后说坏话　　是否
52. 总注意周围的人　　是否
53. 在乎别人视线　　是否
54. 觉得别人轻视自己　　是否
55. 情绪易被破坏　　是否
56. 气量小　　是否
57. 爱操心　　是否
58. 焦躁不安　　是否
59. 容易动怒　　是否
60. 想轻生　　是否

附加题 1：至今为止，你感到自身健康方面有问题吗？
有没有

附加题 2：曾经觉得心理卫生方面有问题吗？有没有

附加题 3：至今为止，你曾经接受过心理卫生的咨询和治疗吗？有没有

如果你有健康或心理卫生方面想要咨询的问题，请写在后面。另外，上述 1～60 问中有想咨询的问题请写下问题的题号。

问卷解析：

1. UPI 由三部分构成

第一部分是学生的基本情况，包括学生的姓名、性别、年龄等，作为问卷分析时参考；第二部分是问卷本身，共 60 个项目，其中 5、10、15、20 是测伪尺度（测伪尺度：专业量表中测伪题

的有效程度），不计分，其余 56 个是症状题，主要反映学生的苦恼、焦虑、矛盾等症状尺度。第三部分是辅助题，了解被测者对自己身心健康的评价以及主要困扰的问题。

2．UPI 的记分方法

UPI 的 60 个问题中除 4 个测伪题不计分外，其余 56 个问题做肯定选择的题记 1 分，否定选择的题记 0 分，测验完毕后标出总分。

3．UPI 的筛选标准

UPI 的筛选标准视研究需要和使用者的具体情况而定，国内高校普遍采用的筛选标准如下：

第一类筛选标准

满足下列条件之一者应归为第一类

①总分在 25 分（包括 25 分）以上者；

②60 题做肯定选择者；

③辅助题中至少有两题做肯定选择者；

④明确提出咨询要求且属于心理问题者。

第二类筛选标准

满足下列条件之一者应归为第二类

①UPI 总分在 20～24 分者（包含 20 分和 24 分）；

②第 6、41、23 题中有一题做肯定选择者；

③辅助题中只有一题作肯定选择者。

第三类筛选标准

不属于第一类和第二类者的都归为第三类。

4．关于 UPI 面谈结果的分类和处理建议

在与第一类学生面谈中，通过进一步诊断，将学生分为 A、B、C 三类。对于这三类的判定主要根据心理咨询师的经验。以下特征可供参考。

A 类：各种神经症、心理矛盾冲突激烈，明显影响正常学习、

生活者。对他们要继续坚持面谈，真正症状缓解或消除。

B 类；一般心理问题，属适应不良，能维持正常的学习与生活者。面对时建立信任关系，有问题时可主动咨询。

C 类：无特殊问题者，症状暂时不明显或已解除。

第二类学生应引起重视，有条件时可请来面谈。一般过半年左右再调查一次。

第三类学生属一次通过者，即心理比较健康者。

第七章 心理素质及训练

第一节 心理素质的内涵和结构

心理素质是在我国素质教育背景下产生的一个概念。对大学生心理素质的研究既是高校实施素质教育的客观要求，也是促进大学生心理健康发展的现实需要。

一、心理素质的内涵

目前对心理素质的定义主要有两个角度，一是从身心角度，即与生理素质相对的角度来界定，认为心理素质就是个体的心理品质，这是一种与个体的背景因素无关的心理素质观；二是从特定的职业应该具备的心理素质出发来界定与探讨心理素质及其结构。下面分别从个体的心理素质观和特定的职业角度来介绍典型的几种关于心理素质的内涵。

（一）个体的心理素质观

自组织系统观。心理素质是一种系统，该系统包括心理能力（智力因素）、心理动力因素（人格）和身心潜质三个亚系统，它们之间交互作用、动态同构，共同组成心理素质的系统。

以人的自我意识发展为核心的观点。心理素质是以人的自我意识发展为核心，是由积极的和社会发展相统一的价值导向的非智力因素有机结合的复杂整体。

动态综合体的观点。心理素质是一种动态综合体，该综合体是多类别、多要素、多品质系统，包括智力因素、非智力因素、心理健康和潜能因素。

人格和个性观。心理素质就是人格和个性，包括需要、动机、兴趣、理想、信念、世界观、能力、气质和性格。

综合体现观。心理素质所体现的内容是性格、品质、心理能力、心理健康状况以及心因性行为的水平或质量。

心理品质观。心理素质即是一种心理品质，以心理条件为基础，通过内化形成的稳定的基本的衍生的，并与人的社会行为和创造行为密切联系。

归纳来讲，心理素质是以生理条件为基础的，将外在获得的刺激内化成稳定的、基本的、内隐的，具有基础、衍生和发展功能的，并与人的适应行为和创造行为密切联系的心理品质。

（二）职业角度的心理素质观

职业角度的心理素质是根据“不同的职业对于从业人员有不同的要求”所做出的定义，所以不同领域的心理素质观所强调的重点是不同的。例如从中学校长、护士、运动员、公诉人、教师、竞赛人、企业家和管理人员角度提出的心理素质要求差异较大。

中学校长心理素质首先要有开放的心态，其次是要有自我意识、自觉意识，再次要有改革创新，高度的耐挫性和人性化管理的思想。

护士心理素质，定义为心理品质，包括职业能力、情绪及其表达方式和人格自我要求，又根据职业需要，还包括相应的职业角色行为模式的人格特质。

运动员心理素质，应该包括认知系统方面的各项能力和情绪系统的品质，前者是相对稳定、起长期作用，后者为竞赛中所需。也有人将后者归结为与竞赛相关的个性心理特征，包括自制能力和自我调节能力。

公诉人心理素质，首先要有良好的心态，其次是要有气质，最后是要有自制能力、自我调节能力和表达能力。

教师心理素质是教师个性化和社会化综合发展过程形成的心理品质。

竞赛心理素质即竞赛中个体心理结构表现出来的心理特征。

企业家心理素质应该拥有以下心理素质：自信、脚踏实地、广泛的知识、急迫感以及挑战困难、承担风险的胆识。

管理人员的心理素质首先强调的是个人修养；其次是具备敏锐的信息观念、强烈的竞争意识、创新精神、有效的时间观念以及个性特征。

设计师心理素质，强调应该具有积极的人生态度，坦然地面对成就及挫折与失败；为了成功，设计师应该培养做事持久力、快速反应的能力、圆滑的态度、可信度、善解人意和丰富的想象能力。

心理素质的定义主要是从整体研究的角度出发，内涵的界定具有抽象性，需要进一步对心理素质结构展开分析，即对“子概念”下操作性定义才有可能将心理素质的研究落实到心理素质培训中，所以接下来有必要对心理素质的结构成分进一步展开分析。

二、心理素质的结构成分

所谓心理素质的结构，是指心理素质内部成分的构成系统。张大均、冯正直等对中学生心理素质的结构成分进行了深入的实证调查研究后，认为中学生心理素质是由认知、个性和适应性三个基本维度组成，其中，认知因素是人对客观事物的反映活动，直接参与对客观事物认知的具体操作，是心理素质结构的最基本的成分。个性因素是指人对客观事物的对待活动中的个性心理表现，虽不直接参与对客观事物认知的具体操作，但是具有动力和调节机能，居于心理素质的核心地位。适应性因素是指个体在社会化过程中，改变自身或环境，使自己与环境和谐的能力，它是心理素质结构中最具有衍生性的因素，也是认知因素和个性因素在个体的适应-发展-创造行为中综合反映。为了更清晰的认知心理素质结构，需要进一步分析心理素质结构的成分。

（一）认知维度

关于认知，有智力的结构理论和智力的过程理论两种观点。斯腾伯格认为，“不论是基于结构还是基于过程的单一智力理论都不能对智力进行清晰完整的描述”，而把智力结构和智力过程结合起来才能把握智力的全貌和本质。那么，考察智力的结构就要与智力的过程联系起来。采用这种观点，斯腾伯格试图把导向成功行为的智力解剖为分析智力、创造智力和实践性智力；即分析问题的实质，创造性地提出解决问题的办法，然后在实际领域中有效地实施三个环节。元认知活动始终是与上述三种认知活动相伴随的一个独特的认知活动，对认知活动中的反映、创造和实践三个环节起着评估和监控作用，可以说是认知活动中一个相对独立的环节。上述四种认知活动就表现了认知活动中的四种认知特性，即反映性、创造性、实践性和元认知特性。

1．反应性

个体的认知活动首先是个体对现实世界的信息反映。心理活动的反映性起初发源于有机体乃至无机体对外在刺激的反应性。机体对外在刺激的反应性从某种程度上标识出机体本身的某些存在特性。人在认知过程中表现出来的对外在现实世界的反映性特征，也会标识出个体的某些心理素质特征。当然，人的反映性与其他机体的反应性已经有了本质的区别，机体的反应性只是表明在刺激-反映过程中，而人的反映性则主要表现在个体对外在信息的有意识的符号性加工过程中。根据信息反映的深度、广度、速度和精度，把反映性分为以下几个成分：精致性（指在认知过程中敏锐地接受信息、有逻辑的加工信息、比较准确地储存信息等特点）、全面性（主要指突破认知活动的局限性，把认知活动扩展到必要的广度）、深刻性（在观察、记忆、思维等认知活动中能够运用分析、概括、比较、推理等认知方式，从而揭示事物的本质特征和内在规律）和敏捷性（指认知加工过程的速度）。

2．创造性

个体的认知活动不仅在于个体对外在世界的信息反映，从而形成内在的信息世界，更在于个体对外在接受的信息的加工改造，以创造出全新的信息世界。创造性就是个体在认知反映性的基础上，通过加工和改造信息，产生新信息的过程中所表现出来或应该具备的认知特性。创造性可以分为以下几个方面：开放性（具有开放的心态，易于接受新事物和新观念；它为创造性的认知活动提供前提性的心理空间）、好奇性（喜欢探索不熟悉的经验，它为创造性认知活动提供动力来源）、发散性（能在短时间内给出更多的解决问题的方案，它为创造性活动提供心理机制）和冒险性（喜欢突破现成的规范和固有的框架来思考和解决问题，它保证和维持创造性活动的方向）。

3．实践性

实践是认知活动的外在延续和行为外显过程，也是认知活动的目的所在。因此，个体在实践过程中所表现出来的特征即是实践性特征。实践性又可以分解为以下因素：目的性（个体在解决实际问题时的意识指向性，保证个体实践行为的方向性和坚持性）、应对力（个体对问题情境的适应能力，促进个体实践活动的顺利进行，为实践活动提供足够的心理空间）、表现力（把自己的思想和看法外在地表现出来，付诸行为实践的能力）、迁移力（指有效地迁移和提取知识，解决现实问题的能力）。

4．元认知特性

元认知是明确地专门指向个人自己的认知加工过程从自我觉察、自我评价、自我调节。元认知过程在智力活动中起着重要的作用。个体在元认知过程中所表现的个体差异，即元认知特性是智力结构的关键性因素。元认知又可以分成两个方面：意识性和监控性。意识性是指个体能够意识到个人、任务和策略等因素对自己的认知过程的影响，包括对个人变量的意识、对任务变量的意识和对问题策略的意识三个方面。监控性是指个体对自己认知活动的积极、自觉的监视、控制和调节，以有效地达到认识目标，包括计划和准备、监视和调节、评价和总结三个方面。

（二）个体维度

个性是指人对客观事物的对待活动中的个性心理表现。个体的心理现象可以分为心理过程、心理状态和心理特征三个方面。心理过程泛指心理操作的加工程序，包括心理事件的相互作用和相互转化的加工过程。心理过程可以分为：认知过程、意志过程和情绪过程。心理状态是个体的心理活动在一段时间里出现的相对稳定的持续状态，也就是心理过程中的一个相对静止的阶段。心理特征是指一个人的心理活动进行时经常表现出来的稳定特点，相应的，个体在知、情、意的心理活动过程中表现出来的稳定特征分别是认知特征、情绪特征和意志特征。

同时，伴随人的心理过程，始终有心理动力过程和自我意识过程。心理动力过程就是促使心理活动产生，推动心理活动变化和发展的成分。而自我意识过程就是在心理活动过程中，个体把自己作为心理活动对象的心理成分。这是人作为生命体，又高于其他生命体的独特的心理现象。因此，个体的心理结构包括个性心理特征、个性倾向性特征和自我意识特征。个性心理特征是个体的多种心理特征的一种独特的组合，可以分为认知特征、情绪特征和意志特征三个方面。个性倾向性特征是推动个体进行心理活动的动力成分中所表现的个体差异。自我意识特征即个体把自己作为心理活动对象的心理过程所表现出来的心理特征。个体维度就可以由动力特征因素、意志特征因素、情绪特征因素和自我特征因素组成。

1．动力特征

动力特征就是指个体目标取向行为的动力性程度。动力特征包括两方面的含义：一是成就动机，是激励个体对自己认为重要的或有价值的工作乐意地去力求获得成功的一种内在驱动力，它在成就需要的基础上产生；另一方面是求知欲，即积极渴望认知世界，获得科学文化知识及不断探索真理，并带有情绪色彩的愿望。

2．意志特征

意志是意识的能动作用，是人为了达到一点的目的，自觉组织自己的行为，并与克服困难相联系的心理过程。意志特征就是个体在意志行为中表现出的稳定的心理特征。从性格的描述性分析看，意志特征可以从四个方面进行分析：第一，是否具有明确的行为目标，如目的性、独立主见等；第二，对行为的自觉控制水平，如主动性、自制力等；第三，在紧急或困难条件下的行为表现，如沉着镇定、果断勇敢等；第四，在经常和长期的工作中表现出来的行为特征，如有恒心、坚持性等。

大学生心理素质的意志方面分为以下几个方面：第一，独立性，在学习和生活中能够根据自己的认识与信念独立地采取决定、执行决定，不易受到暗示，有自己的主见，包括自主意识和独立行为等。第二，坚持性，学生为达到一定的目标而自觉组织行为，以充沛的精力和坚韧的毅力，不断地克服内外困难，直至实现目标，包括行为的持久性、对待困难的态度和反应等。第三，自制，对自己行为的监考和调节，包括执行该做的、抑制不该做的行为两个方面。

3．情绪特征

情绪特征是指人产生情绪活动时在情绪的强度、稳定性、持续性以及主导心境等方面表现出来的心理特征。强度特征，表现为一个人的行为受情绪感染和支配的程度以及情绪受意志控制的程度。稳定性，表现为一个人的情绪波动幅度的大小。持久性，表现为情绪活动持续时间的长短以及影响身体、工作、生活的久暂程度。主导心境，是情绪对人的身心稳定而持久的影响即形成心境状态。

4. 自我特征

自我特征即自我意识特征，是个体把自己作为心理活动对象所表现出来的心理特征，也是个体在自我认知、自我体验、自我控制等方面表现出的稳定的心理特征。结合大学生的实际情况，着重从以自我统合、自尊和责任感等方面考察心理素质的自我特征。自我统合指个人自我一致的心理感受，包括理想自我与现实自我的统一、社会自我与个体自我的统一。自尊指自我评价、社会评价对个人的自尊需要的反映，包括自我价值感和自我效能感。责任感指自觉地把应做的事做好的心理态度，亦即正确地认识个人对社会所承担责任的信念和意志，包括主体义务意识、责任体验、责任行为等。

三、适应维度

适应维度是个体在基本的能力素质和人格潜质的基础上，在自己特定年龄阶段所规定的社会生活背景中，通过与社会生活环境的交互作用，对外在社会环境进行学习、应对和防御，对内在心理过程进行控制、理解和调适所表现出来的习惯性行为倾向。在这里，个体内在的能力素质和人格素质是适应性习惯行为倾向产生的内在条件因素，外在特质性质的社会生活环境是适应性习惯行为倾向产生的外在条件因素，而个体与社会环境的交互作用是适应性习惯行为倾向形成的决定性因素。适应性习惯行为倾向的形成，在个体与社会生活环境交互作用过程中，具有这样两个方面：一是对外在社会环境的学习、应对和防御等适应过程；二是对内在心理过程的控制、理解和调适等适应过程。当然，在很多情形下，这两个过程是同时出现的。但是，在个体的社会适应过程中，根据个体心理和行为在个体自我和外在环境之间的指向性程度的差异，个体的适应性习惯行为又可以分为自我定向适应性和社会定向适应性来考察。

（一）自我定向适应性

自我定向适应性指对内在心理过程的控制、理解和调适等适应过程中所表现出来的习惯性行为倾向，包括学习适应、生活适应、生理适应、职业适应等。

学习适应是指对学习活动充满热情，根据学习环境、学习内容等的变化而不断调整自己的学习计划和学习方式。学习适应内容包括学习的动力性、计划性和方法性。

生活适应是指具有生活自理能力，能够适应大学阶段的新生活。生活适应性的内容包括适应新的大学生活环境和自理自我生活的能力。

生理适应是指适应生理上的变化、合理性的挂念、形成健康的性意识和性行为等。其内容包括适应生理变化，树立正确性观念，培养正确的性心理。

职业适应是指根据自己的能力、兴趣、性格、气质等调整择业的价值取向，并主动学习、培养兴趣、增强能力，最终在职业活动中获得满足。它的内容包括择业价值取向的自主调节、积极的求职准备和择业心态的自我调适。

（二）社会定向适应性

社会定向适应性指对外在社会环境的学习、应对和防御等适应过程中所表现出来的习惯性行为倾向；包括社会环境适应、人际环境适应和应激情境适应。

社会环境适应是指对社会的现状和未来有较正确清晰的认识，采取现实的态度，并用以积极主动的方式保持自己与社会的协调一致，包括社会认同、社会参与和社会接纳。

人际环境适应是指改善人际环境，建立和谐的人际关系；包括建立和谐的师生关系、亲子关系、朋友关系和异性关系。

应激情境适应是指面对挫折与失败而采取的行为反应、归因和自我调节方式，包括应激反应和应对策略两个方面。

第二节 大学生心理素质的内涵及其结构

一、大学生心理素质的内涵

大学生作为中国社会中文化层次较高的群体，一向被认为是最活跃、最健康的群体之一。但是，由于大学生无论在生理上、心理上，还是人际交往上都处于一个迅速变化的过程中，处于从不成熟到逐渐成熟，迅速向成人过渡的时期，社会阅历浅，生活经验不足，独立生活能力不强，加上离开家庭和父母的直接指导，又易受社会上的各种思潮的冲击，极容易产生各种各样的心理困惑、冲突和矛盾。

大学生的年龄一般为十七八岁至二十二三岁，正处于个体成长的特殊发展阶段。以往的大学教育比较重视社会环境对学生成长的影响，而对学生自身的发展规律（特别是心理规律）的重视却明显不足。在心理素质教育中对大学生的心理需求以及他们所处的心理发展阶段应给予充分的重视。大学生正处在一生中心理变化最激烈的时期，是从幼稚走向成熟的过渡期，情绪不稳定，易产生心理矛盾，心理冲突时有发生。特别是当代大学生，为了在激烈的高考竞争中取胜，几乎都经历过全身心投入复习迎考的准备，加之家长的过度保护和学校的过度教育和生活经历的缺乏，这就使得：一方面，学生在繁忙中无法顾及自身的心理发展；另一方面，在各种“过度”的影响下，学生自身的心理已变得极其脆弱，毫无承受挫折的能力。

进入大学后，学习、交友、恋爱、择业等方方面面的挫折常令他们中的一些人难以承受。大学教育的目标是为社会培养德、智、体、美全面发展、身心健康的人才，而不仅仅是传授知识、发展智能。随着社会的发展，健康概念的内涵已大大丰富，联合国世界卫生组织（WHO）对健康的定义是：不仅是没有疾病，而且包括躯体健康、心理健康、社会适应良好和道德健康。在现代社会中，所谓健康的人应该是身心健康，乐观向上，和谐发展的人。因此重视大学生的心理素质教育是高等教育的内在要求。

二、大学生心理素质的结构

大学生心理素质是以先天生理条件为基础，以人格为核心内容，通过个体与社会环境的交互作用形成的，在适应和发展过程中表现出来的基本的、稳定的、具有衍生功能的心理品质。这种心理品质从认知因素到个性因素，从基本人格特质到由此衍生的适应和健康功能，在结构上呈现出多成分、多维度、交互性等特征。从发展的观点看，大学生心理素质与中小学生的心理素质在结构上具有延承性，同样由认知特性、个性和适应性三个维度构成。但大学生作为特殊年龄阶段的个体，其心理素质必然有不同于中小学生的独特性。首先，大学生心理发展的年龄特征不同于中小学生，他们在认知、情绪、意志、个性等方面都有自己独特的心理特征，比如思维的深刻性、监控性更强，自我统合问题突出，独立性增强，性生理成熟与性心理不完善的矛盾加剧等等。其次，大学校园是大学生从单纯意义的学校走向社会的一个过渡，在这个特殊环境中大学生面对的现实生活事件与中小学生有很大差别，例如自由度和创造性更大的学习活动、更加复杂的人际关系、日常生活的自主管理、谈恋爱、找工作等现实需要凸显，因此，他们有着比中小学生更多的心理适应内容，如职业适应、生活适应、生理适应（尤其是性心理适应）等，即使是在某些具有共性的适应方面，如学习适应、人际适应，大学生也有不同于中小学生的具体适应任务。我们认为应该立足于大学生的年龄特征和现实生活环境来构建其心理素质的结构，在此基础上编制的量表才更能适合我国大学生的心理实际，才更具有教育现实意义。

第三节 大学生心理素质的分析

目前，我们国家缺少一份比较权威的大学生心理素质的调查报告。为了了解大学生的心理素质，下面引述 2013 年山东大学的曹艳艳对 1000 名山东大学理、工、医、文四个类别，一、二、三、四个年级的在校大学生进行问卷调查。该调查问卷设置 50 个问题，共包含 10 个因素，每个因素设定 5 个问题。10 个因素分别为：被调查者的基本信息、动机素质、兴趣素质、自我意识、情感素质、开拓创新、意志素质、社会适应、人际关系、竞争意识，并分类别进行了心理素质分析。

一、意志素质

当代大学生意志素质呈现以下特点：第一，意志的坚初性有一定的发展；第二，意志的独立性相对比较强。在“你解决问题多数依赖他人的帮助”问题上，只有 6.9%的同学做了肯定的回答。这显示了当代大学生是在开放的环境中成长起来的，在这过程中培养了较强的独立意识以及独立生活的能力，这对自身的发展具有一定的积极作用。在“小的挫折常常使您灰心丧气”的问题上，大部分同学做了否定回答，这说明大学生抗挫折力有了一定的提高。第三，意志的持久性较差。在“当你遇到困难时总是知难而进”的回答上，只有 23.6%的同学选择知难而进，不足四分之一。从以上数据可以看出，当代大学生意志素质还有很大的提升空间。

二、情感素质

调查数据显示，当代大学生在情感素质上具有以下特点：第一，情绪具有一定的波动性。在“你情绪起伏较大，常常会影响学习和休息”问题上，只有 20.1%的同学做了否定的选择。这表明正处于心理发育期的大学生情感体验反应较强烈，在情绪出现时，他们能较为及时、合理地做出调节。在“当你情绪高涨时，觉得什么都有趣，当你情绪低落时，又觉得什么都没意思”的问题上，则有 60.1%的学生做了肯定的回答。这表明大学生情绪受心境的影响较大，具有较为明显的迁移性和间断性。第二，集体意识、集体荣誉感有了一定的发展。58.6%的同学选择能为集体和他人做出必要的牺牲；80.7%同学选择会为国家兴旺发达感到自豪。

三、自我意识素质

调查数据表明，当代大学生在自我意识上具有以下特征：第一，自我调控能力有了一定的发展。第二，自我认识趋于现实，对自身的能力和价值有了较客观的定位。在“你能完全了解自己的优缺点”问题的选择上，80%的学生作了肯定的回答；在“你总感到老师和同学对自己的评价不公平”的问题上，只有 20.3%的同学作了肯定的回答。社会给予当代大学生较高的荣誉和地位，但他们对自身能力和地位有着较清醒的认识，能正确对待他人给予的评价。这比 20 世纪 80 年代后期的大学生有了长足的进步。其突出表现在自信、自尊、自强等各方面。在“你是否认为，虽然自己某些方面不如别人，但通过努力可以赶上去”的问题上，78%的同学做了肯定的回答。

四、兴趣素质

调查数据表明，当代大学生在兴趣素质方面呈现以下特征：第一，对新知识、新事物的兴趣有所提高。在“生活中很少有使你感兴趣的东西”问题上，只有 20.3%的大学生作了肯定的选择。改革开放以来，社会和校园生活出现了许多新鲜事物，而绝大部分大学生能以肯定的心态去热爱生活，能对学习和生活采取积极向上的态度和行动。第二，67%的大学生对自己所学专业缺乏兴趣。高校应加强对大学生学习和专业兴趣的引导，否则会影响大学生学习的积极性，从而阻碍科学文化素质的提高。第三，相当一部分大学生对学习的兴趣不高，对学习没有产生浓厚的兴趣，学习是迫于压力，而不是一种自觉行动。在“你学习不是因为兴趣而是因压力”问题上，只有 36.3%的同学做了否定的回答。

五、开拓创新素质

调查数据显示，当代大学生在开拓创新方面具有以下特征：第一，对创新价值的认识有了一定提高。在“你同意知识的获得比创造更有价值”问题上，62.1%的同学作了否定的回答，这说明对创新有正确认识，大部分同学对创新的巨大价值和作用有了充分的认识。第二，开拓创新意识较弱。在“你的处世态度：人言可畏、随大流好”和“别人的评价常左右你的行为”两个问题上，做“不一定”回答的比率分别为 47.3%和 56.1%。这首先表现在不敢摆脱社会和他人的评价，缺乏开拓新的勇气和胆略；其次表现在行动上力求稳妥，不善于探索新方法去解决问题。在“你解决问题时总想寻求一种新方法”的回答上，20.1%的作了肯定回答。据有关专家研究说明，“过分依赖他人评价”、“习惯走老路”、“害怕失败”、“从众心理”等是创新心理的主要阻碍因素。

六、人际关系素质

调查数据表明，当代大学生人际关系素质方面具有以下特征：第一，交往观比较正确。在“你同意：人与人之间只是相互利用的关系，没有真情实意”问题上，只有 7.8%的同学做了肯定的回答，这说明大部分同学从真诚友爱出发，正确看待人与人之间的关系。人际关系是人们在社会生活实践中通过交往形成的以情感为基础的一种相互关系，树立良好的交往观为大学生建立良好的人际关系奠定了较好的基础。在上边问题的回答上，可以看出当代大学生树立了正确的价值取向。第二，人际关系的建立过程中存在着一些不足：一是不能正确看待他人的缺点，60.9%的同学感到很多人都有使自己不能接受的缺点，选择率处于第一位；二是缺乏交往主动性。在“你很少主动参加社交活动”问题上，79.2%的同学做了肯定的回答。这两方面在一定程度上会影响大学生良好人际关系的建立和人际交往水平的提高。

七、动机素质

调查数据表明，当代大学生在动机素质方面具有以下特点：第一，学习动机相对现实。在“你努力学习是为了获得高等奖学金”的问题上，作肯定选择的为 72.8%，在“你获得学位是为了得到更高的社会地位”的问题上，做肯定回答的为 62.3%。可见，当代大学生在学习动机上，与过去以国家和集体利益为首位的心理倾向相比，向个人一端做了偏移；第二，成就动机不甚明确。在“你的成就首先是为国家，其次才是为个人”的问题上，46.5%的同学选择“不一定”，列三种选择的第一位。大学生兼顾国家和个人利益是可以肯定的，但在国家和个人利益的先后轻重上，突出了个人利益的位置，这与社会对大学生的期望和要求还有一定的差距。

八、竞争素质

调查数据表明，当代大学生在竞争素质方面具有以下特点：第一，具有良好的竞争观，认识到竞争在社会生活中的积极作用。在“你喜欢在竞争中显示自己的价值”问题上，80.3%的同学做了肯定回答。第二，竞争意识较强。在“你认为面对强手的竞争，自己应主动退却”的回答中，只有 10.2%的同学做了肯定回答，在“你的处世态度：与世无争，顺其自然”的问题上，7.3%的同学做了肯定回答，这表明大部分同学能正视竞争，并喜欢在竞争中显示自己的价值，当面对强手的竞争时，勇于进取，不甘落后；第三，大学生对未来社会的激烈竞争有良好的心理准备。在“你认为：未来社会竞争会更加激烈”的问题上，有 88.3%的同学做了肯定的选择，这表明竞争意识只是竞争能力的基础，而竞争能力的提高还要依赖于大学生全面素质的发展。

九、社会适应素质

调查数据显示，当代大学生在社会适应方面具有以下特征：第一，适应社会的观念相对增强，突出表现在正视现实和未来上。在“当今社会提供了更多的机会和挑战，你对未来充满信心”问题上，60%的同学做了肯定的回答，基本适应了不断变化的社会环境。在“当今社会变化太快，你感觉不适应”的问题上，只有12.3%的同学做了肯定的回答，这表明社会变革和高校改革为大学生提供了较多参与和接触社会的机会，在实践中锻炼了接受社会的能力。第二，适应期缩短。在“去陌生地方需要很长时间的适应期”的问题上，有的同学做了肯定的选择，在“你上大学后很快适应了大学生活”问题上，53.9%的同学上大学后很快适应了大学生活，这表明当代大学生已较快地摆脱了父母的庇护，走向独立。

通过对各种心理素质的调查分析可以看出：第一，当代大学生各种心理素质之间发展不平衡。适应性、自我认知、竞争等方面相对比较好，而情感、兴趣、开拓创新等方面则相对比较差。第二，心理素质有了一定的发展，但整体水平不高，对问题的正向选择率普遍较低，对部分问题的正负向选择差异不明显。第三，大学生各种心理素质自身发展不完善，各要素系统内部存在一定的缺陷。如情感素质，高尚的情感有了发展，但情绪波动较大；兴趣素质方面，对生活建立了良好的兴趣，但对专业学习的兴趣、兴趣的持久性还比较差，等等。按系统学的水桶理论，“系统的发展不是取决于优势因子，而是取决于系统内的劣势因子。作为一个完整的系统，大学生心理素质只有不断完善各心理素质及其自身的薄弱环节，才能实现心理素质的提高和优化。”

第四节　心理素质训练的方法

为了进一步提高大学生的心理素质，中共中央《关于进一步加强和改进学校德育工作的若干意见》提出了培养目标和内容。《意见》中明确指出：“在科学技术迅速发展，社会主义市场经济体制逐步建立的情况下，如何指导学生在观念、知识、能力、心理素质方面尽快适应新的要求，是学校德育工作需要解决的新课题。”“要通过多种方式对不同年龄层次的学生进行心理健康教育和指导，帮助学生提高心理素质，健全人格，增强承受挫折、适应环境的能力。”高等学校培养的学生不仅要有良好的思想道德素质、文化素质、专业素质和身体素质，而且要有良好的心理素质。良好的心理素质的特征主要包括：良好的认知能力、客观的自我评价、良好的情绪调控能力、坚强的意志品质、积极进取的人生态度、健全的人格特征等。

因此，从以下几个方面教育和引导大学生培养良好的心理素质：个性优化训练、学习心理训练、表达能力训练、创新思维训练等。

一、个性优化训练

对比一下自己的行为表现，是否是一个缺乏自信的人？是否已感觉到缺乏自信心是发展道路上的一块拦路石？在以下的训练步骤中，设计了一些训练作业，根据这些作业，可以提高自信心、优化个性。

（一）查找原因

缺乏自信的原因有很多，但归根结底是来源于一种消极的反应和体验。训练者可以列出一些自己具体的表现，看看引起缺乏自信的原因是什么，针对每一种原因都根据自己的情况在训练过程中时给予更多重视。

（二）积极的心理暗示

若给肚子疼的病人开一种并无治疗作用的糖粒，但告之这是特效的止疼药，服用后，病人也会感觉疼痛减轻，这在心理学中被称为“安慰剂效应”，实际上这便是自我暗示的效果。通过积极的自我暗示可以训练我们增进自信，体验成功。下面介绍其中一种暗示方法，即利用录音带的催眠暗示。可以事先录制好一盘录音带：“我现在心情很好，可以美美地睡上一觉。明早一醒来，我必然会感觉精力充沛，能以最饱满的热情投入工作。我一定能很好地处理生活中的各种问题。”在熟睡之前反复播放，数天后，这种暗示便能生效。

（三）角色扮演

我们的生活中常常有一些人显得很能干，他们处处显得比较优越。在他们面前，有的人可能会觉得自己低人一等，心里很不舒服。那么是否想过他这么做是有意的或是无意的？在这个练习中，提供给训练者一个机会和这样的人“对话”，但这个对话并不是面对面地进行，而如和一把椅子问答。想象那个令你感觉自卑的人正坐在空椅子上，问他：“为什么你总是让我感觉自己比你低呢？”然后，训练者站到对方的立场（坐到对面的空椅子上），假设是他，对这件事给出多个解释。通过这样的对话，训练者就会认识到，可能对方并不是有意这样做，也可能只是自己多疑。在以后的交往中，会因为曾与这人有过这样的对话而对他少了一份畏缩，双方的交流会变得更容易些。

（四）身体形象训练

生活中常可听到有人抱怨自己身体或相貌不好，外在的缺陷成了他们的一块心病，若现实中有人拿这些来开玩笑，逗乐，便会使他们更深地为此而自卑。如果能懂得穿衣的艺术将有利于你提高自己的身体形象。衣服是否名牌并不重要，得体合身最重要。关于这方面的更多常识，训练者可以参阅其他的书，利用穿着穿出自信来。

（五）自我欣赏训练

缺乏自信的人常会觉得自己是受轻视和冷落的一个，没有从别人处得到应有的尊重。是否真是周围环境的一切对自己不公平？其实，要想得到别人的尊重，首先自己必须尊重自己、不轻视自己，不要夸张过去的失败，避免将自己与成功人士做比较。每一个人都各有特点，他能在一方面取得成功并不意味着他任何方面都强。尊重自己，不要自己说自己的坏话，当产生“我不行”的念头时，便应该大声地对自己喝一声：“停！”阻止继续循着这样的思路想下去。若有别人对自己作恶意的人身攻击，应该站出来为自己辩护。

（六）练习正视别人

缺乏自信的人大多目光游离，不敢正视别人，偶尔碰上别人的目光也会极快地移开自己的视线。“眼睛是心灵的窗户”，心理活动会在眼神中体现出来。若有人不敢正视你，你可能会问自己，他是否是害羞？或是想隐藏什么？正视别人等于向对方表达：我是很诚实认真的，而且光明正大。

（七）练习当众发言

在让大家单独发言或表演的任何场合，如小组讨论或聚会，你会选择坐在什么位置？是一个很显眼的地方吗？你会主动吗？缺乏自信的人是不会的。其实，只要发言，整个会议就会有赞同的观点，而且发言者的观点中可能有许多有用和理性的东西。每发言一次，便会给自己增添一份信心。所以各种会议上，都应主动创造机会，把想说的话说出来。为使发言更精彩，可以事先准备一下有关内容。

（八）正确表达自己

若有人公然侮辱你，你是否进行了反击？是否能很自信，毫不内疚地对人说“不”字？我们已学会如何尊重自己，接纳自己，我们还应学会如何表达自己。不能明白地表达出自己的真实感觉容易形成一种自欺现象，要学会去说喜欢什么，不喜欢什么，想干什么或不想干什么，但不要去伤害别人。例如朋友去餐馆吃饭，想吃什么就点什么菜，不要去顾忌别人的想法，与人说话时你可以尽量用以下的话开头：“我喜欢……”“我喜欢你做的……”“我不喜欢你做的……”坚持一段时间，就可以把心中的感受正确地表达出来。

对于大学生来讲，大学环境、校园文化、同学朋友、大众传媒是影响个性发展和完善的主要因素。随着网络技术的普及，大学生上网机会越来越多，网络对大学生个性的影响越来越大。大学生了解影响个性发展的主要因素有助于加深对自己个性的特征的认识，也有助于发挥自身的主观能动性，充分利用环境中的积极因素，自觉完善个性。

二、学习心理训练

大学阶段是一个人成为专业人才的关键阶段，这一阶段的学习的一个明显特点就是专业性强，不是简单的知识的记忆，更重要的是运用所学的理论知识分析、评价自己所掌握的内容和所见所闻，所以大学的学习需要做到以下几点。

（一）克服考试焦虑练习

可以通过《考试焦虑测验表》的自测，讨论、评论，引导学生掌握自测的方法，了解自己考试时的心理状态，使学生懂得对待考试时应有适度紧张心理，但要注意消除过度紧张心理。

（二）克服厌学情绪练习

通过小品形式表现学生对学习的不同态度，从而引导学生自我剖析产生厌学情绪的原因。给厌学者开处方，帮助他们克服厌学情绪，培养学习兴趣。重点是帮助学生从自身实际出发，找出克服厌学情绪的办法。难点是教师如何引导学生克服厌学情绪。

（三）学习能力训练

学习的潜能是我们所有生而有之的潜能中最为宝贵的一种。正因为我们能够学习，才有可能将其他所有诸如思维力、创造力等潜能转化为现实的存在。也正因为我们能够学习，这才有知识的创新、经验教训的吸取和历史的不断进步。那么，需要做到以下几点。

1. 认识学习、拥有自信

影响学习的心理要素，可以概括为智力和非智力因素，其中，智力又包括观察力、注意力、想象力、记忆力和思维力五个方面。智力居于学习能力中的核心地位，是学习能力形成和发展的杠杆，决定着学习能力的高低强弱。对大多数人而言，基于智力的略微差异所导致的学习能力的差异是十分微小的。倒是非智力因素，如情感、意志、动机、兴趣、性格等的影响起了重要作用。因而，在先天智力的基础上，对非智力因素的开发正是学习训练的着眼点。关于学习能力，心理学研究表明，23 岁时人的学习能力达到高峰，但该能力曲线在 20～50 岁之间是一个高原地带，其间变化甚微。因此，在我们注意到儿童的学习能力由于教育而随年龄增强时，也该看到成人的学习能力也是不可低估的。更进一步地说，“活到老，学到老”并不只是一句口号、一个梦想，甚或只是一种姿态，而是一种具备了客观物质基础的生存需要。“先相信你自己，然后别人才会相信你。”自信是这个“系统工程”的灵魂和前提。要想树立信心，就要时刻鼓励自己，坚信“我能”“我可以”，并为这种信念找到依据。除了了解人类的学习潜能之外，我们可以从以往的生活经历中为自己归纳成功的足迹和成功的素质。既然从前我们能克服困难取得成功，那么今天更加成熟了的我们应当比从前更从容不迫地去迎接挑战。在有信心的基础上，要培养兴趣，磨炼意志，热爱学习，注意思维力、想象力、创造力的训练。

2．明确目标、端正动机

学习目标是通过学习想要达到的境地和标准，是未来行动的基本纲领。明确的学习目标具有催人追求、奋发向上的作用。目标对学习还具有维持作用。复杂的学习活动中难免产生失败、畏难等负面情绪，此时目标的存在对人的不良情绪能起到调节控制的作用，使人把空想、烦恼及苦闷等抛诸脑后，专心学习，努力实现既定的目标。同样，它还能控制学习的时间与节奏，使人在目标的鞭策下规范自己的行为，使学习能匀速、持续、稳步地进行，大大提高学习效率。

学习动机是唤起个体进行学习活动、引导行为朝向一定的学习目标，并对此种活动加以维持、调节和强化的一种内在历程或内部心理状态。动机可以由内驱力或诱因激起。毋庸置疑，良好的学习动机除具有动力（始动）作用外，还有定向、引导、维持、调节、强化等功能。一定的新鲜的外在刺激对于学习兴趣的维持具有十分重要的意义。

3．学会如何学习

随着知识更新的加快，社会信息化的发展，“会学”的地位早已超过了“学会”的地位。因而，学习能力的培养远胜于知识量的积累。电脑的出现使人们的学习活动更为高效、快捷。它虽然无法代替人脑进行思考，但却使得人们可以把学习的重心从大量的记忆工作中转移出来，偏向学习的方法的研究和改善。授人以“鱼”，不如授人以“渔”。《学习的革命》《论学习方略》等风靡全国，正是因为其向读者推荐合乎时代节奏和人们需求的高效学习方法，至少是对如何学习的一种启迪。

4．具体的学习方法

一是学会记笔记。例如：将自己的笔记纸在 1/3 或 1/4 处折一条竖向的线，在课堂上记笔记的时候，只使用 2/3 或 3/4 的部分，把另一部分空白留到课后阅读笔记时用。在这块空白处，可写上经过对笔记内容进行概括思考后提出的问题或写出的心得。二是高效阅读法。学会在阅读过程中做标记、批注、摘录、写札记，以提高阅读效果和效率。三是批注和卡片。即在书页的空白处，写上包括疑问、感受、问题等的答案、复杂问题的简单归纳、自己的想法等，卡片就是在认真阅读的过程中，感到精辟、深刻或有用的材料，应及时摘录等。

5．记忆力训练

记忆力是一种能力，应当有目的性、准备性和悟性。心理学家经过实验指出，意义记忆比单纯机械记忆的效果高出 8 倍，有独特意义的识记效果甚至高出 20 倍。所以我们在记忆的过程中，必须对记忆材料进行多方面的分析、综合、比较、概括，以及和旧有知识挂钩以增进系统化的理解。“欲要记得，先要懂得。”这句俗语充分说明了在记忆过程中进行积极思维活动的重要性。记忆要依靠联想，而联想则是新的知识建立联系的桥梁。我们看到一张幼年照片，便会想起那些天真无邪的童年时光；翻出一篇发黄的日记，便会想起一段难忘的心路历程……这些无意中的触景生情，睹物思人的联想，若能被我们主动地加以利用，就会给我们的工作学习带来很高的效率。记忆需要不断重复，力求效率。

心理学家艾宾浩斯对遗忘进行过系统研究，从而得出了不同时间间隔所保持或遗忘的百分数。他认为在对认知材料进行记忆之后，马上会有一个迅速下降的过程，而当时间间隔延长后，会逐渐变得平缓起来。因此，我们可以了解到遗忘的一个规律便是识记后短时间内遗忘较多，记忆保持的分量也会迅速下降，而在经过长时间的间隔后，遗忘发展的速度也就逐渐变慢。因而，有效复习、加深记忆痕迹、巩固学习成果是十分必要的。常言道："一日不读口生，一日不练手生"，又言"拳不离手，曲不离口"，都说明复习对巩固记忆的重要性。但复习并不意味着简单的重复，也应讲究技巧。此外，人还有一个最佳学习状态。美国前总统肯尼迪将祖传摇椅带进白宫陪伴他处理公务的用意即在此。因为身体在放松的状态下才最不容易疲劳而且最能集中精力。美国加州大学柏克莱分校的学生上课不坐在椅子上，而是顺其自然地在地板上或坐或卧或扎堆，他们声称这是为了获得学习的高效率。

三、表达能力训练

现实生活中，不少人为自己"不会说话"而苦恼。通过演讲训练，可以提高我们的表达能力，而且能在众人面前表达自己的意志，这也是表现领导能力的一个重要方面。演讲是一种语言的艺术。古希腊的著名演讲家伊索格拉底说："一篇真实、合法、公证的演讲词就是一个善良而忠诚的灵魂的外在表象。"好的演讲词充满着智慧，蕴含着启发人的真谛，可以动人心腑，让人久久难以释怀；好的演讲家可以用话语拨动听众的心弦。讲到刚烈之处听众情绪激昂，讲到悲痛之处听众唏嘘流涕，讲到喜庆之处听众心胸舒畅。因此，在文化比较发达的国家或历史时期，演讲之风都非常盛行。在社会上，流传着许多著名演讲家演说成功的故事。例如，林肯的告别演说，季米特洛夫在莱比锡受审讯时为自己的辩护演说以及马丁·路德·金为黑人争取权利的演说等等，它们都被当成演讲的范本来学习。但是俗话说，“冰冻三尺，非一日之寒”，“台上一分钟，台下十年功”，我们要真正在演讲方面有较大的提高，不是靠背几篇好的演讲词就能够达到层次上的飞跃的，演讲能力的提高需要有较系统的训练。提高演讲能力有以下几种训练方法。

1．形象设计训练

外在形象是演讲者给听众的第一次展示，能给听众造成一种先入为主的印象。可以说，如果一个演讲者对自我的形象缺乏合理的定位和设计，那演讲就等于失败了一半。如果演讲者以一个听众能够接受甚至是欣赏的形象出现，那么他就会对听众产生极强的吸引力。演讲者对听众所具有的吸引力是两者彼此态度相容程度提高的基础，它能够帮助增加心理气氛和谐，从而给演讲创造一个良好的环境氛围。一个人的外在形象除了与其先天条件有关外，更重要的是靠演讲者对自我的形象包装。

2．言辞表达能力训练

言辞是演讲的主要内容，言辞的说服力是演讲效果的最终决定因素。提高言辞的说服力有一个很重要的基础，那就是知识能力。演讲者只有具有了较完整的知识结构，较丰富的社会科学知识和自然科学知识后，才能对各种演讲资料信手拈来，灵活应用各种演讲信息，才能使自己的演讲充满睿智的思考，才能有充分的证据引起听众的共鸣。人的知识能力不是靠短时间的训练就可以提高的，它主要靠长时间的积累，因此，在这里不作过多的阐述。练习时应注意语音、语气和语调的练习，逻辑能力的训练，陈述能力的训练，价值体现的训练。

3．非语言表达能力训练

表达能力除了语言表达能力外，还有一种非语言表达能力。据研究，言辞的冲击力=7%言辞+38%声音十 55%面部表情。在演讲时，有很多不同渠道的信息沟通。演讲者和听众之间，有很多信息不是通过语言，而是通过表情、手势来表达的，这称为非语言沟通，做得好，大有无声胜有声的妙处。美国心理学家爱德华在他的《无声的语言》一书中说："无声语言所显示的意义要比有声语言多得多，而且深刻得多。"对于非语言表达能力的训练，演讲者可以对着镜子来进行，以把握自己的表情变换，体会不同的体态语言给听众带来的不同感觉。练习时可着重注意眼神训练、手势训练、姿势训练、表情训练等。

4．临场能力训练

当一个演讲者鼓足勇气走上讲台后，接下来的便是要独立驾驭所面对的场面。这时如果演讲者临场能力强，他就能够正常甚至是超常地发挥自己的水平。临场能力主要由自信心、应变力、内控力等多个方面的能力组成。

四、人际交往训练

良好人际关系的获得离不开后天的学习与训练，学习人际交往的过程就是成长的过程。人际交往习惯的改变，技巧的提高有助于大学生尽快提高人际交往的能力，有助于大学生在集体中愉快和谐，也为大学生的学习与生活提供了一个良好的平台。

（一）人际交往的原则和影响人际交往的心理效应

1．人际交往的原则

尊重原则。在人际交往中，人与人之间是平等的，没有高低贵贱之分，在人际交往中，每个人都希望得到别人的尊重，但尊重又是相互的，不是单方面的。古人云："爱人者，人恒爱之，敬人者，人恒敬之。"因此，相互尊重是建立良好人际关系的前提。

互惠原则。人际交往在一般情况下都是为了在物质上、精神上，即在心理情感、思想文化、物质等方面获得沟通和交流，因此，人际交往必须遵循互助互惠原则，不能经常在物质利益方面让对方吃亏，也不能在精神方面让对方不愉快。在现实生活中，一个愿意帮助别人的人，一个诚实、热情、善解人意的人，往往受到他人的欢迎，并易于与他人建立密切的关系；一个自私、冷漠、刻薄的人，别人往往是对他退避三舍。

宽容原则。宽容不仅是一种美德和做人的境界，也是人际交往成功的重要条件。宽容是什么呢？中国古代就有“将相头顶堪走马，公侯肚里能撑船”的说法，雨果的名言：“比海洋大的是天空，比天空大的是人的心怀”，都从不同的角度说明宽容代表的是一个人的胸怀。

信任原则。互相信任是人际关系的必要前提。在人际交往中，以诚待人，开诚布公是以信任为基础的。墨子曾说过：“志不强者，智不发，言不信者，行不果。”可见，人际交往讲究一个“信”字。信有两层含义：一是说真话，二是守诺言。如果一个人轻诺寡信，必然会引起人们的反感和唾弃。守信还成为古人心中君子和小人之间的区别之一。与信任相反的是猜疑，猜疑是人际关系的一大障碍。有的人城府较深，在与他人交往中，把自己包藏得很严实，对他人的言行也持怀疑态度。这种圆滑世故的人是不可能与别人深交的。相反，一个言行一致，表里如一的人，人们就乐意与之交往。

2. 影响人际交往的心理效应

首因效应。首因，即最初的印象，也就是第一印象。每个人在和别人交往时，都希望给对方留下良好的第一印象。因为人们在首次见面时，往往会注意一个人最外在最直接的表现，如声音、容貌、衣着等，并因为第一次的印象影响到以后的交往。这种由第一次的信息形成的最初的印象及其对后来信息的影响就是首因效应。因此，在与人交往时，给人留下良好的第一印象是非常重要的。但以此做出评价和判断，并决定今后的交往，不免有失偏颇。

近因效应。近因，即近期的印象，也就是最后的印象。近因效应指的是最后的印象对人们的认知所具有的影响。如果说，首因效应多产生于陌生人间的第一次交往，而近因效应则产生于熟悉者之间。以近因效应对一个人做评价和判断，难以对一个人做出全面客观的认识。

光环效应。光环效应又称晕轮效应，指在认识和了解一个人时，人们会不由自主地选择一种突出的品质，并因这个品质的影响，使人们看不到这个人的其他品质并因此对他人做出全面的结论。这种心理效应常常无意识地左右着人们的交际行为，影响人们对他人判断的客观性和正确性。

刻板印象。刻板印象是指在人们的头脑里存在着关于某一类人的固定印象，并根据已有的关于这一类人的固定印象作为评价和判断他人个性的依据。它作为一种固定化的认识，虽然有利于对某一类群体做出概括性评价，但也容易忽略个体的差异性，由于“先入为主”的成见，对人产生刻板印象的偏见。

投射效应。投射效应是指在人际交往中，由于自己具有某种特性，因而判断他人也一定会有与自己相同的特性，通俗地说，就是“以己度人”。古人所云：“以小人之心，度君子之腹”说的就是这个道理。例如，一个真诚的人，在和别人交往时认为别人也会是真诚的；而一个功利的人，会认为别人在和他交往时也是有目的的；一个对别人常不怀好意的人，不会轻易相信身边的任何一个人。由此，主观臆断就是“投射效应”下最容易出现的结果。因此，培养良好的个性品质对大学生无论从哪个角度来说都是非常重要的。

（二）人际交往训练方式

虽然遗传和早期的环境对一个人的个性品质的形成起到一定的作用，进而影响到一个人人际交往的能力与状况，如果不求改变，这些个性品质及偏见就会一直伴随着自己。

1．记住了解他人

(1) 用报纸卷成一个纸棒待用。

（2）分小组。先用 20 分钟互相认识，尽量多记名字。

（3）围成圆圈选出一人持棒站在中间，和他面对的同学叫出一个同学的名字，持棒者要马上跑到被叫的同学面前，这个同学也要马上叫出另一个同学的名字，以此类推。如果谁未叫出，持棒者要用纸棒打其头部，累计挨打三次者要接受惩罚。

（4）每人写出自己的三个特征，然后交给小组选出的主持人，由主持人随意抽出一封，并念出上面的内容，再让大家猜一猜说的是谁，说对 2/3 以上的同学将得到奖励。

（5）教学指导：注意重视他人，是让他人注意重视自己的最简单的方法。

2．欣赏赞美他人

(1) 分小组。

（2）先去一个人站在前面或中间，大家轮流赞美他（她）的优点。

（3）由一个人执笔将大家的赞美写在他（她）事先准备好的本子上，并签上小组每个同学的名字。

（4）评出优秀小组。

（5）教学指导：人不是完美的，只有学会欣赏别人的优点，在人际交往中才会受欢迎。

3．尊重他人

（1）两人一组。

（2）倾听—模仿（互换）。

（3）动作—模仿（互换）。

（4）吹牛或抬高自己贬低对方—互换。

（5）选出前两项模仿最准确的同学读体会。

（6）教学指导：在人际交往中，注意与重视他人，会让他人感到受到尊重，因而在人际交往中成为受欢迎的人。

4．集体主义精神

（1）分班，在黑板上画一棵大树，每个同学画一片叶子，并在上面写上自己的名字。

（2）分小组，绘画接力，每人画一部分，组成一幅画。

（3）由每组对所画自圆其说。

（4）观看“神州数码与惠普，团队精神比赛录像（50 分钟）。

（4）教学指导：团队精神就是集体主义精神的一种体现，培养合作意识。

5．被拒绝之后

（1）分小组讨论，如果练习者被拒绝后会怎样做或曾经被拒绝后自己是怎样做的。

（2）每组代表在全班交流。

（3）自测—被拒绝或失恋后心态如何。

（4）讲述答案，交流与分享。

6．团队精神训练

一个团体中的成员必须相互欣赏、信任，相互关心，才有可能产生团队精神，猜疑嫉妒、只顾自己只能是一盘散沙。下面介绍三种方法。

（1）戴高帽

相互欣赏与接纳：学会发现别人的优点并欣赏，促进团体间的相互肯定与接纳。将本团体的人员 5～10 人分一组围坐成圈，然后请一位成员在中央或坐或站，其他人轮流说出他的优点及欣赏之处（如性格、相貌、言谈举止等等）。最后请被称赞的成员说出哪些优点是自己以前觉察的，哪些是自己未曾知晓的。每个成员都到中央去戴一次高帽子。规则是必须说出优点，而且态度要真诚，努力发现他人的长处，不能毫无根据地胡乱吹捧，因为这样往往会伤害他人。被称赞者要注意体验自己被称赞时内心的感受如何，并自己及人，以此去体会他人的感受。另外，要注意如何用心发现他人的优点，怎样欣赏他人。

（2）为盲人引路—信任之旅

通过助人与受助的体验，增加对他人的信任。事先选择好盲行路线，最好是有一定的障碍，如上下楼梯、坎坷弯曲的道路等。另外还要准备蒙住眼睛的毛巾等。将团体成员两人分成一组，一位当盲人，一位做引路者。活动开始时先蒙住充当盲人的成员的眼睛，并让他在原地转圈直至失去方向感，然后由引路人带领沿既定路线行走并返回原地。活动结束后相互交流充当盲人的感觉以及帮助别人的感觉。交流集中在以下几个问题上：什么也看不见后是什么感觉？对将要行走的道路有什么想法？对自己的引路人有什么要求？如果没有引路人，很可能摔倒受伤，当安全返回原地时对引路人有何想法？有什么新的发现？作为引路人自己是怎样帮助盲人的？当别人信任你、依靠你，需要你帮助时，你是怎样想的？

（3）压力下面抱成团

大家都知道，海绵在通常情况下总是呈极度扩张状态，占有最大的空间，但是当我们用手指或其他重物挤压海绵时，它就会收缩成团。人也是这样，在可能的情况下都要拥有自己最大的“势力范围”，与他人保持一定的距离，并且有的时候还往往因为一些矛盾与他人产生对立。但当出现困难，危及群体共同的利益或生存发展时，人们就会像海绵一样抱成一团，以共同应对挑战。当团体出现危险的裂痕时，不妨制造一些“事端”，面临压力和威胁，团体精神就会迸发出来。

五、创新思维训练

大学生创造能力训练应该遵循针对性、层次性、渐进性的原则，并在训练内容和方式上动脑筋、做文章，才能取得理想的训练效果。一般而言，大学生创造能力训练可围绕下述方面展开或延伸。

（一）发散思维训练

在发散思维训练中，可以将材料、功能、结构、形态、组合、方法、因果、关系八个方面作为“发散点”进行具有集中性和针对性的多维、灵活、新颖的发散训练，以培养和锻炼大学生的创造性思维能力。

1．材料发散

以某个物品作为“材料”发散点，设想它的多种用途。例题：尽量想出或写出曲别针的各种用途。可把纸或文件别在一起；可作发夹用；可代替西装领带上的别针；可拉开一端，烧红后在木塞上穿孔；可拉开一端在蜡版上或泥地上画印痕、写字；可拉直作粗织工的针或织梭；可当钓鱼用的鱼钩；可用来固定标签；可装在窗帘上代替滑动金属圈；可穿上线当挂钩；……

2．功能发散

以某事物的功能为发散点，设想出该功能的各种可能性。例题：怎样才能达到照明的目的？点油灯、点蜡烛、点火把、划火柴、烧纸片、开电灯、打手电筒、用镜子反射太阳光……

3．形态发散

以物的形态（如形状、颜色、音响、味道、气味、色彩等）为发散点，设想出利用某种形态的各种可能性。例题：尽可能多地设想利用红颜色可做什么东西或办什么事情。红星、红灯、红旗、红墨水、红喜报、红皮鞋、红袖章、红衣服、红领巾、红皮球、红灯笼、红头绳、红芯铅笔、红色印泥、红指甲油、红封面书、红色救火车、红十字标志……

4．组合发散

从某一事物出发，以此为发散点，尽可能多地设想与另一事物（或事情）联结成具有新价值（或有附加价值）的新事物的各种可能性。例题：尽可能多地写出钥匙可同哪些东西组合。可同小刀组合；可同指甲剪组合；可同小剪刀组合；可同图章组合；

可同纪念章组合；可同微型手电筒组合；可同汽水瓶盖起子组合；可同小型工艺品组合……

5. 方法发散

以人们解决问题或制造物品的某种方法为发散点，设想利用该方法的各种可能性。例题：尽可能多地写出用“吹”的方法可以办成哪些事情或解决哪些问题。吹灰、吹口哨、吹口琴、吹笛子、吹喇叭、吹气球、吹凉热茶、吹灭蜡烛、吹旺炉火、吹泡泡糖、吹塑料袋、吹肥皂泡、吹蒲公英花、吹去眼中沙子、吹疼痛的伤口、吹儿童玩具风车、吹去橡皮擦在纸上留下的脏物……

（二）开拓思维训练

开拓思维训练实际上就是摆脱习惯性思维训练，被人们称为“创造性思维的准备活动”和“软化头脑的智力体操”。初看起来这类训练题似乎是在那里摆放圈套、设置迷宫，没什么用处，其实这类训练的真正意义在于促使大学生探索事物存在、发展、联系的各种可能性，从而摆脱思维的单一性、僵硬性和习惯性，以免陷入某种固定不变的思维框架，使思维具有流畅性、灵活性、独创性。

（三）缺点列举训练

对事物存在的某些缺点产生不满常常是发明创造活动的先导和起点。只要把列举出来的缺点加以克服或改善，就会有所发明和有所创造。经常进行缺点列举训练，可以逐步树立创造志向，甚至可以直接导致发明创造。例题：尽可能多地列举出玻璃杯的缺点。容易破碎；比较滑手；杯口破损后容易割手；隔热性差，盛开水后烫手；防污性低，容易沾上脏物；稳定性低，容易倾倒；外出时携带不便；倒进热水后不容易保温；成套的玻璃杯花色相同，喝水人容易彼此混淆自己的杯子……

（四）愿望列举训练

愿望列举其实就是希望点列举。人们对美好事物的追求，往往会成为发明创造活动的强大动力。例题：怎样的电视机才合乎理想？训练者尽可能多地写自己的愿望。三维立体效果的、剧场音响效果的、多画面选择观看的、频道节目自动显示的、超薄型可挂式的、高清晰度的、全球电视节目随意选看的、画面尺寸任意调节的、有气味发生器，可根据电视内容散发不同气味、渲染效果的节目内容可复制重播的……

六、心理卫生训练

（一）心理卫生概述

1．大学生常见的心理问题

大学生从中学进入大学，生活环境的变化，社会角色的转换，都会使一些人产生适应与发展的心理问题。

（1）理想与现实的心理冲突

理想大学与现实大学之间的差距，个人发展的理想目标与目标实现受阻之间的挫折，理想职业与客观限制之间的矛盾都容易使大学生产生心理上的失落感，影响个人的适应与发展。

（2）角色定位产生的心理偏差

由中学生向大学生的角色转换，常使大学生不能适应新的角色要求，容易产生社会比较中的心理失衡和人际关系处理中的角色失当等心理问题。

（3）学习适应不良的心理困扰

大学与中学相比，广博的知识内容，自主的学习方法，能力为主的学习要求，都使大学生在学习上产生诸多的不适应，常常容易产生紧张、焦虑、自卑等心理问题。

2．高等院校心理卫生教育的任务

高等院校心理卫生教育的主要任务是通过心理卫生教育和个

别指导，落实《学校卫生工作条例》，推动大学生心理卫生教育工作，提高大学生的身心健康水平，使其在走上社会以后，能够为祖国四化建设“健康工作五十年”。具体来说，心理卫生教育主要包括以下几方面内容。

（1）开展心理健康教育

使大学生掌握现代的健康概念，正确认识自身的生理特征和心理特征，掌握心理卫生的基本要求。妥善处理生活事件和心理压力，提高对挫折的承受力，正确进行自我心理调节，正确认识和对付精神疾病，防止精神失常与自杀行为。

（2）开展大学生心理分析

通过心理普查、心理测量活动，帮助大学生正确认识自己的个性心理特征，帮助大学生正确处理人际关系、正确处理恋爱婚姻问题，积极培养健康的情趣，努力搞好专业学习，促进大学生群体的心理健康。

（3）开展大学生心理咨询活动

大学生心理咨询是指由受过咨询心理学专门训练的专业人员运用心理学知识、理论和技术，针对求询者的各种适应与发展问题，通过与求询者协商、交谈、启发和指导的过程，帮助求询者达到自立自强、增进心理健康水平和提高社会适应能力的目的。心理咨询的工作对象主要是正常人，即在应付日常生活中的压力和任务方面需要帮助的正常人，着重处理正常人在日常生活中所遇到的人际关系、学习、恋爱、教育、职业选择等方面的适应与发展问题。心理咨询的方式主要有个别心理咨询、团体心理咨询、家庭心理咨询、电话心理咨询、通信心理咨询、网络心理咨询等。

心理卫生教育是德育工作的重要组成部分，是加强学生管理工作的重要内容，应贯穿于学校教育、管理的全过程，统一领导，相互协调；应在全体教师、干部中普及心理卫生常识，鼓励他们在教学、管理过程中运用和宣传心理卫生知识。总之，在高校中开展大学生心理卫生教育是一项开拓性、艰苦性的工作，必须做到常抓不懈、注重实效，还有必要的组织保证和制度保障。

3．如何有效地应对挫折

西方有这样一句谚语：麻烦事还不是麻烦事，怎么去解决麻烦事，倒真是一件麻烦事。即遇到挫折并不可怕，因为它原本是人生不可避免的，关键是看如何对待它，如何去解决它。挫折引起个体产生消极反应，还是积极反应，与个体的心理应对态度、原则、技能等方面密切相关。

（1）树立积极乐观的应对态度

斯宾诺莎说："不悲哀，不嘲笑，不怨天尤人，而只是理解。"这是我们面对生活以及面对生活压力时的一则座右铭，同时也是我们应当接受的关于应对的基本态度。生活需要理解，生活的压力或挫折也需要理解。在理解的基础上，在不悲哀、不嘲笑、不怨天尤人的理解的基础上，才能够更加有效地来进行对挫折的应付。

（2）运用正确的应对原则

有关的心理学文献中关于应对的原则，有这样的表述可供我们参考：一是愉快地生活。无论在家还是在工作场所或参加娱乐时，热爱生活，享受生活，但要学会克制冲动。二是有意义地生活。学会确立生活中小而具体的目标，并努力去实现，同时不断地修正和树立新的目标与追求。不过，目标过于远大或与自己能力相去甚远时，往往会感到"心有天高，命比纸薄"的心境。三是自信与乐观。生活如同大海，有波峰，亦有波谷，并非如镜面一样平坦，因此在遇到挫折和处于波谷之时，自信和对前途的乐观尤为重要，切不可自暴自弃。请记住"天生我材必有用"。四是遇事莫慌，学会放松。情绪的过分紧张和焦虑会影响人们解决问题的能力。而生活中常常会遇到一些始料未及的事，只有学会放松和调节自己的情绪，保持规律的生活和充足的睡眠，才能去面对和解决问题。五是学会改变认识。换个角度看问题，有时会使沮丧、绝望的人看到希望，如同俗语所说，"树挪死，人挪活"、"塞翁失马，焉知祸福"。六是寻求支持，分担痛苦。与人分忧是助人为乐的一种形式。现实生活中，绝大多数人都有一颗助人之心，因此，遇到挫折时，学会倾诉和寻求帮助。这并非软弱和无能，更不必担忧遭人讥笑，因为它是一种情感的疏泄和痛苦的分担过程。七是面对现实，改进应对策略。挫折不可避免，回避只是暂时的解脱，只有面对挫折，才能使自己走向成熟。学会“吃一堑，长一智”，才能真正体会“失败是成功之母”的真正内涵。

（3）培养良好的耐挫力

心理学研究表明：能承受挫折的打击，保持自身心理平衡与个性完整是适应能力强和心理健康的明显标志。当代大学生多数是独生子女，经历相对简单，缺乏克服困难与承受挫折的锻炼，因此应主动锻炼自己，提高耐挫力，更好地应对挫折，促进自身的心理健康。耐挫力的高低是多种因素综合作用的结果。提高耐挫力的关键还在于平时的训练。平时越有意识地加强培养，打好基础，遇到挫折时就越能应付自如，掌握主动权。大学生适应环境、应对挫折能力的提高，应从培养进取心入手，在点滴小事方面严格要求自己，做到自信乐观、自强不息、开拓创新。

（4）掌握一些具体的应对挫折的有效方法

一是多用问题定向应对、积极应对，少用情绪定向应对、消极应对；二是积极寻求社会支持；三是进行正确归因；四是合理宣泄。

（二）心理卫生训练

进行心理卫生训练可以考虑以下方法。

1. 我的自画像

（1）对自己的身高、体重、体型、外貌的评价；

（2）对自己的智力、优点、特长的评价；

（3）对自己的短处、缺点、弱点的评价；

（4）我的座右铭；

（5）我最欣赏自己的是；

（6）我最讨厌自己的是；

（7）我的烦恼是；

（8）我最近一次流泪；

（9）我的朋友；

（10）我与家人相处。

2．心理舞台

我们以报数的方式分成若干组，进行有趣的小组活动，训练和提高应对挫折的能力，体会在各种挫折情境口的感受，培养有效的应对挫折的态度、技巧和方法。

活动主题：应对挫折。

目的：通过各种情境、角色扮演活动，清醒地认识到小组成员曾经经历的挫折及其来源、反应及当时的应对是否有效，应当如何应对，以便今后能更好地迈向新生活。

要求：根据以前的分组，请每组成员回忆自己曾经经历过的挫折，并将当时的情境简单地表述出来，有机地结合下文提示的情境，适当地表演出来，特别是自己如何应对挫折情境的，做出了怎样的挫折反应，效果如何等等，并和小组、大组成员共同讨论和分享。

步骤：

（1）热身活动：心理游戏

①每组先领取一张完整的对开的白纸，假设该纸即为船，纸外即为大海。

请小组成员先对折让每个成员都能站在上面；再在对折的基础上再次对折，仍然要让每位小组成员都站在纸上，任何人站在纸外即为落入大海。每组要想办法尽可能地将纸折成最小的面积，仍能让小组成员站在上面。

②分享：请每位成员思考并讨论活动中自己和小组做了什么，效果如何，有什么体会，并在大组分享，结合其他小组的分享体会，谈谈自己的感受。

（2）展现学习焦虑

①请小组成员表演大学新生在第一学期期末考试前处于焦虑、紧张的状态，最后导致考试不及格的挫折情境及其采取的应对。

②在部分成员表演后，展开小组讨论，并就其应对方式的有效性加以重点讨论。

（3）展现人际关系冲突

①请小组成员表演如下挫折情境及应对：学习生活中与其他班级和年级或不同专业的同学因一件小事发生了摩擦，难以调和，最后打了起来，自己受了重伤，休息了一个多星期，耽误了学习，受了老师的批评，自己感到很委屈，同学还取笑自己，说自己没本事。

②在部分成员表演后，展开小组讨论，并就应对方式的有效性加以重点讨论。

（4）展现生活困难

①请小组成员表演如下挫折情境及应对：大学特困生由于家庭经济困难或自己因家庭突遭不幸，一时经济拮据，生活难以为继，更谈不上买一些喜欢的东西，又不想找同学借钱，失去了往日的欢乐。

②在部分成员表演后，展开小组讨论，并就其应对方式的有效性加以重点讨论。

（5）展现压力与发展

①请小组成员表演如下挫折情境及应对：一位大学生因学习任务繁重，同时又有较多的社团工作，感到不知所措。

②在部分成员表演后，展开小组讨论，并就其应对方式的有效性加以重点讨论。

（6）展现父母要求与自我发展

①请小组成员表演如下挫折情境及应对：一位大学生因父母对其期望值较高，希望他能尽早通过 GRE 考试，拿奖学金出国留学，而他自己只想在国内的大学选择自己喜欢的专业，潜心钻研，

扎扎实实地学本领，用于实践，并注重全面发展，因而产生了心理冲突。

②在部分成员表演后，展开小组讨论，并就其应对方式的有效性加以重点讨论。

（7）评分：根据本组和各组表演情况，给本组和其他组给予综合评价。

七、生涯规划训练和求职择业训练

在正确认识自己的个性、兴趣、能力以及了解社会发展需要的基础上，认真设计自己的职业生涯规划，努力完善自我，发挥自己的专长，在为社会发展贡献自己的才华和力量的同时实现自己的人生价值。

（一）关于职业规划

1．职业生涯规划

职业生涯规划的制订主要取决于两个方面：一是社会发展的客观需要，特别是社会职业的现实要求；二是大学生或当事人自身的实际情况，其中起主要作用的是当事人自己。因为职业生涯规划不是社会或学校强加在个人身上的实施方案，而是当事人在内心动力的驱使下，结合社会职业的要求和社会发展利益，依据现实条件和机会所制定的个人化的实施方案。

2．职业生涯发展的阶段

在国外有的人将职业生涯发展划分为 5 个阶段：一是职业准备阶段。典型年龄为 0～18 岁，其主要任务是发展职业想象力，评估不同的职业，选择第一份工作，接受必需的教育；二是进入组织（学校）阶段。典型年龄段为 18～25 岁，其主要任务是在一个理想的组织中获得一份工作或在学到足够的知识、技能、信息以后，选择一份合适的工作；三是职业生涯初期阶段。典型年龄为 25～40，其主要任务是学习职业技术，提高工作能力，学习组织规范，学会协作与共处，逐步适应职业与组织，期望未来职业成功。四是职业生涯中期阶段。典型年龄为 40～55 岁，其主要任务是对早期职业生涯重新评估，强化或转变职业理想，对中年生活作适当选择，在工作中再接再厉：五是职业生涯后期阶段。典型年龄为 55 岁至退休，主要任务是继续保持职业成就，维持自尊，准备光荣引退。其特点是调整心态，作好退休后的打算。也有人将生涯规划的阶段划分为五个时期，即成长期、探索期、建立期、维持期和衰退期，同上述划分大同小异。大学生正处在生涯探索期和生涯建立期的转换阶段，主要的发展任务是通过生涯探索，明确发展方向，完成具体的职业计划和准备。

3．职业生涯规划的实施

（1）正确认识自己

要正确认识自己就要进行必要的心理测试和能力测试，深刻认识自我，包括理想、信念、道德、职业、生活等，并开展一个小小的调查：我在别人心目中的形象如何？然后根据自己的个性特征重塑自我形象。

（2）职业生涯规划的确认

首先是树立正确的职业理想和职业追求的目标，然后对社会所对应的职业的调查研究，确认自我未来的职业环境。

（3）职业准备的实施

职业准备的实施主要是考察社会对人才职业素质的要求，加强自身知识的学习与技能的培养，努力完善自身的综合素质，特别是努力提高自身的心理素质。

（4）职业规划的调整

职业规划的调整，一是根据社会发展的需要进行调整；二是根据自身发展的变化进行调整；三是重新审定自我的职业价值观。

（5）积极竞争，善于竞争

积极竞争、善于竞争是指要认清人才竞争的趋势；了解用人单位的资讯；积极参加用人单位的笔试和面试，敢于和善于展示自己的才华。

（6）转换职业须知

首先是遵守人才流动的规则，依法保护自身的权益；其次是在流动时要争取原单位的同意；在求职时力争赢得新单位的好感，积极适应新单位的规定。

总之，职业生涯规划是系统工程，主要取决于三个方面：一是正确认识社会发展的客观需要，特别是社会职业的现实要求；二是正确认识自己，根据自身的实际情况，实事求是、与时俱进地制定符合当事人自己的职业生涯规划；三是根据已经确定的职业生涯规划，努力学好专业基础知识，掌握职业基本技能，不断完善自身的综合素质，学会学习，学会做人，学会做事（操作、创新），学会与人相处，提高心理健康水平。

4. 生涯规划的方法、步骤

在许多机构和专家那里，职业生涯规划必须有心理学等方面的知识和训练。而一个有基本人文素养的人，做职业生涯的规划，则可使用一些简便易行的方法。这是一种被许多人士成功应用的方法，从问自己是谁开始，一路问下去，你就有了自己的职业生涯规划。

（1）回答五个问题

我是谁？

我想做什么？

我会做什么？

我做某项职业还缺什么素质和能力？

我的职业规划是什么？

回答了这五个问题，找到它们的最高共同点，你就有了自己的职业生涯规划。

（2）练习填写职业生命线

练习填写职业生命线是生涯规划训练的又一种有效的方法，简便易行。

其方法和步骤是：

划一条生命线，按生涯周期理论分别填写职业生涯经历；

放大第一阶段，详细填写职业生涯经历；

放大第二阶段，详细填写职业生涯经历；

放大第三阶段，详细填写职业生涯经历；

放大第四阶段，详细填写职业生涯经历；

放大第五阶段，详细填写职业生涯经历；

总结。

（3）练习填写生命彩虹图

填写生命彩虹图与填写职业生命线有相似之处，但又有区别。区别之一是将线变为条格，然后将条格涂上不同的颜色或标记，相互区分；区别之二是强调在生命不同阶段所充当的角色；区别之三是将最长的条格放在最上边，将最短的条格放在最下边，然后将这些条格与生命年龄线一起弯成彩虹图。

公民角色；

职业角色；

子女角色；

家长角色；

学生角色；

休闲者角色；

其他角色；

生命年龄线条格；

描绘生命彩虹图。

（二）求职择业训练

通过本章节的学习和训练，使在校大学生了解怎样收集就业信息，有助大学生提前做好知识准备、技能准备、信息准备、资料准备和心理准备等等；有助于大学生提高完善自身素质的自觉性；也有助于大学生在校期间的勤工俭学。

1. 求职择业的程序

信息准备求职择业不仅取决于体力和能力、社会和经济等诸多因素，而且也取决于就业信息。一个人如果掌握了大量的信息，他的就业视野就会广阔，就能够比较稳定地掌握自己的命运，争得主动权，不失时机地选择自己的位置。

一个人如果视听闭塞、信息失灵，如同盲人骑马，那么，他不是站在校园发出“生不逢时”的感叹，就是盲目地、糊涂地从事某种工作。随着就业制度的改革，择业者越来越清楚地认识到信息是择业的基础，是通往用人单位的桥梁。谁获得信息，就获得主动权；谁失去信息，就失去主动权。可以说，信息是关系就业顺利与否的关键之一。

2. 资料准备

大学生在临近毕业时，必须认真做好各种文字资料准备。一般来说，这些资料应提前一年左右完成，并认真修改，为进入大学生就业市场做好必要准备。

（1）资料的种类

一是就业文件。每个高等院校毕业生的就业办法都是根据教育部、上级主管部门关于毕业生就业的方针、原则，结合本校具体情况制定的。由于高校类型不同，所在地区不同，社会需求信息不同，学校在执行同一上级要求时，做法也不尽相同，所以毕业班同学一定要掌握本校本届毕业生就业的有关文件，根据其要求，积极参与求职择业工作。二是社会需求信息。就业信息是择业的基础，是通向用人单位的桥梁。就业信息越广泛，择业的视野越宽阔；就业信息质量越高，择业的把握性越大。因此，利用各种渠道，广泛地、准确地收集与择业有关的信息十分重要。

（2）资料（信息）的发布

邮寄。用信函的方式传送个人资料是大学生求职择业的主要方式。一般来说，科研单位、机关团体、学校、事业单位及企业比较乐于接受这种形式，但是由于大学生就业市场供需状况的变化，这种方式的成功率在逐年下降。面呈。通过参加招聘会、供需见面会的机会，与用人单位直接见面，在双方都比较满意的情况下送上个人详细资料；或者是毕业生主动登门拜访，并呈上个人资料。这种形式适用于那些公关能力较强、个人反应敏捷的毕业生。

推荐。由高校毕业生分配就业的主管部门或对用人单位有影响力的教师、朋友以推荐的方式向用人单位呈送毕业生的个人资料，给人以可靠、郑重的感觉，对毕业生求职成功有重要作用。部队、机关及本专业、本系统有关单位更乐于接受这种形式。

广告。广而告之也是发布信息的有效方式。有人戏称，在发达的国家，人的生活空间除了空气，最多的就是广告，广告无处不在。近年来，许多毕生尝试在电视广播、报纸杂志和计算机网络上发布个人求职信息，效果十分显著，因此用这种方式求职前景十分乐观。

自荐信。写自荐信是目前毕业生求职择业的一种比较常用的，也是非常主要的方式。因为用人单位一般出于节约人力和时间的考虑，多数不采取见面的形式，而是要求求职者先寄送自我介绍材料，由他们进行比较、筛选，然后才通知求职者是否面试，因此写好自荐信十分重要，它是敲开职业大门的第一个重要步骤。

写自荐信应包括以下几方面的内容。

说明个人的基本情况和用人消息的来源；说明胜任某项工作的条件；介绍自己的潜力；附带证明材料或文件。

3. 面试常识

在大学生的求职过程中，用人单位经常安排一些笔试、面试等必不可少的环节。下面简单介绍面试类型和面试策略。

（1）面试类型

所谓面试就是由用人单位安排的对求职者的当面考试。面试一般有四种情况：一是主导式，即在多人组成的考试中确定一个主考官，事先收集好各种准备提出的问题，当求职者进入考场时，主要由主考官提问，二者一对一式地对话，其余考官如有问题可向主考官递条子，由主考官决定是否提问。或经主考官同意后，其余考官才可提问；二是围攻式，即由多人组成的考官组同时与一个求职者对话，这种提问往往是不同角度、不同性质的问题，给求职者造成的压力较大。采取上述两种面试方式：一般在所招聘的职位比较重要时采用。三是集体式，即面试的一方是多人组成的考官组，另一方则是众多的求职者，通过对话，当场比较优劣，每一个求职者都可以根据自己的表现估计出结果。四是讨论式，即招聘方多人与多个求职者就预先准备的问题展开讨论，有时由招聘方主持讨论，有时由求职者轮流主持。集体式和讨论式面试一般气氛热烈，时间较长。

（2）面试策略

由于面试与面谈有相同之处，所以前面所讲的面谈技巧同样适用于面试，即：要做好充分准备；建立良好的第一印象；要有自信心；要让对方喜欢自己等等。但是更重要的是要针对不同的面试方式采取不同的策略，如谦虚谨慎、机智应变、扬长避短、显示潜能、增强自信心等。

4．求职择业训练

随着人才市场供求矛盾的变化，对重要岗位或社会热门职业的竞争日趋激烈，除了一般程式的考察以外，面试是必不可少的环节。大学毕业生虽然“身经百战”（指参加各类文化考试），但对面试的常识知之不多，或是缺乏了解，因此，开展面试考场的模拟活动，可以使求职者亲身感觉到考场的气氛，学会机智应变。

（1）模拟面试训练

模拟面试训练是一种有效的群体活动，在模拟面试训练的过程中，大学生有的人扮演考官，有的人扮演考生，更多的人是充当观众。通过实践，使整个群体都能了解招聘考试的一般程序、可能涉及的问题，而且都能亲身感觉到考场气氛，有利于大学毕业生做好求职前的各种准备，深刻认识到“临渊羡鱼、不如退而结网”、“自古场外无举人”的道理，积极主动地参与人才竞争。

（2）模拟面试训练的准备

调查研究。

第一，调查人才市场面试的基本形式、一般程序、面试提问、评分标准等，使面试模拟训练有的放矢。

第二，调查分析毕业生的求职心态，存在哪些不良心理，容易引起紧张的问题是什么等等。

第三，了解学生在面试前需要哪些帮助，以满足学生的迫切需要。

提问准备。

第一，关于个人基本情况、兴趣爱好、能力特长等方面的提问。

第二，关于工作要求、工作发展、工作设想、工作挑战等方面的提问。

第三，关于报考动机、职业道德、人际关系、家庭与事业等方面的提问。

第四，关于进修学习、流动、出国等方面的提问。

第五，关于情景试验、现场模拟及专业知识、技能等问题。

第六，挫折试探。如出了问题如何负责？不要女生怎么办？不要没经验的大学生怎么办？不要专科生怎么办？等等。

科学指导。

通过开设课程或讲座，对参加面试模拟的学生进行科学指导，引导他们在面试中：

第一，实事求是，谦虚谨慎。以事实为依据，说话要有余地，采用成人、理智的方式回答问题，切忌不懂装懂。

第二，讲究礼仪，认真准备。包括服饰得体、遵守时间、文明礼貌、尊重对方、表情自然等等，还要对可能提出的问题一一进行充分的准备。

第三，扬长避短，机智应变。在正确认识自己的基础上扬己之长，避己所短，机智果断，随机应变。

第四，显示潜能，增强自信。要善于把自己与报考岗位相关的兴趣、爱好、特长或正在学习研究的情况“漫不经心”，巧妙地显示出来，同时还要学会消除紧张的方法和避免尴尬的技巧，增强必胜的自信心。

第五，学会感谢，两手准备。面试以后应善始善终，及时退出考场，要认真总结经验教训，耐心等候，学会感谢，做成功与失败的两手准备。

（3）模拟面试训练的组织

模拟考试通知。以布告的形式，通知拟录用的岗位、人员素质要求及考试的时间、地点等。

模拟考官。可聘请专业教师和就业指导工作人员组成考评委员会（也可由学生扮演），准备好评分标准及所提问题目录。

维护秩序，组织好旁听、观摩的同学提前入场。

做好考场的评议和总结。

尽管社会上成立了很多心理咨询机构，各学校也纷纷设立了心理咨询中心，心理咨询师也正在成为一门新兴行业，但大学生们仍然需要从更多的渠道，用更多的方式去了解自我、改善自我、发展自我，以实现自己的价值，真正学以致用，为社会贡献自己的聪明才智。

第八章　大学生就业能力及其开发路径研究

随着我国经济体制改革的不断深入，大学生就业市场和就业模式都发生了根本的变化，雇主对大学生的能力要求也逐步提高，就业市场竞争日趋激烈，雇主尤其是中小企业这类雇主不愿意大规模吸收新的大学毕业生，而是倾向同于招收具有实践经验的求职者，进而使得大学生就业问题加剧，造成上述现象的重要原因之一是大学生职业选择和职业发展能力的欠缺。

第一节　大学生就业能力的内涵

一、就业能力的内涵

国内外学者对就业能力概念的界定没有统一和清晰地表述，如就业力、通用能力、可雇佣能力、转移能力、关键能力等概念都曾用于表述个体的就业能力。从内涵看，有些学者是从与个体相关能力的角度来界定，有些学者是从个体相关能力和影响个人获得就业机会外部因素结合的角度来界定。不管是从哪个视角来界定个人就业能力，大家比较认可就业能力是指个人获得并保持工作机会的能力这一核心内涵。

对就业能力概念的相关文献进行总结发现，一部分国内外文献将个人就业能力定义为与个人属性相关的综合能力和素质的集合，这些研究包括一些国外组织的研究和学者个人的研究，其中一些组织的定义具有一定的典型性。国际劳工组织将就业能力定义为劳动者获得和保持职业机会，并在职业发展中取得提升以及应对职业变化的能力。英国教育与就业委员会的定义与国际劳动组织的定义类似，也强调劳动者获得和保持工作的能力。

从学者的研究看，hillage&pollard（1998）也认为就业能力是通过获得持续就业实现个人潜能的一种能力。Jacquelyn（2000）从职业认同的角度指出就业能力是个体获得、保持和胜任某项工作的能力，具体包含人际交往能力和决策能力。Rothwell 和 Arnold（2007）也认为就业能力是获得和保持自己理想职业的能力。

国外学者 Grip（2004）通过对现代就业能力概念形成历史的回顾，认为就业能力关注三个方面：劳动力的供给方、需求方以及各种制度，并提出就业能力是指劳动者个人为了获取劳动力市场认可的能力，这种能力能够使个人积极应对外界工作环境和任务的变化，且这种能力受到各种制度和机构所提供给个人的人力资源发展工具的影响。Fuguate（2004）等人认为，就业能力是能够使个人能够更好地适应当今经济带来就业变化的能力，是一种能够使个人识别和实现职业发展机会的特定的积极的适应能力。Thijssen 等人（2008）提出了一个综合的就业能力概念，他指出就业能力的定义因纳入因素的从少到多可以分为三种。核心定义，其包含的因素仅涉及劳动者的能力和动机，而不包含影响是否能成功从事某项职业的其他因素。广义定义在核心定义基础上有所扩展，从强调个人取得职业成功的能力和动机两个因素，扩展到所有个体特征，如态度、品质等。

二、大学生就业能力的内涵

（一）大学生

大学生是社会的一个特殊群体，是指接受过大学教育的人，作为社会新技术、新思想的前沿群体、国家培养的高级专门人才。广义的大学生包括在高等学校读书的所有学生，具体包括大专，高职，本科学士，硕士研究生，博士研究生等。本章研究的大学生仅指大专、高职和本科学生。

（二）大学生的就业能力

对于大学生就业能力的研究，不同研究者会有不同的研究角度，进而得出不同的内涵或定义，但不管是什么定义都是指学生获得工作的一种能力。大学生就业能力是指毕业生能够获得就业机会以及在工作岗位取得成功的一系列能力的集合。所有的研究都涉及职业类型、就业时间、招聘特征（如方式、途径等）、进一步的学习和就业技巧（如面试技巧）。如英国的提高学生就业能力合作组织（ESECT）就认为就业能力是一组使个人能获得就业并胜任所选职业的能力，这种能力具体包括成就（包括学术成就、工作经验、职场经验）、理解力和个人特质。Andrew Rothwell 等人又以大学生为研究对象，提出对于大学生而言，就业能力是指个体获得与其资格水平相称的持续的就业机会的能力。

国内学者对就业能力定义界定主要是以研究什么是大学生就业能力为众。部分的学者认同就业能力是指大学生发现、获得和保持工作的能力，该能力与其自身的综合素质密切相关。具有代表性的学者的观点有：郑晓明（2002）的本领说，他认为大学生就业能力是指大学毕业生在校期间通过知识的学习和综合素质的开发而获得的能够实现就业理想、满足社会需求、在社会生活中实现自身价值的本领。大学生就业能力是一种使学生获得工作的能力，也是增加大学毕业生获得职业机会的可能性，或毕业生接近满意度较高、竞争性的职业机会的能力，大学生就业能力可以分为特殊就业能力与基本就业能力。而且大学生就业能力是一种综合的且具发展性的能力，这一能力具有主体性、发展性和综合性等特征，这种能力使得大学毕业生能力保持工作以及获得晋升的可能性增加。

国内也有学者在借鉴国外研究的基础上，从能力结构的组成的角度将大学生就业能力界定为毕业生所具备的知识、技能、身体素质和其他职业相关能力的整合。陶晓霞（2007）将大学生就业能力定义为一种具有职业岗位普适性的心理特征，是大学生获取和胜任职业的心理行为条件。也有学者从人力资本形成角度出发，将大学生就业能力界定为高校使在校大学生能够顺利转为现实人力资本后，毕业生所具备的一种综合能力。

国内也有学者在界定就业能力时强调大学生对外部环境的适应能力。从大学生如何与职业环境相适应的角度出发，将大学生就业能力定义为大学生获取与其期望相符的职业，并适应职业需求进而胜任所选职业的能力。这种适应性的就业能力是适应职业所有素质的集群，这些素质能够促进个人获得其理想职业，适应职业需求。学者刘学林也提出了类似的观点，将大学生就业能力界定为适应职业需求的能力，并且他还增加了就业能力还应包含自主创业的能力。

从上述国内外研究者对就业能力的定义中可以看出，大学生就业能力是一种获得工作、保持工作、取得工作进步的一种综合能力。大学生就业能力不仅仅是获得工作的能力，还包括保持工作的能力以及在工作中进一步发展的能力。

第二节 关于大学生就业能力构成和形成

大学生就业能力构成的确定与就业能力的定义是密切相关的，不同的就业能力的界定会有相应的不同的就业能力构成，就业能力的构成要素的确定又反映就业能力的形成方式。

一、就业能力构成

与个人特质为基础的就业能力和整合的就业能力定义对应，

可以将就业能力构成的研究文献大致分为两类，即基于能力理论的狭义的个人就业能力构成的理论研究和基于就业结果的广义的就业能力构成的理论研究。

（一）基于个人能力视角的狭义大学生就业能力构成

与上述仅仅基于个人能力相关的定义对应，一些文献基于个人因素的角度提出了大学生就业能力结构。这类研究认为大学生就业能力的构成仅包含个人的技能和品质，具体讲，大学生就业能力的结构构成要素包括个人的基本社会属性、个人的态度、基本沟通技能、团队合作的技能。

对就业能力构成的确定，发达国家的一些研究组织所做研究较为详细。美国培训与开发协会对就业能力的能力结构即其构成进行了深入的分析，将结业能力结构界定为基本技能、沟通技能、问题解决能力、团队合作能力、领导能力五个方面。美国劳工部就业技能调查委员会在 1990 年发表的调查报告从职业对就业者的能力要求角度对职业能力的构成进行了总结和归纳。调查报告指出适应职业需求的能力结构应包含三大基础，即能力基础、思维基础和素质基础，其中能力基础包括五大能力，即统筹资源的能力、人际交往的能力、信息获取和利用的能力、系统观思考解决问题的能力、利用的能力。

除美国的组织之外，英国高等教育质量理事会也对大学生就业能力构成进行了界定，其构成的内容包括创造性的思维能力，解决问题的基本能力，沟通能力、与他人的合作能力、执行能力和跨学科的意识。

澳大利亚工业委员会和商业理事会进行了合作研究，从对产业界的职业能力需求调查出发，提出了大学生就业能力的构成维度，其结果与美国和英国的组织提出的结论类似，就业能力应该包含沟通能力、团队合作能力、问题解决能力、领导能力、自我管理的能力、持续学习的能力、使用技术的能力，该组织还认为就业能力应该包含创业能力。

国内学者对于就业能力构成的研究也是基于对大学生群体的研究展开的。有的学者对大学生就业能力的界定其结论也基本类似，都是将就业能力细分为各种基础能力，即细分为包含如专业能力、学习能力、解决问题的执行能力、实践能力、应聘技能和职业环境的适应能力等等多方面的能力，只是不同的学者其细分的具体能力有所差异。有学者对大学生就业能力构成的界定是分层次进行的，现实将就业能力分解为基础性能力、专业能力和差异性能力，三个一级维度，然后再将上述一级维度进行细分。有的研究者从实证定量分析的角度对就业能力的结构进行了研究，这些文献主要是通过大学毕业生进行调查和数据收集，采用主成分分析法，提取因子最后得出就业能力结构模型。虽然有众多的学者都进行了问卷调查和定量分析，但其得出了一些不同的结论，王苑通过因素分析将大学生就业能力的构成确定为认知能力、个体可靠性、沟通合作、自我意识四个方面。重庆大学肖云等人将大学生就业能力的维度确定为基础实践能力、知识拓展能力、创新能力三个方面，并进一步指出三个维度下的各具体指标。杨晓楠认为大学生就业能力可以分为人际沟通能力、适应职业环境的能力、自我发展能力、团队合作能力、情商和自主学习能力。

（二）基于就业结果视角的广义的大学生就业能力构成

除了上述基于个人因素视角的就业能力结构，还有一些学者也认为就业能力构成要素是多维度的，包括内部维度和外部维度。内部维度包括个人与工作相关的知识与技能、持续学习的能力等；外部维度包括就业市场的状况等。从这一理解出发，其实这些观点认为就业能力应该包含影响就业结果的各种要素，如个体因素、个人家庭背景和外部因素，其实质是将就业能力视为一种就业绩效，即注重就业的实现效果。

上述个体因素可以进一步细分为个人的就业技能和属性、个人的人口特征、身体条件、职业信息搜索能力及适应性等；个人家庭背景即家庭的社会关系网络、家庭的收入水平等；外部因素包括劳动力市场因素、宏观经济发展水平和就业支持政策等。也有学者也从就业影响结业结果的视角将就业能力的构成分解为个人就业资产（含个人特征、关键能力、组织管理等高层能力）、个人就业资产的展示能力、职业规划能力，环境因素（包括劳动力市场因素、个人背景等）。

通过一系列的文献回顾，也得出了就业能力不仅包括个人特质、个人能力，而且也受到外部其他因素影响，其中最重要的是劳动力市场中需求和供给因素。

二、关于大学生就业能力的形成

就业能力不是个人天生具有的能力，是可以进行培养获得的。国内外学者普遍认为，高校对大学生就业能力形成起着重要作用，而且也是大学人才培养功能实现和体现高等教育质量的重要方式。高校对大学生就业能力开发的研究的文献较多，但主要是一些定性分析，提出的观点主要是高校如何通过课程设计、实践教育的加强、各种技能的培训等来实现大学生就业能力的培养。

国外对就业能力的研究和开发实践以英国最为典型。Knight 和 Yorke 提出高校应设定就业能力开发为人才培养目标，应该将就业能力嵌入大学课程的教学过程中。在课程教学中不仅注重专业能力的培养，还应注重通用能力的培养。为此，在课程模块设计、教学过程设计时应该充分实施职业情境的教学与学习。两位学者还提出，高校应该将创业课程模块和职业生涯课程纳入人才培养的模块中。Lee Harvey 将就业能力培养视为大学毕业生从学校到工作岗位转变的能力提升过程，指出雇主在大学生就业能力的培养方面起着重要的作用，主要表现在雇主可以为大学生提供实习的机会，雇主可以通过参与课程体系的设计来影响大学生就业能力的开发。英国高校注重通过多种方式来培养或者开发大学生就业能力，如学校提供集中化支持专门的部门支持就业能力开发、使学生就业能力的培养嵌入学习计划中、与企业形成联盟为学生提供实习机会、建立学生成长档案。

我国学者的研究与国外学者的研究类似，都从定性的角度进行分析，提出要通过专业设置的调整、实践教育的加强、与企业的联系、就业指导工作的加强等方面来提升大学生就业能力。朱若霞、马小洁指出高校应该加强与雇主的联系，为在校大学生提供更多实习与实践的机会，但没有很好地分析高校如何来更好地建立与雇主的联系。孙长缨也认为高校应该通过与企业签订供需契约来为在校生提供实习的机会，并且也可以让高校的人才培养直接与雇主的需求对接。也有学者提出，认为高校除了与企业加强联系外，还应该与政府合作以获取政策与资金的支持，来为学生提供更多的实践机会。一些学者对高校通过培养目标及专业设置的调整提出了一些观点。何凌霄认为高校应以雇主的职业能力的需求即人才的市场需求为导向来确定高校的人才培养目标。在符合市场需求目标的指导下，进行教学改革，开发大学生的就业能力。张进则强调在合理调整高校专业的基础上，强化就业指导工作，为学生就业提供更多的信息和就业服务工作。张宏如指出建构生涯发展教育体系，搭建学业生涯、职业生涯的畅通平台，从根本上提高大学生的职业素养和就业竞争力是提升大学生就业能力的重要途径。周淑琴指出要通过明确办学定位和凝练办学特色、提高专业设置的准确性、优化课程体系、加强实践教学、强化素质拓展教育、提高就业指导与服务工作等来形成就业能力。冯慧春则从更一般的角度来论述高校如何开发大学生就业能力，其认为高校应该从规范学生的行为开始，来进一步加强学校的制度建设。

此外，学者也对国家政府层面在大学生就业能力的形成方面需要采取的措施进行了论述。任江林认为大学生就业能力开发，政府也应承担其相应的责任，规范劳动力市场，加强就业支持政策等。文少保认为政府除了消除一些歧视性就业政策外，在就业信息的平台建设上应起到一定的作用，如建立大学毕业生就业信息网。上述两位学者的观点其实是从影响就业结果的角度出发来提出政府应扮演怎样的角色的观点。除此而外，政府也应该在大学生个人能力的开发方面提供支持，政府应该为在校大学生的实习和实践提供一些政策支持，主要是要能提供一些政策可以是雇主愿意接受大学生的实习或见习。为此，政府要积极出台鼓励政策，为高校与雇主在人才培养方面的合作提供制度和政策的保障，政府也可以以雇主的身份参与大学生实习和见习平台的建设，并可以提供职业培训服务。

第三节　大学生就业能力的现状

一、当前大学生就业能力不强的具体表现

大学生的专业能力不强，表现为专业基础知识和技能不扎实，工作执行力、职业发展能力和创新能力较差。虽然大学生在校经过了比较系统的专业知识和技能的教育，但却不能比较熟练地运用所学的专业理论和方法来执行岗位的任务，而往往用人单位非常重视这三方面的能力。首先，用人单位十分看重大学生的执行能力，即大学生的实际操作能力和动手能力。很多企业希望招聘来的大学毕业生有较强的执行力，上岗就能马上胜任工作。其次，执行力的延伸，即职业发展能力，大学生获得工作、进入职场后获得发展的基本能力主要包括人际交往能力、组织协调能力、学习能力、外语和计算机运用能力以及职业道德和一些基本的心理素质等。最后，比较具有发展前景的企业，会要求求职者具备创

新能力，即各种智力因素和能力因素在新的层面上融为一体、相互促进所形成的一种合力，它是在多种能力发展的基础上，利用已知信息，创造新颖独特的具有社会价值的新理论、新思维、新方法、新产品的能力。但大部分大学生并不具备以上三种能力，究其原因是一些大学生学习目的不明确、学习方法不科学、专业兴趣不浓、专业功底不扎实、知识积累不足，相应的专业能力职业素养不高。

二、当前大学生就业能力不强的影响

从整个社会角度来讲，大学生的就业能力不强，造成了大学生就业难和大学生就业率低的现象出现。近几年大学生初次就业率约为90%以下，这意味着每年有几十万毕业生在当年不能找到合适的工作，而且有些专家认为目前公布的大学生就业率有水分，实际情况可能更低。

从学生角度来讲，大学生职业发展能力差，导致大学生对职业选择没有恰当的心理准备、缺乏长远的职业选择和发展规划，以至于出现刚毕业不到一两年的大学生频繁跳槽的现象。在选择自己未来的职业方向，常常缺乏明确的定位和职业意向，对自身的能力与特长也不甚了解，进而导致其择业时缺乏主见而从众，或者完全听凭家庭、父母的安排，或者一味追求稳定的或高薪水的职业。

第四节 大学生就业能力的培养

高校是大学生完全进入职业系统的最后一个环节，是大学生获取未来职业能力的重要场所之一，这要求高校必须加强大学生职业相关能力的培养，提升大学生未来的职业素养、职业相关的知识水平等，也即必须开发大学生就业能力。

就业能力不是个人天生具有的能力，是可以进行培养获得的。

高校对大学生就业能力形成起着重要作用，而且也是大学人才培养功能实现和体现高等教育质量的重要方式。就业能力开发是一项复杂的系统工程，需要协调培养目标、专业设置、课程体系、培养途径、师资水平、与雇主的关系、对学生的职业指导和培养评价等要素，是这些要素协调发挥作用来进行大学生就业能力开发。大学生就业能力开发路径实施的具体措施包括以下四个方面。

一、确定就业目标

首先是高校通过目标创新来指导大学生就业能力开发。高校应该通过外部环境和内部环境的扫描，设立明晰的大学生就业能力培养目标与战略。学生应该具备怎样的能力，还没有准确的定位。有很多的高校没有与所在地区的经济、社会状况结合，对人才培养的层次定位模糊，其眼光仅停留在为大企业提供人才。中小企业已经成为吸纳就业者的最主要雇主。在我国，中小企业吸收了四分之三以上的城镇就业人员。在这样的背景下，我国的一些高校还是忽视中小企业的就业吸纳能力，缺少服务中小企业的意识，也缺乏与中小企业建立互动机制的意识，更缺乏为中小企业提供专业人才的意识。与此同时，中小企业确急需有较强就业能力，能够较快适应职业岗位的人才。大学生就业能力的开发就是指能够让学生较快地适应岗位，从这意义上说，中国的高校应该加强大学生就业能力的开发。因此，中国的高校尤其是地方高校应该将大学生就业能力开发作为人才培养的目标。

二、利用学校培养平台，提升就业能力

第一，从师资队伍角度来为学生能力提升搭建平台。高校应该使教师认同大学生就业能力开发目标，提升教师的职业经历，教学水平，通过跨学科平台的建设促进教师的科研水平等，使教师将大学生就业能力开发的理念融入其教学与科研等整个人才培养过程中。

第二，搭建了实训基地。学校积极发展和维护实习、实践基地，对实习加强指导和完善管理，鼓励学生积极参加社会实践活动，与国内外其他高校的交流，社团活动等具体的路径来进行就业能力开发。

第三，加强与企业的联系与合作。建立与雇主的互动机制，从传统的合作模式向全面合作模式转变。传统合作的模式与路径选择包括三个阶段，阶段一，双方的合作停留在意识阶段、简单的涉及和参与阶段、较深程度的支持合作阶段。在意识阶段，双方的合作只停留在必需的合作方面，企业只在需要招聘员工时与大学发生关系，主要通过职业招聘会和面试等形式招聘大学毕业生来实现，此阶段不存在双方主动的合作。阶段二，双方在学生培养上开始合作，合作程度加强，主要是通过与产业界合作在大学建立产业界咨询委员会、产业界对大学的研究进行赞助、在学生实习上提供便利等方式来实现，但这些合作都不是建立在战略合作基础上的，因此，在该阶段产业界对产学合作的关系还不主动积极。阶段三是支持阶段，此阶段企业与大学的合作程度进一步加深，产业界开始成为培养学生的顾问、为大学提供硬件、参与课程体系的设计和讨论、产业界的相关人员成为大学的客座教授、支持学生团队的活动等，但此阶段还是需要大学积极的维护合作关系。

第四，建立专业设置和课程设置的适调机制，使学生所学与社会需要匹配。对大学生就业能力的反馈首先来自于雇主。高校应该建立就业能力追踪调查制度，通过对雇主的走访、问卷发放、座谈沟通等形式了解雇主对毕业生工作表现的评价，收集雇主对学生就业能力的反馈意见。这一措施可以和雇主建立双向互动的机制同时进行。此外，高校也应建立毕业生（校友）就业能力培养反馈制度，通过对校友的追踪调查，获取毕业校友对高校大学生就业能力开发的反馈意见。高校可以通过专业的分析系统对毕业生的职业发展的状态信息进行长期的跟踪、考察和分析，以期获得毕业校友职业发展的有效信息，并反馈给高校的大学生就业能力开发路径，进而改进大学生就业能力开发的目标和各项具体措施。

通过对用人单位和毕业生跟踪调查，搜集雇主、毕业生对学校的大学生就业能力开发目标、开发措施等的评价信息及要求和毕业生经过工作实践后，毕业生自身对学校的目标设置、专业设置、课程设置、培养途径、师资水平、与雇主的互动机制和职业指导等的体会感受，给高校构建大学生就业能力开发的决策提供依据。这个子系统应该是既有外界的社会评价，又有毕业生的切身内在体会，从学校系统外，对学校的大学生就业能力开发进行评价。

第五，加强全过程的职业指导。职业指导要依据探索阶段、初步定向阶段、试行阶段和初步稳定阶段进行。与此同时，高校也需要加强就业信息的提供、就业指导等就业服务工作。

三、大学生个人重视就业能力培养

（一）专业资格证-就业能力的名片

大学生应该利用课余时间，考取与自己专业相关的证书，储备就业能力证明。但是现阶段有些大学生对职业资格认证的信息了解不够，存在盲目考证的现象。自我国开始实施职业资格认证制度以来，目前已对多种职业实行准入制度。激烈的求职竞争，让越来越多的大学生义无反顾地走上了考证之路。由于认证机制并不完善，一些社会机构和个人趁机浑水摸鱼。许多在校大学生在参加认证考试时，不考虑自己的实际情况，一味地跟风，盲目考证。所以，大学生在积极准备资格证书考取的同时，也要有取有舍，尽可能选择与自己专业相关的证件去考。

（二）积极参加社团活动

通过参加社团活动，在真实的环境中学习与人相处、组织领导能力等，也是一种情境教育方式。从现在校园文化的发展现状看，随着学分制的实施，许多学校自主选课制的实施，班级文化似乎在淡化，而学生社团成为学生交流的重要平台。在参与学生社团活动的过程中，其实是给学生提供一种真实的情境，如人际交往能力、表达和倾听的能力、团队合作能力、创新意识等就业能力的构成要素都可能在参与社团活动中得到培养。社团的形式可以多样化，如一些专业协会、学生会、团委等，对培养学生的各种能力具有重要的作用。

（三）做好职业规划

结合我国的实践，大学生职业生涯规划教育可以将大一、大二阶段作为学生的职业兴趣探索阶段，这一阶段的教育内容主要是使大学生适应大学生活，唤起其职业意识。将大二和大三阶段作为学生的职业意向初步定向阶段，主要的教育内容应包括使学生对职业意向的探索，制定初步的职业目标，考虑专业方向的发展。将大三和大四作为学生职业意向的试行阶段，根据专业实习，对自己的职业意向做出初步的判断，是否适合自己的兴趣。将大四到初次就业为止作为其职业意向的初步稳定阶段，此阶段的主要教育内容是帮助其了解就业信息，为其提供应聘技巧的指导等。

第九章　端正择业观　迎接新挑战

一、大学生毕业后的可能出路

随着社会的变革，大学生的就业渠道发生了根本性的变化，变得更加灵活，更加富有个性。下面介绍大学生在毕业后的几种可能的出路。

（一）国企或事业单位

第三方调查机构麦克思对 2014 届毕业生求职期待调查研究显示，本科毕业生和高职高专选择国企的人数分别占整个接受调查人数的 26%、27%，在所调查职业中居第二位。

（二）民营企业

民营企业是吸纳应届毕业生的主力。虽然很多同学觉得去民营企业意味着不稳定和辛苦，但是民营企业是最能接受刚毕业没有工作经验的大学毕业生。

（三）外资企业

一般外企要求高，相应收入也高，这也是同学们喜欢的就业方式。

（四）公务员

公务员工作稳定有保证，每一年都有相当数量的同学报考。2016 年四川省上半年公务员考试报名通过审核人数达 231 575 人。

（五）自主创业

自主创业主要包括自己成立设计工作室，开餐厅，在网上开淘宝店等方式，四川省出台了《关于加大力度促进高校毕业生就业创业的意见》，从 2014 年起加大力度促进高校毕业生就业创业。同时，将小额担保贷款和贴息对象从毕业年度高校毕业生扩展到在校创业的大学生，在电子商务网络平台开办网店的高校毕业生，可享受小额担保贷款和财政贴息政策。

（六）继续深造

除了马上就业，专升本、考研究生、去海外留学都是继续深造的常见方式。一般来说，本科同学可以考研、申请留学，专科生的专升本选拔、留学继续攻读本科等道路也是常见的选择。

二、当前大学生就业的现状

（一）毕业人数不断攀升，就业趋向多元化

据调查显示，2012 年全国有 611 万研究生、大学本专科学生毕业；2013 年研究生、本科专科毕业生共计 699 万；2014 年全国高校毕业生为 727 万；2015 年全国高校毕业生人数达到 749 万，2016 毕业生人数继续攀升达到 765 万。根据人社部的毕业生数据，如果加上中职毕业生和 2015 年尚未就业的学生数量，2016 年待就业的青年加在一起约有惊人的 1500 万。虽然就业人数不断攀升，但就业率相对稳定。麦可思研究院发布了《2016 年中国大学生就业报告》，2015 届大学生毕业半年后的就业率为 91.7%，其中，本科院校 2015 届大学生毕业半年后的就业率为 92.2%；高职高专为 91.2%。

就业形式趋于多元化。2015 届大学生毕业半年后“受雇全职工作”的比例（77.4%）与 2014 届、2013 届（分别为 79.2%、80.6%）相比有所下降；“自主创业”的比例（3.0%）、“正在读研/读本”的比例（10.1%）与 2014 届、2013 届（“自主创业”分别为 2.9%、2.3%，“正在读研/读本”分别为 8.9%、8.0%）相比有所提升；而

“无工作，继续寻找工作”的比例（3.9%）略高于2014届（3.7%），与2013届（4.7%）相比有所下降，其中，2015届本科生毕业半年后“受雇全职工作”的比例（74.2%）与2014届、2013届（分别为76.6%、78.6%）相比有所下降，连续三届呈下降趋势；“自主创业”的比例（2.1%）与2014届、2013届（分别为2.0%、1.2%）相比有所提升，连续三届呈现上升趋势；“正在国内外读研”的比例（15.6%）与2014届、2013届（分别为13.6%、12.2%）相比有所提升，连续三届呈上升趋势。2015届高职高专毕业生半年后“受雇全职工作”的比例（80.5%）与2014届、2013届（分别为81.7%、82.5%）相比有所下降，连续三届呈下降趋势；“自主创业”的比例（3.9%）与2014届、2013届（分别为3.8%、3.3%）相比有所提升，连续三届呈上升趋势；“毕业后读本科”的比例（4.7%）与2014届、2013届（分别为4.2%、3.8%）相比有所提升，连续三届呈上升趋势。

就四川省而言，2016年就业压力比较大。从四川省教育厅获悉，2014年四川省96所高校毕业生36.87万，比2013年增加2.67万，2016年毕业生人数持续增加。加之我省经济下行压力较大，供需不匹配的结构性矛盾依然突出，就业形势更为复杂，不容乐观。

（二）结构性矛盾存在，但有所缓解

大学生未就业的情形大致由两方面原因引起。一方面，经济形势比较低迷，用人单位提供的工作岗位未赶上每年大学生人数的增长速度。另一方面，大学生所学专业与企业需求人员技能的脱节。企业所需技术是根据市场需求进行调节的，学校专业设置投入较大，周期相对缓慢，以至造成结构性矛盾。如今的就业是学生和企业的双向选择，学生挑企业的同时，随着我国产业升级、技术进步速度加快，企业对劳动者的职业技能要求明显提高，而高校毕业生所掌握的职业技能相对老化，难以适应企业发展的需

求，这也是造成难就业和难招人的原因之一。因受长期固化择业观念的影响，大多数高校毕业生将机关单位和大型企业作为首选。据人人网《2013 年应届毕业生求职意向调研报告》显示，政府、科研、公共服务类行业是应届生首选。在六成有目标企业的应届毕业生中，有 23.2%目标企业是国有企业和 21.8%的目标企业是事业单位，不愿意到微小企业就业，不愿意从事某些辛苦行业（如销售），在一定程度上使就业更加困难。

但从 2014 级实际的就业情况来看，“民营企业/个体”是 2014 届大学毕业生就业最多的用人单位类型，本科院校中有 50%的毕业生就业于“民营企业/个体”，高职高专院校中有 65%的毕业生就业于“民营企业/个体”，均比 2013 届（本科 45%，高职高专 63%）有所上升。本科毕业生在民营企业的就业比例呈上升趋势，五年上涨 10 个百分点，已接近五成。高职高专毕业生在民营企业的就业比例基本持平，略有波动，在过去五年都维持在六成以上。

国企和外企对本科毕业生的需求下降明显。2014 届大学毕业生就业比例最高的用人单位规模是 300 人及以下规模的中小型用人单位（51%），与 2013 届持平，其中本科毕业生这一比例为 47%，高职高专毕业生为 56%。这五年来，本科毕业生的去向主要从大型企业流向了中小型企业。2010~2014 届本科毕业生中，在 300 人以下中小型企业就业的人数比例呈上升趋势（从 35%增长到 47%），在 300 人以上大型企业就业的人数比例呈下降趋势（从 36%下降到 26%），所以，理性的选择适合自己的就业岗位也是大学毕业生顺利就业的重要影响因素。

（三）近三届大学生实际工资保持稳定上升趋势

2014 届大学毕业生半年后月收入（3487 元）比 2013 届（3250 元）增长了 237 元，比 2012 届（3048 元）增长了 439 元，三届增幅为 14.4%，其中，本科毕业生 2014 届（3773 元）比 2013 届

（3560 元）增长 213 元，比 2012 届（3366 元）增长 407 元，三届增幅为 12.1%；高职高专毕业生 2014 届（3200 元）比 2013 届（2940 元）增长 260 元，比 2012 届（2731 元）增长 469 元，三届增幅为 17.2%。从近三届的趋势可以看出，大学毕业生半年后月收入呈现上升趋势。扣除当年居民消费价格指数（CPI）增长的影响后（2012～2014 年居民消费价格指数分别为 102.6，102.6，102.0），近三届大学生实际工资仍保持着稳定上升的趋势。2011 届大学生毕业三年后平均月收入为 5484 元（本科为 6155 元，高职高专为 4812 元），2011 届毕业生半年后的月收入为 2766 元（本科为 3051 元，高职高专为 2482 元），三年来月收入增长 2718 元，涨幅比例为 98%，超过城市居民同期平均薪资涨幅（17.4%），大学教育的长期回报是明显的，读大学比不读大学在收入的长期提升中有较大优势。

（四）毕业生毕业半年内离职率稳定

2014 届大学毕业生毕业半年内的离职率（33%）与 2013 届（34%）基本持平，其中，本科院校 2014 届毕业半年内离职率为 23%，与 2013 届（24%）基本持平，高职高专院校 2014 届毕业半年内离职率为 42%，与 2012 届（43%）基本持平。在本科院校中，“211”院校半年内离职率为 12%，非“211”本科院校为 25%。2014 届本科毕业生半年内离职的人群有 98%发生过主动离职，主动离职的主要原因是“个人发展空间不够”（50%）、“薪资福利偏低”（43%）。2014 届高职高专毕业生半年内离职的人群有 98%发生过主动离职，主动离职的主要原因是“个人发展空间不够”、“薪资福利偏低”（均为 49%）。专业性越强，职场稳定性越好。在 2014 届本科学科门类中，医学半年内离职率最低（14%），文学的半年内离职率最高（30%）。2014 届高职高专专业大类中，医药卫生大类半年内离职率最低（20%），艺术设计传媒大类的半年内离职率最高（51%）。调查显示，在毕业后工作三年中，职场忠诚度越高收入就越高。2011 届本科毕业生中，毕业三年内一直为 1 个雇主工作的毕业生月收入最高（6494 元）；为 5 个及以上雇主工作过的本科生毕业三年后月收入最低，仅为 5535 元。2011 届高职高专毕业生中，毕业三年内一直为 1 个雇主工作的毕业生月收入同样最高（5191 元）。工作过的雇主数越多，其月收入反而越低。

（五）专科、高职层次毕业生就业情况明显好于本科生

我院举行 2013 届毕业生双选会

相对研究生和本科生来说，专科、高职毕业生在对薪酬的心理预期和职业层次的要求都相对要低，而且很多专科、高职院校对学生的培养目标本来就定位在实用型“蓝领”人才，侧重于培养学生的专业技能、动手能力，很多院校采取联合办学、“订单式”培养等方式，使学生的就业成功率大大提高。第三方调查公司麦可思发布的一项调查也显示：全国示范性高职院校 2009 届毕业生的就业率为 88.1%，已经不低于非“211”本科院校 87.4%的水平。2010 年和 2011 年，多数省份的高职院校毕业生的就业率已高于本省普通本科高校毕业生的就业率。2013 年，四川省 95 所高校

有毕业生 34.2 万人，本科生 16.5 万余人，高职高专生 15.4 万人。截至 2013 年 8 月，全省高校毕业生已就业人数达 29.5 万人，就业率 86.3%，研究生就业 19 593 人，就业率 83.81%；本科生就业 138 496，就业率 83.81%；高职高专生就业 137 163，就业率 89.3%。有专家预测，由于专科、高职毕业生就业相对不那么挑剔，相对更好就业。

三、大学生应该如何面对就业

高就业率不是依靠想象勾勒出来的，是每位同学认真学习和刻苦训练达成的。为了在激烈的竞争中立足，建议同学们可以从以下几个方面规划专业学习和锻炼素质能力。

（一）认识就业形式，调整就业心态

孙子兵法有云：知己知彼，百战不殆。一方面，研究如何就业，首先需要了解就业形势，做好心态上的准备。如上所述，每年大学毕业生人数，全国和四川省都有统计出的相关数据。至于不同专业具体有多少学生毕业，可以通过查询高校该专业招生人数，进行大致估计，究竟有多少同学在相关专业学习和在同一工作领域竞争。另一方面，有意识调整自己的就业心态，做到不盲目乐观——读了大学就能找到工作，也不悲观——我一定就毕不了业。正视自我，正视环境，正视专业。从心理学研究的结果来看，学生对职业的认识，往往会面临一些常见的心理问题，就业人格缺陷和就业心态问题。为了克服这些心理问题，我们需要做的事情就是调整我们的心态，清楚地认识学习的目的：我们的学习应该是指向就业的有针对性的学习，为了更好地实现就业目标，在大学学习生活中，不断丰富知识、提升能力、塑造人格，成为所学专业领域内的佼佼者。遇到任何困难，始终做到目标明确，道路不偏不倚，最终就能找到满意的工作

（二）准确自我定位，做好学习规划

事实上，就业并不是毕业时才遇到的事情，而是在那之前就应当考虑的事情，所以，职业生涯早规划，有助于毕业时顺利就业。职业规划教育是按照生涯认知、生涯准备、生涯熟练等步骤逐一实施，对于大学生成才能起到良好的推动作用。作为中国大学生，面对未来激烈的求职竞争，进行有效职业规划就显得尤为迫切。随着毕业生“就业难”问题不断升级，“职业规划”已成为每位大学生的必修课。职业规划需要认真分析自身的条件和能力以及可利用社会资源，确立可行的发展方向，制定能实现的发展计划，从基础做起，才可能实现自己的理想。

（三）接受客观现实，做好就业准备

就业本身就是我们认识和适应社会的一个过程，在求职过程中遇到困难，甚至经过几次挫折才最后成功是正常的。在就业中遇到许多心理冲突、困惑，产生一些不良情绪也是正常的。遇到就业问题时，要学会调节自己的心态，使自己能从容、冷静地面对就业这一人生重大课题，并做出正确、理智的选择。你可以尝试以下一些方法：

经过对就业市场、就业形势的客观了解后，我们必须明白现实情况就是如此，抱怨气愤都没有用，与其成天怨天尤人，浪费时间、影响自己的心情，还不如勇敢地承认和接受当前所面临的现实，彻底打破以往的美好想象，脚踏实地地寻求解决问题的好办法。

1．自我规划

上学第一天，我们就开始准备就业。准备就业是一种态度，明确的自我定位是十分必要的：自己想做什么？自己能做什么？每一位高职院校的大学生都要务实，知道目前的位置和将来的方向。务实第一步，知己知彼、制订学习计划——我的三年的学习

计划。步骤：第一步，确定一份理想职业（可能将来会变，但是现在它是我的目标）。第二步，在网络上找到一则与我的“理想职业”一致的用人需求，研究企业的入职条件、薪资待遇。第三步，客观分析自我，找出自己的优点和缺点。第四，找出自己目前能力和技能方面与“理想职业”要求的差距，纠正自我不合理的待遇预期，调整心态。第五，正视“适合自己的工作”的条件，分别从工作需要的基本能力、技能技术、证书获取三个方面规划大学三年生活，分别从专业知识的学习、社团活动的能力锻炼和社会实践经验的总结三个方面做出详细的规划，并在认识加深，能力提升的过程中不断修正和提升。

2．加强专业学习，提升文化素养

高职高专大学生都有明确的专业或者说本专业直接指向该职业。该专业所学的课程技能也就是以后工作中必须要使用到的操作技能。例如，室内设计专业需要学习几个软件，如果没有熟练掌握这几个软件，无法从事室内设计的相关工作，所以在专业课的学习上丝毫松懈不得。除了专业课的学习，文化课也不能舍弃，在找工作的时候，一方面取决于你的制图设计能力，另一方面表达、仪表也能影响最后的签约成功率。

3．认识招聘，提高应聘成功的概率

了解招聘的程序和注意事项也非常重要，可以通过有意训练，提升表现。第一步，在老师的指导下，组织模拟招聘。活动设置如下：将班上同学分成几个小组，收集招聘方经常会问到的问题、关注的焦点；不同的小组负责几个问题，并收集最佳回答方式；在教室内，摆出招聘现场，两个小组为一组搭档，一组扮演招聘方，一组扮演应聘人员，余下的同学做评委，角色模拟训练之后，由评委指出招聘方和应聘人员有哪些不足，如何改进，在这个过程中，同学也能感受到自己的不足之处，稍后纠正。第二步，下载一份简历模板，制作一份正式简历。人人网也在大学生中发起了有关“为了就业，你修改过多少个版本简历”的话题，从数字统计来看，在近500名参与网友中，中国大学生找工作过程中平均修改4.8次。所以，一份不同于他人，能吸引招聘方的简历需要多次修改才能完成。为了做出一份别出新意的简历，一定要多斟酌，多修改调整。简历是应聘者留给应聘方的最初印象，所以一份好的简历是迈向应聘成功的第一步。一份好的简历不能千篇一律，但也不能怪异，尽可能展现自己的优势，但是不可吹嘘，招人怀疑。第三步，做好简历之后，就可以寻找机会进行实际体验面试了。利用周末，几位同学结伴到“四川省人才中心”（成都市小南街99号）或“成都市人才中心”（成都市宁夏街136号）参加实际面试体验，同学之间互相观察并记录面试细节。第四步，分小组讨论，根据参加面试现场的情况，相互指出对方在应聘过程中的不足，根据自己的不足，确定合理的定向历练目标，比如，争取在班上担任班干部，可以锻炼胆量和组织协调能力等。

4. 参加暑假实习，进行职场体验

麦可思调查2014届毕业的大学生就业情况显示，“有实习/工作经验者”的签约率相对较高，其中，高职高专有实习经验者签约率为44%，本科生为45%，均比“无实习经验”的高职高专及本科毕业生的签约率高25个百分点。

大学生每一年的暑假时间相对较长，何不利用暑假时间，积累工作经历和经验，为就业做好准备呢？通过大一和大二两个暑假的实习，能更深入地认识工作。大学里需要着重学习专业知识和能力提升。当然，暑假的实习，最好是找一份与专业相关的工作实习，不是简单的“打暑假工”。当然，有可能这种相关专业实习是免费的，用人单位不会发工资，甚至找到一份这样的实习工作还得靠熟人引荐，但是对我们能力锻炼却是非常有益的。我们可以提前了解专业工作的性质和工作程序，即使没法插手实际业务，但是也亲身目睹了前辈的工作方式和能力。仍以室内设计专业为例，室内设计专业同学可以联系室内装修公司实习，做一位有经验的设计师的助理，哪怕只是简单的测量房屋的空间面积，画出房子的空间结构，也会用学校学到的许多知识和技能，将所学知识与实际结合起来。在工作的过程中，了解工作流程和顾客需求，有利于利用实际工作促进针对性学习。

（四）充分认识职业价值，树立合理的职业价值观

除了技能上的准备，如何成功就业还需要从思想上认识何谓职业，成熟地看待职业，心理上的成熟就业是成功就业的一半，甚至是一大半。只有思想上成熟了，清晰认识职业，才能在职场中立足。

1．树立合理的职业观

在就业市场上的用人单位找不到人、大量的毕业生无处去的“错位”现象普遍存在，这是多方原因引起的。从大学生思想方面来看，大学生的就业期望普遍较高也是导致不能顺利就业的一个原因。因此，要顺利就业就必须首先根据自己的实际情况和就业形势，调整自己的就业期望值。调整就业期望值不是对单位没有选择，只要有单位就去，而是要在职业生涯规划和职业发展观念的基础上重新确定自己的人生轨迹。审视职业前景时，要树立长远的职业发展观念，放弃过去那种择业就是“一次到位”，要求绝对安稳的观念。在当前获得一个理想职业的时机还不成熟时，应采取“先就业，后择业，再创业”的对策。

在对职业当前效益进行评估时，除了考虑薪酬空间，职业生涯规划、培训机会，升职空间也是需要考虑的重要因素。通俗地说，在招聘会上，除了关心收入，还要考虑的问题是企业“有没有培训的机会”、“有没有提升空间”和对自己将来发展是否有帮助。

2．动手早与主动出击是就业成功的秘诀

许多公司不会在网上做大型的招聘宣传，只在几所相关高校

进行校园宣讲，所以必须主动关注有意向公司的网站，随时把握招聘信息；经常联系分布各个学校的老同学，经常交流招聘信息，做到招聘会及时把握。一些中小型公司也多把招聘通告发在应届生求职网、58同城、赶集网等生活网站上，这些信息也要经常关注，中小型企业一般是接纳应届毕业生的主力公司。在条件合适的情况下，可以发份简历过去，让用人单位了解自己的求职意向。不过，不要简单去等公司给你回复，我们可以尝试去主动给公司打电话询问一下，哪怕是不被录取，明确知道结果，要么再争取机会，要么尽快地投入下一个工作寻找中去。如果一味地等待，可能不但失去这次机会，别的工作机会也会从手边溜走。除了跑招聘会、上招聘网站等传统求职方法，微博求职、社交求职、栏目求职等“新鲜”求职方法也成为大学生们的求职新方法，可以多方利用。但是，注意防范骗局，过高的职位和薪酬对于大学生都是不切实际的，可能隐藏骗局，一定要审慎对待。

3．适时调整就业目标

找到一份专业对口的工作，当然非常令人雀跃。但是，万一最终没能如愿，可以先找一份容易上岗的工作，先稳定下来再图发展。《2012年中国大学生就业报告》显示，2011届本科毕业生和高职高专毕业生从事最多的职业类均为销售，比例分别为10.9%和13.6%，既然那么多同学选择了，我们为什么不可以。在选择就业的过程中，工作的城市也是我们要考虑就业选择的重要因素。因为毕业后的就业城市直接影响学生未来的生活方式，发达城市意味着更多的发展机会和提升空间，而家乡城市则意味着和家人更近、最初的生活成本更低，生活容易走上正轨。选择在大城市工作和回家乡工作各有利弊，我们不能紧盯一点，错过好多机会。在这一点上，作为“90后”在就业地点的考量上应该较为现实且目光长远。根据相关部门统计显示，在2013年应届生就业地点中，“回家”就业击败“北上广”成为毕业生的首选。30.6%的应届生选择回家乡就业，22.7%的应届生选择“北上广”，

15.6%的应届生选择沿海发达地区，省会城市和其他二线发达城市随后。

4．坦然面对就业挫折，提高心理承受力

在求职中遇到挫折时，要用冷静和坦然的态度待之，客观地分析自己失败的原因，进行正确的归因。首先，在就业市场化、需求形势不佳、就业竞争激烈的条件下，出现求职失败是在所难免的，不能期望自己每次求职都能成功。要对可能出现的求职挫折有充分的心理准备。同时，应把就业看成一个很好的认识社会、认识职业生活、适应社会的机会，应通过求职活动来发展自己，促进自我成熟，因此“不以成败论英雄”。其次，自己求职失败并不一定是因为自己的能力不行。出现求职失败有许多原因，可能是因为你选择求职单位的方向不对，也可能是因为你的价值观与单位的企业文化不符合，还有可能是其他一些偶然因素。总之，要正确分析自己失败的原因，调整自己的求职策略，学会安慰自己，以便在下次的求职中获得成功。在市人社局设置的服务台前，咨询职业培训和补贴申请情况的毕业生也不少。

5．调整就业心态，促进人格完善

在求职时，自己或身边的同学出现一些不健康的心态是正常的，没有必要过度担心、害怕自己有心理障碍。当然对于这些不良心态也要学会主动调适，必要时还可以寻求有关心理专家的帮助。进行自我心理调适的方法有很多，首先，可以进行积极的自我心理暗示，鼓励自己、相信自己，帮助自己渡过难关。其次，可以向朋友、老师倾诉，寻求他们的安慰与支持。最后，还可以通过体育锻炼、听音乐、郊游等方式转移自己的注意力，排解心中的烦闷，放松自己的心情。

通过对自己在就业时出现的种种不良心态的分析，可以发现自己平时不容易察觉的一些人格缺陷。应该说这些人格缺陷是产生这种就业心理问题的根本原因，如果现在没有很好地完善自己的人格，那么这些问题还会在今后的工作、生活中继续带来困扰。

因此，有关问题其实是暴露得越早越好，同时也不必为自己所存在的人格缺陷而懊恼，因为很少有人是绝对的人格健全的，关键是要在发现自己的问题的基础上，积极改变自己、发展自己，使自己的人格更加成熟，使自己将来的人生道路更顺利。

6．开拓进取，勇于创业

大学生是有理想、有抱负、有创新精神、敢作敢为的青年先锋。因此大学生要有自主创业的打算，这既可以在毕业后马上实现也可以通过一定的社会积累后再实行。大学生们一定要有开拓自己事业的信心与勇气。当前的一些大学生创业公司虽然遇到了一些困难，但也有相当成功的案例。大学生创业肯定是值得鼓励的，关键是要有准确的观念与思路，要对自己有一个合理的规划与定位，要与有市场经验的人合作，要摆脱学生公司的意识，要进行科学化、职业化的管理。为了支持大学生创业，国家和各级政府出台了许多优惠政策，涉及融资、开业、税收、创业培训、创业指导等诸多方面。所以，毕业后如果没有合适的工作但有合适的项目也可以尝试创业，但是最好量力而行，不能做超出自己能力界限的事，最后打击自己。

人生是一段路程，不必太在乎目的地，在乎的是沿途的风景和看风景的心情。回想往事，都是在寻寻觅觅、奔波中走过，不断在呼吸喘急中去追寻心灵的希望。只是有时我们走得太匆匆，不经意错过了属于生命本真的东西，错过了生命的主题。何不放慢脚步，走好每一步，体味生命的每一分钟，用心灵拍下每一道风景。

无论未来如何，能够做自己喜欢的事情，体验过程而非结果，生活着而不是生存着。任何职业都是社会不可或缺的部分，岗位无高低，只是分工不同，如果有一天我们每个人认同了这句话，这个社会就达到了一定的发达水平。

第十章 商务礼仪

第一节 什么是商务礼仪

一、礼仪的含义、实质及其渊源

（一）礼仪的含义

何谓礼仪？“礼之名，起于事神。”汉代许慎的《说文解字·示部》解释说：“礼，履也，所以事神致富也。从示从礼。”其本意是指敬神，表示敬意的活动；由于礼的活动都有一定规矩、仪式，于是又有了礼节、仪式的概念。进入文明社会以后，人们把这种礼仪活动由“祈神”转向敬人，首先用于宫廷，随后扩展到社会各阶层，运用于人们广泛的社会交往中。这样，凡是把待人接物的内心尊敬之情，通过美好的仪表、仪式表达出来就是礼仪。可见礼仪就是指人们在各种社会交往中，用以律已、敬人的约定俗成的行为规范和程序。它是礼节和仪式的总称，具体表现为礼貌、礼节、仪表、仪式等。

（二）礼仪的实质

礼仪是表达人的内心情感的形式之一。在人们的交往中，礼仪最好的表达莫过于恭敬二字。“礼者，敬而已矣”（《孝经·广要道》）。“尊敬他人”，“重视他人”这就是礼仪的实质。孔子在谈到礼的实质和作用时说：“君子敬而无失，与人恭而有礼。四海之内，皆兄弟也”（《论语·颜渊》）。意思是说，内敬外恭，平等有礼，能促进人的交往和友谊。孟子也说：“恭敬之心，礼也”（《孟子·告子上》)。“守礼莫若敬”(《管子·心术下》)。我国礼仪经典《礼记·曲礼上》开宗明义第一句就强调“毋不敬”。如前所述,“礼”的本义无非就是“示敬”,礼貌、礼节、礼物,都必须是出于敬意的。“不敬则礼不行”(《左传·信公十一年》)。敬者,诚也。不论是一声问候,一次拜访,都要发自内心体现真诚的爱心和善良的道德情感,而绝不能口是心非。即使是一次真诚的注视,一席倾心的聆听,都是致敬之礼。正因为对意诚情笃的推崇,我们的先人往往很看重“礼”的由来和方式,以“敬”的成分之多少分辨礼物之贵重与否。所谓“千里送鹅毛,礼轻情意重”就是这个意思。

礼仪属于社会意识形态、上层建筑,它总是随着社会历史的发展变化而发展变化的。社会主义礼仪的实质除了“敬”这一共性以外,还有它特定的内容,这就是:平等待人,尊重他人,言行文雅,表里一致。社会主义礼仪的这种核心内容和基本特征是社会主义制度和人民根本利益的反映,也是社会主义的精神文明的内在要求。

(三)中外礼仪的渊源

古人有言:“中国有礼仪之大,故称夏,有服章之美,故称华。”古代华夏族正是以丰富的礼仪文化而受到周边其他民族的赞誉。早在孔子以前,已有夏礼、殷礼、周礼三代之礼,代代相沿,到周公时代的周礼,已比较完善。孔子是我国历史上第一位礼仪学专家,他把“礼”作为治国安邦的基础。他主张“为国以礼”,“克己复礼”,并积极倡导人们“约之以礼”,做“文质彬彬”的君子。孟子也重视“礼”,并把仁、义、礼、智作为基本道德规范,他还认为“辞让之心”和“恭敬之心”是礼的发端和核心。荀子则比孟子更重视礼。他著有《礼论》,论证了礼的起源和社会作用。他说:“礼者,人道之极也。”把礼看成做人的根本目的和最高理想,把识礼、循礼与否作为衡量人的贤愚和高低贵贱的尺度，因而他强调："人无礼则不生，事无礼则不成，国家无礼则不宁。"管仲则把礼看成人生的指导思想和维持国运的支柱。他说：礼义廉耻，国之四维，四维不张，国乃灭亡（《管子·卷一》）。从这些思想家的言论中，不难看出，礼仪是适应调节人际关系的需要而产生和发展的。

我国的古籍中有许多是论述礼仪的，其中《周礼》《仪礼》《礼记》等就是我国最重要的古典礼仪专著。我国古代"礼"的概念包含丰富的内容，大体可归结为三个层次：一是指整个社会的等级制度、法律规定和伦理规范的总称；二是着重指整个社会的道德规范，所谓"礼者，德之基也"，指的就是这种意义；三是礼仪、礼节仪式以及待人接物和处世之道也属于"礼"的一个重要方面。

在我国历史上流传的讲究礼仪的佳话不胜枚举，比如廉蔺之交、孔融让梨、张良纳履、范式重信、扬立中程门立雪、顾炎武谦逊敬贤等。正因为我国历来重视礼仪教育，所以使得我国优良的礼仪传统能世代相继并成为我国人民的传统美德。古圣先览之所以重视礼的教化，是因为礼止邪于未形，"使人日徙善远罪而不自知也，是以先王隆之也"（《礼记·经解》）。当然，古代礼仪中所夹杂的等级尊卑观念是必须摒除的，但是古代礼仪教育的思想和实践，仍然对我们有借鉴作用。

西方的文明史同样在很大程度上表现着人类对礼仪追求与演进的历史。人类为了维持与发展血缘亲情以外的各种人际关系，避免"格斗"或"战争"，逐步形成了各种与"格斗"、"战争"有关的动态礼仪。如为了表示自己手里没有武器，让对方感觉到自己投有恶意而创造了举手礼，后来演进为握手礼。为了表示自己的友好与尊重，愿在对方面前"丢盔卸甲"，于是创造了脱帽礼等。在古希腊的文献典籍中，如苏格拉底、柏拉图、亚里士多德等先哲的著述中，都有很多关于礼仪的论述。中世纪更是礼仪发展的鼎盛时代。文艺复兴以后，欧美的礼仪有了新的发展，从上层社会对遵循礼节的烦琐要求到20世纪中期对优美举止的关心，一直到适应社会平等关系的比较简单的礼仪规则。历史发展到今天，传统的礼仪文化不但没有随着市场经济发展和科技现代化而被抛弃，反而更加多姿多彩。国家有国家的礼制，民族有民族独特的礼仪习俗，各行各业都有自己的礼仪规范程式，国际上也有各国共同遵守的礼仪惯例等。有的国家和民族对不遵守礼仪规范者，还规定了一定的处罚规则，有的已把礼仪作为公民就业前的“入门课”，被企业录用的大学毕业生也必须先经过严格的礼仪训练，才能上岗工作。

应该说，西方当代许多的礼仪规则和惯例都可追溯到12世纪骑士制度中规定的行为准则。那时，主要由皇室、贵族和教士组成的一种新型上层社会阶层逐渐在法国南部的阿基坦地区形成。他们遵循一种新型的社会规范，逐渐发展起来影响了整个西欧。12世纪末的骑士精神提倡荣誉、忠诚、保护弱者、尊重值得敬佩的对手。这些居于上流社会的“绅士”成为源于中世纪和文艺复兴时期的宫廷礼仪的传承者，并根据自己礼仪的阐述从法国传播到英国和其他国家，后又被美国所接受。18世纪中叶以后，乔治·华盛顿有感于社会上礼仪的混乱，撰写了一本普及礼仪基本知识的《文明指南》，使美国社会的生活礼仪有了基本的遵循原则，也成为国际礼仪的一部分。在资本主义社会，随着生产力的提高，教育的普及，文化的发达，各种具有现代文明特色的交际礼仪已广泛地渗透到社会生活的方方面面。

从上述关于礼仪的含义及其源流的叙述中，我们可以清楚地看到：第一，礼仪是为维系和发展人际关系而产生的，并随着人际关系和其他社会关系的发展变化而发展变化的。它不仅是社会交往的产物，也是国际文化交流的产物。第二，礼仪是施礼者与受礼者的情感互动过程。正如《礼记·曲礼上》所云：“礼尚往来，往而不来，非礼也；来而不往，亦非礼也。”第三，礼仪是一种程序，有一定的套路，不是毫无联系的某些行为的堆积组合。第四，礼仪规范、程序是一定社会的人们约定俗成、共同认可的。第五，遵循礼仪是现代人文明行为的重要组成部分，是人际交往的重要手段和途径。

二、商务礼仪的含义及其功能

（一）商务礼仪的含义

商贸流通行业是社会经济活动的桥梁和纽带，与人民群众接触最直接，与生产企业和中介服务组织联系最紧密，经营活动最频繁、最开放；是推进社会文明进步的重要窗口。商务礼仪则是商贸服务行业的从业人员在经济活动中，用以塑造个人和企业良好形象，对交往对象表示尊敬与友好的规范与惯例，是一般礼仪在商务活动中的运用和体现。商务礼仪是社会礼仪的重要组成部分，但它又不同于一般的人际交往礼仪。商务经营活动是通过提供商品和劳务来满足消费者需求来实现的，服务是商贸服务企业经营活动的最终落脚点。消费者在购物和其他消费中，不仅得到物质上的满足，还要得到心理上的满足和人格上的尊重。因此，商务礼仪比一般的人际交往礼仪的内容更为丰富，它不仅以对顾客的尊重为基础，而且以提供质优价廉的商品和热情周到的服务来体现这种尊重。同一般的人际交往礼仪相比，商务礼仪有很强的规范性和可操作性，并且与企业的经济效益密切相关。

（二）商务礼仪的功能

1．塑造良好形象

“形象”一词的本意是一个人和企业（社会组织）在社会上所形成的公众印象，以及社会公众由此对其产生的看法和做出的总体评价。俗话说：“做好生意三件宝，人员门面信誉好。”即是说，做生意，一要营业员文明礼貌；二要门面好看，能吸引消费者；三要企业经营有信誉，美誉度高。其实，这里讲的就是个人形象和企业形象的问题。在商贸活动中，商贸企业的整体形象和从业人员的个体形象是密切相连的。良好的企业形象是企业的无形资产，而企业的整体形象则是由企业内员工的个体形象组成的，个体形象是整体形象的一部分。没有良好的企业员工的个体形象，就没有良好的商贸企业的整体形象。特别是零售业的营业人员工作在企业的第一线，直接与顾客打交道，商品和服务的价值最终要通过他们来实现。他们在经营活动中，不仅把商品出售给顾客，而且通过自己的仪表、言谈、举止等直观职业形象给顾客一个总体印象。从这个意义上可以说，营业人员是商贸企业形象的代表，又是商贸企业形象的塑造者和维护者。道行商务礼仪，可以充分展示商务人员良好的教养与优雅的风度，更好地向交往对象表示尊重与友好，给人留下良好的第一印象。

2．沟通有益信息

礼仪也是一种信息。营业人员悦目的仪表，得体的举止，文雅的言谈，甜美的微笑、亲切的招呼、有条不紊的服务程序，不仅表达对顾客的尊敬、友善之情，而且向顾客传递了一种可信度；对顾客产生一种无形而又巨大的吸引力。营业人员又是生产与消费的信息传递者，履行着引导生产。指导和满足消费的职责。在商品交易中，营业人员通过对商品知识的熟练介绍、宣传，一方面将商品出售给顾客；一方面直接观察和了解顾客对商品的真实态度、看法和要求，并将顾客对商品的意见及时地反馈给生产者，以改进生产，在商品从生产到消费的过程中发挥着重要的桥梁和纽带作用。然而这种作用的发挥是不能离开恰当的商务礼仪的。

3．协调人机关系

孔子云：“礼之用，和为贵”（《论语·学而》）。意思是说，礼的作用，在于遇事都做得恰当，使人际关系和谐为可贵。由于礼仪的基本原则是敬人律己，真诚友善，因而它能联络人们相互间的感情，架设友谊的桥梁，协调上下左右的人际关系，营造一个和谐友善的社会氛围；也有利于建立和发展人与人之间相互尊重和友好合作的新型关系。在商场，商务礼仪就是人际关系的润滑剂和调节器，即使人与人之间发生了某种不快、误会和碰撞时，通过一句礼貌用语，一个礼节形式，便会化干戈为玉帛，重新获得彼此的理解和尊重，初次相通的陌生人，只要礼节周全，也会成为一见如故的知心朋友。相反，即使是亲朋故旧，如果忽视必要的礼貌，也会变得疏远。唐人罗隐说："敬一人，则千万人悦；慢一人，则千万人怨。"（《两同书·敬慢第四》）新加坡前总理李光耀曾说："礼仪能导致良好的人际关系，而良好的人际关系又是提高生产力的要求。"可见，礼仪在协调人际关系、发展生产力方面的重要作用。

4．促进社会文明

《礼记·冠义》云："凡人之所以为人者，礼义也。"礼仪是人类社会脱离野蛮阶段，进入有序的文明社会的标志。在今天，礼仪更成为一个民族，一个国家文明程度的重要标志。商务礼仪是社会文明的重要组成部分，又是促进社会文明和提升个人素质的重要手段。遵守礼仪，应用礼仪，将有助于净化社会环境，提升个人乃至全社会的精神文明的水平。今天，作为推进社会文明进步的窗口的营业人员已不是传统意义上的"取货者"或售货员，而应是社会文明的传播者。他们用热情服务、礼貌待人的言行本身就影响着顾客，传播着文明，树立商店的形象。因此，所有的零售企业都不得低估营业人员在扩大销售和宣传社会文明的重要作用，当然也不得忽视对营业人员的职业道德和商务礼仪教育。

5．适应国际化的需要

随着我国加入 WTO，阔步走向世界的时候，礼貌、礼节、礼仪不仅是我国人民走向世界、与世界交往的名片，也成为投资环境、企业乃至国家形象的组成部分。作为我国公民，尤其是商贸窗口行业的从业人员，一方面要了解和掌握我国优秀的礼仪文化传统，在对外交往中，展示中国人民的精神风貌，加深与世界各国人民的友谊与交流。同时，也要广泛吸收各国的礼仪文化优秀成果，逐步形成一套与世界各国礼俗接轨的现代礼仪，以适应与世界扩大交往的需要。

三、如何践行商务礼仪

孔子曾言："礼仪三百，威仪三千"（《中庸》），说明礼仪名目之多。今天的礼仪细则也很纷繁，加上世界各国的礼仪习俗，更是五彩缤纷。为了学习、践行商务礼仪，有必要从宏观上掌握一些带普遍性、规律性的原则。

（一）敬人原则

尊敬人这是礼仪的情感基础。在我们的社会，人与人是平等的，尊敬长辈，尊敬客户，尊敬交往对象，这不但不是自我卑下的行为．反而是一种至高无上的礼仪。孟子有言："仁者爱人，有礼者敬人。爱人者人恒爱之，敬人者人恒敬人"（《离娄下》）。"人敬我一尺，我敬人一丈。"礼"的良性循环借助这样的机制而得以生生不已。当然，敬人原则本身包括自尊和敬人两个方面。只有尊敬别人，才能赢得别人的尊敬。

（二）自律原则

"礼者，所以正身也"（荀子·《修身》）。商务礼仪是人际交往中一种具有约束力的行为规范，遵循商务礼仪是少不了自我克制、自我约束的。自律就是严格按照一定的道德标准和商务礼节，规范自己的言行举止，"不失足于人，不失色于人，不失口于人"（《礼记·表记》）。在商务活动中，要坚持"宁可让人待己不公，也不可自己非礼待人"的原则（爱默生语）。

（三）真诚原则

古人云："著诚去伪，礼之径也"（《荀子·修身》）。人际交往中的品德因素，最重要的莫过于真诚二字。古人早就说过："凡人所以立身行己，应事接物，莫大乎诚敬。诚者何？不自欺不妄之谓也"（《朱子语类》）。礼仪是讲究"诚于中，形于外"的，心中有"礼"，然后言行才有"礼"。"交以诚接以礼，近者悦远者来。"以诚待人是人际交往得以延续和深化的保证，也是商务礼仪的基本准则，虚伪则是不得人心的。

（四）友善原则

友善是人际交往的道德规范，是一个人更好地融入社会的前提，当然也是现代商务礼仪的一个重要原则。友善待人，利群乐群，是中华民族的传统美德之一。法国启蒙思想家卢梭也说；"怀着善意的人，是不难于表达他对人的礼貌的。"友善是爱心的外化，一个人友善待人，人必友善待他，这样才能形成合力，成就事业。

（五）宽容原则

宽容是一种博大的胸怀，是人类的最高美德之一。人上一百，形形色色，金无足赤，人无完人。在人机交往中，人与人的思想感情可以沟通，但人与人之间由于经历、文化、修养等因素而产生的差异不可能消除，这就需要求同存异，相互容纳与宽容。多一分宽容，多一分和谐。所谓宽容就是对交往对象的人生观、价值观及个性差异等给予充分的理解和尊重。宽容是社会文明程度的标志，是消弭人与人之间紧张、误解等情况的良方，是社会和谐与安定的不可或缺的因素。因此联合国教科文组织以大会通过《宽容原则宣言》，并正式确定每年 11 月 16 日为"国际宽容日"。

（六）从俗原则

礼源于俗，礼与俗有密不可分的关系。《礼记·曲礼上》指出："人竟而问禁，入国而问俗，入门而问讳。"皆为尊敬主人之意，这也是社会交往和商务交往的一个原则。由于国情、民族、文化背景的不同，在人际交往中往往有"十里不同风、百里不同俗"的情况，这就要施礼者入乡随俗，与绝大多数人的礼俗保持一致。

（七）适度原则

明人洪应明的《菜根谭》有言："花看半开，酒饮微醉。"告诉我们"遇事要符合一定节度，无过无不及，做得恰当为可贵。"所谓适度就是要把握交往的分寸，注意感情适度、谈吐适度和举止适度。

（八）遵守原则

人们在交往应酬活动中，要有礼仪、礼节、礼貌意识，按约定俗成的礼节、仪式行事；否则，就是失礼、违礼、无礼，"无礼则手足无所措，耳目无所加，进退揖让无所制"（《孔子家语·论礼》），会给人们的声誉、人际关系和事业带来不堪设想的后果。所谓遵守，一是守法循礼，二是守约重诺。

一个人只要遵守公民基本道德规范，掌握并应用商务礼仪的上述原则，在人际交往活动中就有可能成为待人诚恳、据彬有礼的人，即使忽略了某些细节，别人也会谅解的。

第二节 商务人员的仪表风度

一、注重仪表

（一）何谓仪表

仪表就是人的外表，包括容貌、仪态、服饰、表情、谈吐等，它是一个人的精神面貌以及内在气质的外在表现。仪表是美的展示，仪表堂堂，风度翩翩，历来为人们所称道。人际间的初次交往，仪表是最能引人注意的，是构成交际“第一印象”的基本因素。所以，美国礼仪专家杰奎琳·惠特摩尔说：“出色的外表可以提高你的整体水平，就像包装礼物一样，你的外表越统一，你就越会给人留下积极的印象。”[①]

仪表美是一个综合概念，它包括三个层次的含义。一是指人的容貌、形体、体态等的协调优美，如体格健美匀称，五官端正秀丽，眼睛明亮有神，身体各部位比例协调，线条优美和谐，面部皮肤紧凑细腻，颜色红润有光泽。这些先天的生理因素是仪表美的基本条件。二是指经过修饰打扮及后天环境的影响形成的美。应该说，天生丽质这种幸运不是每个人能拥有的，但仪表美却是每个人都可以去追求和塑造的。三是指一个人纯朴高尚的内心世界和蓬勃向上的生命活力的外在体现。外在的仪表美要以内在的德行为本，有诚敬之心，才会有庄重、恭谨之色。

仪表美就是自然美、修饰美和心灵美三者的和谐统一，慧于中才能秀于外。可见美的仪表，不单是人的物质躯体的外壳，而且往往反映人的性格气质、思想感情、道德情操、文化修养乃至社会文明的发展程度。它既是一个人的“门面”，又是一个人内心世界和内在修养的显露。

仪表美的这三个层次，实际上就是人们通常说的内在美和外在美。一般来说，二者是密切联系的，外在美要受内在美的制约，而内在美则要通过外在美来显现，二者互为表里，相得益彰。但二者有时也不完全一致，外表美不一定内在美，外表丑更不一定内在丑，评价一个人关键是看其内在心灵而不是外表。宋代欧阳

① [美]杰奎琳·惠特摩尔：《最权威商务礼仪课》，石家庄：河北教育出版社，2008 年版。

修曾指出："君子之修身也，内正其心，外正其容而已"（《左氏辩》）。因此，仪表美同其他外在美一样，只有和内在美（思想品德，理想情操等）高度和谐统一，才能令人敬慕和向往。正如弗兰西斯·培根所言："应该把美的形貌与美的德行结合起来。这样，美才会放射出夺目的光辉"（《人生论·论美》）。

（二）商务人员修饰仪表的意义

在社交和商务活动中，仪表仍然是一个不容忽视的问题，它对于获得社交和事业的成功都有重要影响。

1．仪表能给人留下良好的第一印象

所谓第一印象是指人际交往中，一个人与陌生人见面时在很短时间内给对方形成的最初印象。第一印象对一个人形象的形成往往起着决定性的作用，形成某种心理定式，第一印象一旦形成，在一定时期内就很难改变。心理学家研究认为，人们往往根据第一印象对一个人的学识、涵养、性格等做出评价。所以，有人说，良好的第一印象是一张最好的社交通行证，也是最具有权威的介绍信。第一印象的形成主要来自视觉，即人的仪表。如悦人的仪容，得体的服饰，稳重的举止，谦和礼貌的谈吐，都能给人良好的第一印象。商务人员可运用晕轮效应，通过自己的仪表美、语言美、行为美来塑造美好的第一印象，以传达对自己、对他人、对社会的尊重，展示自己良好的职业气质、礼仪修养和工作作风。

2．仪表美是商务人员尊重自己尊重顾客的需要

端庄大方、整齐美观的仪表，反映一个人的精神风貌也是自尊自爱的表现。一个热爱生活、富于理想、作风严谨的人，应当是注重仪表的。相反，衣冠不整，不修边幅的人会给人留下作风拖沓、生活懒散、社会责任感不强的印象，难以得到别人的信任。在商务活动中，商务人员的良好仪表既能表现对顾客的尊重，又能体现商务人员的自尊自爱，给人一种安全感和可信赖感。

3．仪表美有利于满足顾客审美的需要，增强商场的竞争力

营销人员在商务活动中不仅销售商品，而且也传递着美。人们在购买商品时，需要美的商品，美的购物环境及营销人员美的微笑，美的仪表。为了满足顾客审美的需要，不少企业在美化购物环境的同时，对企业员工的仪容仪表都有明文规定，以便获得顾客的好感和信赖，从而增强商场的竞争力。

二、讲究风度

（一）何谓风度

风度是个雅词，它以独特的魅力吸引着人们，谁都希望自己具有儒雅的风度来获得人们的赞赏。那么何谓风度？按照《辞海》的解释：所谓风度是指人的美好的言谈、举止和姿态。风度虽然是通过人的音容、笑貌、谈吐举止和服饰打扮等外在形式表现出来的，但它却是人格魅力的辐射，内在气质的焕发，是一种可体味而难以言传的综合品格的体现。它融精神境界、道德风范、文化修养、才情趣味于一体，是一个人内慧外秀的统一。风度不仅具有道德意义，而且还具有审美意义。它不仅制约着一个人在交往对象心目中形成的印象，而且也制约着对方以何种方式对一个人做出反应。良好的风度能给人以力量、信心和美感，能引发人们对交际的向往，是导致交际和事业成功的重要因素。不同阶级、不同历史时代、不同民族和国家的人，对风度的理解是不同的。

（二）风度的养成

良好的风度是令人羡慕的，但它又是可以在长期的学习、训练和修养实践过程中逐步培养的。周恩来之所以具有为世人倾倒的优美风度，与他青少年时就注意自身的修养不无关系。他在天津南开学校就读时，曾将教学楼的《镜铭》作为自己的行为准则：“面必净，发必理，衣必整，纽必结。头容正，肩容平，胸容宽，

背容直。气象勿傲、勿暴、勿怠。颜色宜和、宜静、宜庄。”他从青年到晚年，一生都是面净、发整、衣挺、头正、肩平、身直、不傲、不暴、不怠，那种落落大方的举止、机敏智慧的谈吐、庄重亲切的风度，真可谓高山仰止，景行行止，是国人的楷模，大家的风范。

（三）营销人员仪表风度的影响作用

商业服务是通过营销人员与顾客之间的沟通与交往进行的。商品营销人员的仪表风度、礼貌行为直接影响商业服务质量，影响顾客的购物心理，以致影响企业形象及企业的经济效益。营业人员的形象是商业企业的主体形象，例如，营业人员良好的站姿，优美的走姿，规范的手势，可以体现营业人员的敬业精神和富有朝气的服务风格，能赢得消费者的信赖和好感。在柜台接待中，诸如取递、展示、包扎商品等能神情专注，动作干脆利落、轻柔文雅，可以体现营业员对消费者光顾的喜悦心情和欢迎态度，给消费者以亲切、热情的感觉。同样，在接待交谈中，谈吐的措辞、语速、语调和表情等，能够清晰准确、快慢适宜、谦雅得当，充满诚挚善意，富有感染力和说服力，可以充分显示出营业员的知识技能和文明素养，并由此协调买卖双方的关系，使消费者能从中获得物质与精神的双重享受。对营销人员仪容仪表规范的基本要求是什么呢？即精神饱满，仪表端庄，服饰整洁，大方得体。

三、修剪边幅

（一）头发修饰

头发位于人体的“制高点”，因此，修饰仪容也得从头发做起。

1．保持整洁

要保持头发的整洁就要勤于清洗，勤于修剪，勤于梳理，特别是在出门之前，换装之后和摘帽之后，要自觉梳理，但不宜当众梳理。

2. 长短适中

男士一般以短发为主，前发不覆额，阋发不掩耳，后发不及衣领，最好不留大鬓角，也不宜剃光，更不要蓄那种不男不女的“二混头”。

女士以长发为主，但也应视身高、年龄、职业而异。女士头发的长度应与身高成正比，也要与年龄相适应。商界女士的发式、发型要与工作环境相适应，头发不宜长过肩部，必要时应以盘发、束发作为变通。

3. 慎选发型

发型在一定程度上是时代的留影，也历来是人们审美趣味的中心。它既是保护和美化头部的能动因素，又是修饰面部审美格调的“重彩”。选择发型，总的原则是男性应讲究阳刚之美，女性崇尚阴柔之美。

（1）选择发型应与自己的年龄、体态相匹配

一般来说，苗条的姑娘宜选择较长的发型，如果发式过短，就更显瘦长；体型矮胖人，则以较短的发型为佳。少女应突出自然风韵之美，青年女性忌过分摩登，以维护纯情姿态；中年女性不宜留长发，以强调丽质端庄。颈部短的人，最好留短发或把头发梳成向上的发型；颈部缺陷明显者，可留长发遮盖。总之要遵守适应自己的原则。

（2）选择发型应与自己的身份、岗位、工作环境相适应

不同身份和不同岗位的人应有不同的发型。在商务场合，发型应当庄重、保守一些，不宜做爆炸式、朋克式、丐帮式的发型。不能盲目追求“流行就好，时尚就酷”，如果不管自己处于什么职位，都给头发染个时髦颜色，只会让职业形象大打折扣

（3）选择发型应与自己的头型、脸型相协调。

发型与脸型关系特别密切。人的脸型有长、方、圆、尖、鼓、凹、凸等。发型的好坏，关键在于对人的头型和脸型是否合适，

方脸型人要尽量用发型缩小脸部的宽度，颊两侧的头发要尽量垂直，以产生紧凑服贴感，使头部形态显得清秀些。长方脸型额头较高的，可把头发梳平些，刘海稍长，齐眉或将眉盖住，以缩短脸型的长度。菱形脸可用蓬松的刘海遮盖额部，使额角显宽一些，两颊宜用垂直发，腮两例尽量用大波卷使尖削的下巴柔和些。

总之，选择发型应根据自己的特点，扬长避短显美藏拙，而不要生搬硬套。

（4）美发得体

美发通常有护法、烫发、染发和佩戴假发、发饰、帽子等。不论采用哪种方法，都要根据本人的头型、脸型、发质和职业要求进行设计、剪修和制作发型。注意美观大方自然得体。中国人历来以一头黑发为美。假如自己的头发不够油黑，特别是早生华发成长有杂色头发，才有必要将其染黑。若是执意把自己的黑发染成黄、红、绿、蓝各色，甚至染成数色并存的彩色，则会与自己的身份不相符。对于窗口行业的员工都不宜染彩发。

（二）面容修饰

一个人的仪容主要是指人的五官在内的整个面容，它是人的仪表之首。美国有一句谚语说："当你同别人打交道时，他注意你的面部很正常。可他要是过多地去打量你身体上的其他部位，那就有一些不正常了。"修饰面容，首先要认真洗脸，使之干净、清爽、无油垢、无汗渍、无泪痕、无不洁之处。不仅早晨起床后要洗，午休后、用餐后、外出后，最好也再洗一次脸。修饰面容还要具体到服部、口部、鼻部和耳部，通过修饰，应使之洁净、卫生、简约、端庄。

1. 眼部修饰

"目又为一面之主。相人必相面，相面必相目"（清·李渔《闻情偶寄·声容部·眉眼》）。要经常注意眼部的洁净，及时清除眼角上的分泌物（"眼屎"）。

注意修眉。我们不提倡文眉，但可以进行必要的修剪。精心修剪的眉毛让整个脸部显得平衡、清晰。

2．口部修饰

口部除了口腔之外，还包括它的周边地带。口部修饰首先是要注意口腔卫生，坚持刷牙，防止产生异味。

其次，与人交往应酬前应禁用容易产生异味的食物，如葱、蒜、韭、虾酱、腐乳及烈酒、香烟等。必要时可含茶叶或口香液以除异味。

第三，剃须，修整边幅。男士最好坚持每天剃须，这样既令自己显得精明干练，又充满阳刚之气。如果“胡子拉碴”与人交往，往往印象不佳。

第四，护唇。即呵护自己的嘴唇，防止嘴唇开型、暴皮或生疮，还应避免唇边残留分泌物或其他异物。

3．鼻部修饰

修饰鼻部重在保养，鼻上及其周围若是生疮、暴皮、生出“黑头”，则影响美观。鼻部是面部的敏感区，保养的正确方法是不要乱挤、乱抠。清理鼻垢，应回避他人，宜用纸巾或手手帕悄然进行。还要注意及时修剪鼻毛。

4．耳部、颈部修饰

修饰耳部主要是及时清除牙垢和修剪耳毛。

颈部是人体容易显现一个人年龄的部位，是面容的自然延伸部分。也要同修饰脸部一样修饰脖颈，保持颈部皮肤的清洁，并加强颈部的运动与营养按摩，会使颈部皮肤绷紧，光洁动人。

（三）适度化妆

一个人的容貌，很大成分是人的学识、修养、心理等综合因素的外溢。倘若你具有高尚的品格和修养，有丰富的学识，健康的心态，那么，你的举止仪表就能让人体会到美感。当然，在商务活动中，商界从业人员进行适度的化妆还是必要的。化妆，顾名思义，就是为了扬长迎短，弥补容貌上的某些不足，使自己更加光彩照人。正如一副对联所云："十分容额，五分造化，五分妆成；两颊品貌，一半生成，一半饰成。"适度化妆，淡妆上岗，对于商界男女从业人员有重要功用。一是为了体现自己的敬业精神，塑造和维护所在企业的形象。二是为了体现自尊自信，增添个人的魅力。三是为了对交往对象表示尊重，更好地为顾客服务。在国际商务交往中尤其必要。

化妆原则

商业企业的女员工应遵循庄重、简洁、适度的淡妆原则。

（1）化妆应与皮肤、年龄相适应

皮肤有干性皮肤、油性皮肤和混合性皮肤之别，还有不同肤色之分，因而保养、化妆的方法也有所不同。有些女士皮肤白皙柔润，富于丽质之美，自然生出迷人之色，就不必再施珠粉，否则，易显得"妖艳"之弊。

（2）化妆的浓淡要与时间、场合相协调

化妆不仅应随季节的变换而变化，而且白天和晚妆亦有所不同。白天，在自然光下，一般女士略施粉贷即可：职业女性的工作妆也应以淡雅、清丽、自然为宜。参加晚间娱乐活动的女士则宜着浓妆。

社交妆宜雅。用优雅的淡妆、得体的着装、成熟的风韵、渊博的知识交相辉映，烘托出高雅的气质。

盛会妆宜浓。宴会、舞会大都安排在晚间，隆重热烈，不乏名媛淑女，竞相展示美。按照礼仪标准，要求浓妆艳抹，运用一切科学的化妆手段，使容貌明艳亮丽，光彩照人，这也是尊敬宾客的表现。由于厅内特殊而又有强烈的灯光照射，会使皮肤发青、灰暗，使花容失色。因此粉扑要厚，胭脂要重，唇膏要红，画眉要浓，眼线要明，睫影要显，塑造整体和谐美，并可薄施无色光亮涂层，以增强面部对光的适应性，使之更为妩媚鲜妍。

工作妆宜淡。庄重、简洁、适度，给人以素净雅致、自然大方的感觉。中央电视台“春节晚会”的女化妆师徐晶女士曾谈到化妆有三个境界：第一个是化外表，第二个是化个性，第三个就是化生命状态。这些见解对于商务人员工作妆的把握不无启迪。

（四）注意卫生

个人卫生是个人形象的基础。养成良好的卫生习惯是爱护自己、尊重他人和热爱生活的表现。

1．手部的保洁和修饰

手部被称为人的第二张脸，在待人接物中，手作为仪容的一部分，充当着友好的使者。手又常常露在服饰之外，比较容易受到细菌和污垢的感染。因此必须勤洗手。在哪些情况下应洗手呢？即除饭前便后应洗手外，外出回家应洗手，处理食物前应洗手，触摸公共物件如钱币、门把手、电梯按钮等后应洗手，打喷嚏、咳嗽后应洗手，需要用手触摸眼、鼻、口前应洗手，去医院探视病人后更应洗手。洗手的时间一般不少于 30 秒钟，而且要注意洗手方法：首先在水龙头下冲洗双手；其次擦上肥皂，搓出泡沫；双手交错互搓手心、手背、指甲直至手腕；再经水龙头冲洗干净；最后用干净的纸巾、手帕将手擦干或烘干。

从事食品经营的从业人员更应保持良好的个人卫生，做到勤洗手、勤剪指甲、勤换衣服、勤理发、勤洗澡。工作时应穿戴清洁的工作服，不留长指甲、不涂指甲油、不化妆、不抹香水、不戴耳环、戒指等装饰物。接触直接入口的食品时，手部应进行清洁并消毒，并使用经消毒的专用工具。

为了增添美感，对手部、手臂在注意清洁的同时也须进行必要的修饰，如勤剪指甲，不在指甲上涂饰彩妆，不外露腋毛。

2．下肢的清洁和修饰

在人际交往中，人们有“远看头，近看脚”的习惯。因此，对下肢也需保洁与修饰，避免“凤凰头、扫帚脚”的上下不相称的状况。

（1）保持下肢的清洁。为此，一要勤洗脚。二要勤换鞋袜。一般每天换洗一次袜子，才能避免脚臭。还要注意尽量不穿透气吸湿性差、易产生异味的袜子。对于鞋子，也要注意勤换和清洗、晾晒。

（2）下肢的适度掩饰。为了体现自己的文明程度，对于下肢的有关部位要进行适度掩饰和修饰。①不裸腿。男性光腿，往往会令他人对其“飞毛腿”产生反感；女性光腿则有卖弄性感之嫌。③不赤脚。在比较正式的场合．不允许充当“赤脚大仙”，也不宜赤脚穿鞋。这不仅是为了美观，而且也是一种礼貌。③不露趾、不显跟。在比较正式的场合，不能穿凉鞋和拖鞋，即使穿了袜子，露趾、显跟也有损自己的形象。④修剪脚趾甲并慎用彩妆，注意腿与脚的皮肤保养。夏天如穿裙子或短裤使双腿外露时，女士最好穿上深色而不透明的长袜。

3．注意全身卫生和生活卫生

（1）勤洗澡，勤换洗衣服，使自己干净卫生。古人把洗澡之事看得很重，称之为沐浴。沐为洗头，浴为洗身。古人祭祖拜神都要沐浴斋戒以示敬重。

（2）忌烟限酒。抽烟不但对身体有害，而且污染室内空气。现在一般交际场合，均不“敬烟”。即使自备香烟要吸，应礼貌地征得他人的允许，或自觉去指定吸烟扬所。酒也要限量，上岗前不饮烈性酒。

（3）消除口臭和体臭。上岗前，不吃洋葱、大蒜等发异味的东西，如有口臭，可漱口、吃薄荷糖或者饭后刷牙来解决，如有臭，可使用除臭剂或止汗剂。女士可再抹点香水，男士则可在脸上抹一些刮胡水成男性古龙水。

（4）不随地吐痰，不乱扔废弃物，进入地面干净的室内，也应先在门口踏擦鞋底或脱换拖鞋进入。

4．避免不雅行为

不在他人面前擤鼻涕、抠鼻孔、挖耳朵、搓泥垢、揩眼屎、剔牙齿、修指甲、打哈欠、搔痒、抠脚、挠头摸腮、抖动腿脚等。咳嗽、打喷嚏时，应用手帕掩住口鼻，面向一旁，避免发出大声。

四、端正仪态

仪态是泛指人们身体所呈现出的各种姿势，也叫仪姿、姿态。仪态美是一种极富磁力和感染力的美，它包括举止动作、神态表情和相对静止的体态。“站如松，坐如钟，行如风”，这是我国古人对人体姿势的要求。从仪态美角度来说也是适用的。不同的仪态显示人们不同的精神状态和文化教养，传递不同的信息。在人际交往中，用优美的姿态表达礼仪比用语言更让受礼者感到真实、美好和生动。所以，“肢体语言也是一个人整体形象的一部分”。

（一）良好的立姿

立姿，即站姿、站相。它是人们平时经常采用的一种静态造型，也是其他各种静态改动态的身体造型的基础和起点。

立姿的规范要求：

上体正直，头正目平，

收颊梗颈，挺胸收腹；

双臂下垂，立腰收臀；

嘴唇微闭，表情自然。

由于性别的差异，男性的立姿要稳健，所谓“站如松”，以显出男性刚毅、洒脱、舒展、大方的风采；女性的立姿要柔美，所谓“亭亭玉立”，以体现女性轻盈、妩媚、娴静、典雅的韵味。

在采取规范站姿时，男女除肃立姿势外，男性通常可采取双手相握、叠放于腹前的前腹式站姿（右手放在左手背上）；或将双手背于身后，然后相握的后背式站姿（右手放到左手手心上）。双脚可稍许叉开，与肩部同宽。女性的主要站姿为前腹式（左手轻轻叠放在右手背上)，但双腿要基本并拢，脚位应与服装相适应，穿紧身短裙.脚跟靠紧，脚掌分开呈“V”状或“Y”状（即“丁字步”)；穿礼服或旗袍，可双脚微分。

（二）端庄的坐姿

坐姿也是一种静态的身体造型，是人们在社交应酬和商务活动中采用最多的姿势。端庄优美的坐姿不仅给人以文雅、稳重、大方的感觉，而且也是展现自己气质和风度的重要形式。

学习坐姿时，要注意入座、坐定和离座几个环节。

1．入座规范

入座又称就座、落座，即人们坐到座位上的具体动作。在社交和公务场合入座要遵守：

讲究顺序，礼让尊长，

注意方位，从左入座，

背对座椅，落座轻稳。

2．坐定规范

与立姿一样，端庄优雅的坐姿也能表现出一个人的静态美感。坐姿的关键在于入座者下肢与上身体位的协调配合，尤其是双腿与双脚的摆法，坚持“坐勿箕”的原则。

坐姿的基本要求是端庄、大方、文雅、得体。具体来说就是：

上体正直，头部端正，

双目平视，两肩齐平，

下额微收，双手自然搭放。

在比较正式的场合，可以选取如下坐姿：

（1）正襟危坐式。适用于正规的场合，这种坐姿要求入座者上身与大腿、大腿与小腿均成直角，并使小腿与地面垂直，双膝双脚完全并拢。此式男女皆宜。在尊长面前不宜坐满椅面，只宜占 2/3 左右为宜。

（2）垂腿开膝式。其主要要求与前一种坐姿相同，只是双膝稍许分开，但不超过肩宽，此式多为男士所用。

（3）双脚交叉式。双膝并拢，然后双脚在踝部交叉，但不宜远伸。此式男女皆宜。

（4）双腿叠放式。双腿一上一下完全交叠在一起，叠放在上的那只脚的脚尖应垂向地面。双脚的置放视座椅高矮而定，可以垂放，亦可与地面呈 45 度角斜放。采用此种坐姿，切勿双手抱膝。此式适于穿短裙的女士。

（5）双腿斜放式。双脚并拢后，双脚同时向右侧成左侧斜放，并与地面形成 45 度左右的夹角，适用穿短裙的女士在较低的座椅就座。

（6）前伸后曲式。先将大腿并拢，然后向前伸出一条腿，同时把另外一条腿后曲。两脚脚掌着地，前后要保持在一条直线上。

4. 离座礼节

离座也应讲究礼貌：一要注意先后。身份高者先离座，身份同等可同时离座。二是起身轻稳。离开座位时动作要缓慢轻稳。三是自左离开。同入座一样，坚持“左入左出”，礼貌如一。四是站好再走。离座要自然稳当，右脚向后收半步，然后起立，起立后右脚与左脚并齐，再从容移步。站好再走是动作稳健的体现。

（三）优美的行姿

行姿是立姿的延续，是展现人的动态美的重要形式。无论是日常生活或公共场合，走姿都是“有目共睹”的肢体语言，往往能表现一个人的风度和韵味。人们走路的样子千姿百态，各不相同，给人的感觉也有很大的差别。

1. 规范的行姿

上身挺直，头正目平，

收腹立腰，摆臂自然，

步幅适度，步伐稳健，

步速均匀，走成直线。

正确的行姿可表现一个人朝气蓬勃，积极向上的精神状态。正确的行姿应以正确的立姿为基础。行走时，应上身挺直，头部端正，下颌微收，两肩齐平，挺胸、收腹、立腰，双目平视前方，精神饱满，表情自然。左脚走步时身体向前方微倾，走路要用腰力，身体重心要有意识地落在前脚掌上。行进时两脚应有节奏地交替落在虚拟的直线上，脚尖可微微分开，左脚前迈时，微向左前方送跨，右脚前迈时，微向右前方送跨，但送跨不明显。双肩平稳，以肩关节为轴，两臂前后自然协调摆动。

（四）得体的手势

手势是运用手指、手掌、拳头和手臂的动作变化，表达思想感情的一种体姿语。由于手是人体上最灵活自如的部位，所以手势是体姿语中最丰富、最有表现力的。

1. 手势的表意功能

（1）情意性手势。情意性手势常常用来表达强调说话人的某种思想感情、意向或态度，带有强烈的感情色彩。如高兴时拍手称快，焦急时搓手顿足，愤怒时拍案而起，悠闲时击节吟唱，激动时挽手挥拳等。又如掌心向上表示诚实谦逊、善意礼貌，掌心向下带有强制性和命令的意味。招手表示打招呼、请过来，举手表示赞同，摆手表示拒绝，叉手表示自信。再如手抚是爱、手指是怒（指用食指指人）、手楼是亲、手捧是敬、手遮是羞等。这些手势是说话人内在情感和态度的自然流露，往往给对方以鲜明深刻的印象。

（2）指示性手势。指示性手势用来指示具体对象和方向的手势动作。如用手指轻按自己的左胸口，表示谈论的是自己或与自己有关的事情；伸出一只手指向某一座位是示意对方在该处就座，如讲到“这、那、上、下”时用手示意，会使所指代的方位更明确。指示性手势还可以用来招向他人或某一事物，表示数目，指代谈论中的某一话题或观点等，它可以增强谈话内容的明确性和真切性。

（3）模拟性手势。模拟性手势是比画事物形象特征的手势动作。陈望道在《修辞学发凡》中说；“在视觉所不及的范围内的事物，便要应用描画的姿势来表示。”如抬起手臂比画某人的高矮，伸出拇指、食指比画某一本书的厚度，伸出双手模拟一个西瓜的大小和比画某一场合的情景等。通过模拟状物以引起对方的联想，给人一种具体明确的印象。

（4）象征性手势。象征性手势是表示抽象意念的一类手势动作。在我国竖起拇指表示称赞、夸奖；竖起小指表示贬低、蔑视；少先队员将右手举过头顶行队礼，象征人民的利益高于一切；成人入团入党，举起握成拳头的右手宣誓，表示庄严、忠诚和坚定等。这种手势能引起对方的思考和联想。

（5）礼仪性手势。礼仪性手势是在人际交往中用来对交往对象表示尊敬友好的手势动作。如拱手抱拳表示拜会祝贺，握手言欢，表示礼貌热情、友善与诚恳；携手并肩表示亲切友好；挥手目送表示依依惜别；鼓掌表示欢迎、赞扬与支持，双手合十表示问好祝安，还有挥手致意、举手敬礼等等。

人的体势也是一种交际语言。达·芬奇说过：“精神应该通过姿势和四肢的运动来表现。”人的体势倾向流露出人的态度，如上身前倾，表示热情有兴趣；微微欠身，表示谦恭有礼，昂首挺胸表示自负；卑躬屈膝表明谄媚低俗，身体后仰显得若无其事和轻慢，仰转身子表示厌恶和轻蔑，等等。

2．手势的运用原则

手势的运用不是孤立的，要恰如其分地表情达意，必须与人的眼神、面部表情密切配合，得心才能应手，“心有所想，手有所指”。凡是有较高文化修养、风度高雅的人，都很注意手势的运用。说话时，为了加强语气，强调内容，设计几个富有表现力的手势配合语言，以增强表达效果；或与人交谈时留心控制自己的双手，不随便乱动，以保持文雅的风度。因此手势的使用应注意以下几个原则。

（1）简约明确。易于被人看懂和接受，不可含混不清。

（2）动幅适度。动作轨迹柔和，一般来说，手势的活动范围大体有三个区域，肩部以上为高位手势，表达理想、希望、激昂等积极肯定的思想情感；肩部至腰部为中位手势，多表示叙事和说明等比较平静的思想；腰部以下为低位手势，多表示不屑、厌烦、失望等消极否定的意思。手势动幅过大、过多、过快，显得张扬浮躁，过小显得猥琐暧昧，手势生硬会使人敬畏疏远。

（3）自然得体。手势要服从内容表达的需要，服从对象、场合的需要，不要刻意模仿，以免妨碍自己真实情感的流露。

（4）和谐协调。即手势的动作要与整个面部表情、口语，乃至体势和谐一致，并要避免下意识的动作，如拍拍打打、推推搡搡、勾肩搭背或抚摸对方等。要注意不同国家、不同民族的手势的不同含义。

（5）避免不良手势。有的人在手势的运用上存在一些不良习惯。如兴奋时就忘乎所以，边讲话边打响指，遇到为难的事，就抓耳挠腮，与人谈话时，有边说话边挠痒的毛病；初见陌生人时，抓头发、玩饰物、掏鼻孔、剔牙齿、抬手看表。如此种种，都有损于人的职业形象和风度。

第三节　商务人员的服饰

美国著名演说家亨利·比彻曾说：“衣着和礼节不能够造就一个人，但是可以很大程度上提升一个人的形象。”服饰是一个人的仪表的重要组成部分。它不仅是无声的美感交际语言，而且使人体美更富于变化，更能强化人体美的魅力。雅致端庄的服饰，不仅反映一个人的品位、气质和自我尊严，也是尊重他人、具有礼仪修养的表现。商务人员的服饰应体现文明礼貌的职业形象，遵循着装规范，整洁大方，符合身份，体现个性和应时、应事、应境的原则。

一、商务人员的着装规范

服装的类型主要分为三类，即正式服装、职业装和休闲装。以下主要介绍可供商界男女从业人员在职业场合和社交场合穿着的西装、套裙、职业装、中山装和旗袍及其着装规范。

（一）庄重的西装

1．西装的选择

要挑选适于商务交往时穿着的西装，必须考虑面料、色彩、款式、造型、尺寸、做工等因素。

从西装的外观形状看，西装有欧式、英式、美式和日式四种造型（或板型）。这四种造型的西装各有特色：欧式洒脱大气，英式剪裁得体，美式宽大飘边，日式则贴身凝重。比较起来，英式与日式更适合中国人在比较正式的商务场合穿着，但选择时要考虑自己的体型。

西装有不同款式，按西装的件数分，西装有单件与套装之分：单件西装，即一件与裤子不配套的西装上衣，仅适于非正式场合，商界男士在商务交往中必须穿西装套装，故西装套装也称为商务套装。所谓套装，指的是上衣与裤子成套，其面料、色彩、款式一致。套装又分为两件套与三件套。前者为一衣一裤，后者为一衣一裤和一件背心。按传统看法，三件套西装比两件套更为正规。按西装上衣的纽扣数量分，西装上衣有单排扣与双排扣之别，前者比较传统，后者显得时尚。单排扣的西装上衣，常见的有一粒纽扣、两粒纽扣、三粒纽扣，两粒纽扣显得传统。双排扣西装上衣，最常见的有两粒、四粒和六粒纽扣。一般认为两粒、六粒的双排扣西装属于流行款式，而四粒的双排扣西装则具有传统风格。尺寸上，能令着装者大小合身，宽松适度为好。外套应长于臀部，袖子下端距大拇指为10厘米左右，裤子下端宜短于鞋根2～3厘米。

2．西装的着装规范

（1）熨烫平整，不卷不挽

穿在身上的西装要平整挺拔，干净爽洁。高档的西服大都采用天然纤维，穿过后因局部受张力而变形，必须让它适当“休息”，一件衣服最好不要连续穿两天以上，且应定期干洗、经常熨烫，正确悬挂。还要切记在穿前拆除袖口处的商标，以免见笑于人。西装的袖口和裤脚不应卷挽，以免给人粗俗之感。

（2）配好衬衫，少穿内衣

衬衫是穿西服的重点，一般一套西装配有两三件衬衣搭配。选择衬衫要注意其衣领、腰身长度合身。衬衣的大小以扣上领口扣子后，食指能上下自由插进为准。与西装为伍的衬衫领型多为方领，色彩为单一色，衬衫衣袖要露出西装袖口1厘米左右，以显出层次。衬衫衣领要高出西装衣领，以保护西装衣领，增加美感。不论在任何场合，衬衫的下摆务必塞进裤内，袖扣必须扣上。衬衫最好每天清洗，保持整洁而无皱折。特别是领子和袖口要干净。一般衬衫里面不要再穿较厚的棉毛衣衫，如天冷必须穿时，一般只能在衬衫外面再套一件西装背心或一件羊毛衫，以不显臃肿为度，且不要把领口和袖口露出来。不穿西装上衣，而直接穿着长袖衬衫打着领带去参加正式活动是不合礼仪规范的。

（3）系好领带，必穿皮鞋

领带是男士衣服品位和绅士风度的象征，凡在比较正式的场合，穿西装都需系领带。领带的系法有普通结（小结）、温莎结（大结）和小温莎结（中结）三种。领带的长度以其下端的大箭头抵达皮带扣的上端为佳，色彩和图纹一般以冷暖相间为好，而且要与自己的年龄、肤色、爱好相协调。领带夹一般在第四、五个扣之间。如衬衫外再穿马夹或绒线衫，则需将领带置于其间，正式隆重场合要系黑领结或白领结。非正式场合可以不打领带，但应把衬衣领扣解开，以示休闲洒脱。简易领带，如“一拉得”、一挂得”领带（懒人领带）等，均不适合在正式的商务活动中使用。

按照“西装革履”的要求，穿西装应配黑色系牛皮鞋，并保持鞋面的清洁光亮。参加重大商务特别是涉外活动前一定要擦皮鞋，这是对宾客的尊重。布鞋、旅游鞋或长筒靴等不宜在正式场合穿用。与皮鞋配套的袜子应为深色的纯棉毛制品，忌穿白色袜。袜子要勤洗，一天一换。

（4）巧系纽扣，少装东西

在正式场合站立时一般应将西装上衣的纽扣系上，就座时将扣解开。如系双排扣西装，应将纽扣一一扣上，亦可只扣上面一粒，表示轻松、时髦，但不可不扣。单排两粒扣西装扣子全部不扣表示随意、轻松，扣上面一粒表示郑重，全扣表示无知；单排三粒扣西装，扣子全部不扣表示随意、轻松，只扣中间一粒或上边两粒，表示正式和郑重，全扣表示无知。有人说，单排扣西服“扣上粒，为正式，两粒都扣显土气；一粒不扣是潇洒，只扣下粒太俗气。”西裤作为西装整体的另一主要部分，要与上装互相协调，以构成和谐的整体。西裤长度以接触脚背为宜，裤腰大小以合扣后插入一掌为标准。西裤穿着时，裤扣要扣，拉锁要全部拉严。

西服有两件套和三件套之分，三件套则有 14 个口袋，但无论哪种西服，其口袋应不装或少装东西。外侧左胸袋可放置装饰性手帕；外侧下方的两口袋也不宜放任何东西，内侧左右的胸袋可放钢笔、钱包或名片夹，但不宜放过厚的东西，以保持胸部的平挺。三件套背心的四个口袋用来放名贵的小东西，西裤的左右插袋，用作插手保暖，两个袋可放实用性手帕，但不宜放成串的钥匙，以保持裤型的美观。

（5）讲究“三色原则”，遵循“三一定律”

商界男士穿着西装时，还必须讲究“三色原则”，即着装后全身色彩必须限制在三种之内，最好是深色西装，白色衬衫，黑色皮鞋与丝袜。女士首装亦应讲究三色原则，否则就会失之于庄重和保守。

三一定律的含义是指商界男士穿着西服、套装外出时，身上有三个部位的色彩必须协调统一，这三个部位是指皮鞋、腰带、公文包的色彩必须保持一致，理想的选择是皮鞋、腰带、公文包均为黑色，才能体现着装者的整体美并提升其品位。

（二）端庄的套裙

西装套裙简称套裙，是女士在正式场合常穿的服装之一，它把男士潇洒、刚健的西装上衣与女士柔美、雅致的裙子结合在一起，刚柔相济、相得益彰，顿显白领丽人所独具的神秘韵味，使之显得优雅、文静、娇柔与妩媚。所以有人曾说：“穿着套裙，可以马上让一位职业女性显得与众不同，并且能够恰如其分地展示她的认真的工作态度和温婉的女性美。”

1. 套裙的着装规范

着西装套裙也要把握着装规范。

（1）大小适度，穿着到位

套裙中的上衣最短可以齐腰，裙子最长可以达到小腿中部，袖长以盖住着装者的手腕为宜。无论上衣和裙子都“度形而衣”，不可过于肥大或包身。着套裙时要认真穿好，处处到位，上衣不能披在或搭在身上，裙子要穿得端端正正，上下对齐，纽扣系好，裙子拉锁拉好。

（2）搭配适当，装饰协调

与套裙配套的衬衫，面料要轻薄柔软，色彩应雅致端庄，以单色为宜。衬衫的色彩与所穿套裙的色彩要互相般配，形成深浅对比，或外深内浅，或外浅内深。衬衫下摆掖入衬裙腰与套裙腰之间。高层次的穿着打扮，讲究的是着装、化妆与佩饰风格的统一。白领丽人以淡妆为宜，佩饰以少为佳，合乎身份。少至不戴，至多不超过三件。浓妆艳抹、珠光宝气就破坏了整体和谐。

（3）内衣忌露，鞋袜得体

女士内衣包括胸罩、内裤、腹带、连体衣、衬裙等。按服饰礼仪要求，内衣不准外露、不准外透，衬裙不可高于套裙的裙腰。

鞋以黑色高跟或半高跟的牛皮鞋为佳，抹以肉色、浅棕、浅灰色的尼龙丝袜或羊毛高筒袜或连裤袜为宜。鞋袜应大小相宜完好无损，袜口不可暴露于外。为保持“腿部景致”和“足部风光”，三截腿（即穿半截袜子霹出腿肚，致使裙子一截、袜子一截、腿肚子一截）和光脚都是不允许的。

（4）兼顾举止，优雅稳重

着装者应注意自己的仪态，站则亭亭玉立，坐则优雅端庄，行则轻盈流杨。由于裙摆所限，穿套装时应以小碎步疾行。行进之中，步子以轻、稳为佳，不可走得“通通”直响。

此外，还应注意：宽臀的女性应该确保上衣足够长，可以遮住臀部，使线条苗条一些；臀部很窄的女性也不可穿短上衣，长外套适合腿型修长的高个女性。

2．其他裙装着装规范

除套裙之外，还有异彩纷呈的各式裙装。如连衣裙、百褶裙、旗袍裙、开衩裙、“A”字裙、喇叭裙、一步裙、围裹裙、直筒裙等，其中连衣裙由于它紧身、合体，更能展现女性婀娜多姿的体态，又具有显美藏拙功能，被视为女夏装的“皇后”，深受女性的欢迎。

连衣裙又有直身裙、春秋裙、衬衫裙、旗袍式连衣裙等多种款式，不仅可作公务场合的正式服装，也可作社交场合的礼服。

（三）敬业的职业装

从广义上说，职业装就是在职业场合穿着的正装，适合于职业场合的服装款式有：西装、套裙、制服、工作服等。不适合职业场合的服装款式是：牛仔装、运动装、沙滩装等。

1．职业装的种类

（1）职业制服

所谓制服，指的就是上班族在其工作岗位上按照规定所必须穿着的，由其所在单位统一制作下发的面料、色彩、款式整齐划一的服装[①]。不同的职业往往有不同特征的制服。商业制服是指由一个企业统一制作，并要求某一部门，某一个职级的公司员工统一穿着的服装。制服是最为正规的正装，因而在穿着上不允许制便混穿。它体现着自己所在企业的形象，反映着企业的规范化程度。

（2）职业工装

职业工装是以满足人们工作、护身需要来进行外形与结构设计，履行保护、安全及卫生作业使用功能的服装。

（3）自选的正装

有些单位或企业没有制作统一的制服或工装。也未对其从业人员上岗时身着的正装做出统一规定，而由其从业人员根据个人特点、偏好，在一定范围内自行选择的正装，商务西装、套裙、中山装、旗袍、连衣裙等。

2．职业装的着装要求

职业装除了要求面料高档、制作精良而外，在穿着上要特别注意以下两点。

（1）外观整齐清洁

商务人员穿着职业装首先是整齐合身，袖长至手腕，裤长至

---

① 金正昆：《商务礼仪教程》，北京：中国人民大学出版社，2005 年版，第 154 页。

脚面，裙长及膝或过膝，不拽袖，不卷裤。不漏扣，不掉扣；领带、领结与衬衫领口要吻合紧凑且不系歪；如有工号牌或胸卡（证），要佩戴在左胸正上方。从事食品销售、食品加工等岗位工作的员工，还要佩戴专用合格的工作帽、口罩、手套，不得佩戴任何饰物，并符合《食品安全法》的规定。其次要干净整洁，随赃随换。忌穿布满折皱、出现残破、遍布污渍、沾有脏物、充斥体味、异味的服装，因为装着整洁体现职业人的素质。

（2）着装文明高雅

服装是无声的语言，得体的衣着体现一个人的精神风貌与工作态度，表达对他人的尊重。商务工作向来以严谨、正规、保守著称，故商务人员着装不仅要美观，而且要文明高雅，不落俗套，不失身份。商务人员着装时，按照商务礼仪的要求，要注意四大禁忌：即忌露、忌透、忌短、忌紧，在工作场合，凡是有碍庄重、有碍观瞻、反映性别特征的部位如胸部、腹部、背部、腋下、大腿部不得外露。在特别正式的场合，脚趾与脚跟也不得裸露，以体现对他人的尊重和自尊。

（四）稳健的中山装

中山装是我国近现代的民族服装，一般为上下装同质同色的黑色或深蓝色的毛料精制。内穿白衬衣，着黑色皮鞋。穿中山装显得庄重、大方、稳健，富有中国气派，适合于出席各种外交、社交及商务场合。

中山装源自孙中山先生将清代官服的领衣（翻折型）用于日式学生装上，早期为九纽，胖裥袋。1929 年，国民党制订宪法时，曾规定特、简、荐、委四级文官宣誓就职时一律穿中山装，以示奉先生之法。依据国之四维（礼、义、廉、耻）而确定前襟为四个口袋；依据国民党区别于西方国家三权分立的五权分立（行政、立法、司法、考试、监察）而确定前襟为五个纽扣；依据三民主义（民族、民权、民生）而确定袖口必须为三粒扣子等。这以后，中山装逐步成熟成为礼服。穿中山装时，应将上衣的前门襟、风纪扣、袋盖扣全部扣好，裤门上的扣子更应扣好。口袋内不宜放置杂物，以保持平整挺括。在公众场合，不得卷挽衣服的袖管或裤管。着中山装可以穿擦亮的黑色皮鞋，亦可穿洗净的布鞋。

（五）典雅的旗袍

旗袍是我国妇女独有的传统服装，因为最初为满族即“旗人”的装束，故称为旗袍。清顺治以后传入中原，辛亥革命后从北到南，流行全国，1929 年并为当时的国民政府的条例所确认。这样旗袍就成为我国女性的“国服”和最高档的礼服。它线条简洁流畅、贴身合体、美观大方、舒适飘逸，能很好地表现女性柔美的身体曲线，让人显得高雅、端庄，一直被视为东方女装的代表而在国际上享有很高的声誉。

旗袍结构简单，穿着方便，实用性很强。低档面料可以做便装旗袍，作居家常服；高档面料可以做礼服旗袍，作为高级礼服。它适合于不同季节、不同年龄的女性穿着，因此它被赞誉为老少皆宜、雅俗共赏的理想服装。但让酒店的服务员身着旗袍给顾客端菜送汤，抹桌子搞卫生，既行动不便，又不得体。用旗袍当工作服这就降低了旗袍的品位。

当然，作为礼服的旗袍，最好是单一的颜色，面料以典雅华丽、柔美挺拔的织锦缎、古香缎和金丝绒为佳。在隆重正式场合，旗袍长度最好达到穿着者的脚背；开衩的高度，原则上应在膝盖以上、大腿中部以下，穿旗袍可配高跟或半高跟皮鞋，亦可穿面料高级、制作考究的布鞋。穿旗袍也要有一定的环境和氛围，手的动作不能太大太随意，走路也不能太快，步子不能太大。

在参与涉外活动时，应注意某些国家对一些图案和色彩的特殊禁忌。如英国人忌讳百合花、法国人忌讳菊花、日本人忌讳荷花与绿色、阿拉伯人讨厌熊猫等；又如埃塞俄比亚人忌讳黄色、比利时人诅咒蓝色、巴西人忌讳紫色，因此不应穿着带有这些花卉、动物图案与色彩的旗袍去与有关国家人士应酬。

应该肯定，任何一个民族都有自己独特的审美习惯和特定的民族服装。一直到今天中山装和旗袍都是东方服装和西洋服饰的融合典范。它展现了中国民族服装强大的生命力和艺术感染力。

二、服装色彩与搭配

（一）色彩的象征意义

有了色彩，世界才有生气，服装才有如此绚丽多姿。俗话说："衣服是穿给别人看的"，别人看什么呢？首先是看色彩，其次才看款式、质地和线条。色彩是人类生活中的美神，它具有多重感情意义，并能直接表达人们的情趣爱好与格调，因而人们在穿着上总是选择那些既适合自己心意，又能表达自己情思的色彩、图案的服装。因为不同的色彩有不同的象征意义，也有不同的礼仪效应。

红色象征热烈、活泼与浪漫，它使穿着者更显朝气与活力，开朗外向的人常常穿红色。

黄色是亮度最高的色，黄色有着太阳般的光辉和金色的光芒，因此它是庄重、华贵和权威的象征。

蓝色给人以高远、清新、深邃之感，使人联想起蓝天、海洋，它象征着宁静、深远与永恒，它是大多数人喜欢的颜色。

绿色是青春生命的象征。黄绿、蓝绿与含灰的绿色能使穿着者更显年青、豁达与宁静。

橙色具有健康、温暖、幸福的象征意义，是一种明快、富丽的色彩。

紫色给人以华贵、典雅、娇艳和忧郁之感，是高贵和财富的象征。在古代中国，紫色被定为一、二、三品官服的颜色。

白色是纯洁、高尚、坦荡的象征。按中国传统，白色为丧服色，而在欧美，白色却表示爱情的纯洁和坚贞。

黑色是一种庄重、肃穆的色彩，它既象征严肃、庄重与高雅，在西方上层社会的男性穿着中颇受重视，但黑色又是悲哀、恐怖与暗淡的象征。

灰色象征庄重，大方与朴实，是一种彻底的中性色彩，本性随和。

色彩不仅能给人以不同的联想，有不同的象征意义，而且从色相上能让人产生冷暖、扩缩、轻重的感觉。如红、黄、橙等颜色能给人以温暖的感觉，故称为暖色。蓝、绿、紫、黑等颜色则往往给人降温变冷的感觉，故称为冷色。白色、灰色则为中性色。于是人们利用这种联想，喜欢在冬天穿戴暖色调服饰，在夏天穿戴冷色调服饰。又如，暖色色调的服饰具有扩散的感觉，冷色色调服饰具有收缩后退的感觉。因此，体形瘦小的人们喜欢穿戴色彩明度较高的浅色服饰以显得高大丰满；而体形肥胖的人们乐于选用色彩明度较低的深色服饰以显得苗条。再如，明度高的色彩使人产生轻感和上升感，明度低的色彩则使人产生重感和下垂感。因此，年轻人常用上深下浅的服装颜色搭配，给人以活泼、轻松、飘逸的动感；中老年人则在服装颜色搭配上多采用上浅下深，给人以稳重、坚实、沉着的静感。

（二）服饰色彩的搭配

1. 同色系服饰搭配

这是运用同一色系中各种明度不同的色彩进行搭配。假定你选用灰色系的色彩将自己的外套、套裙和衬衫进行搭配与组合，你可采用“由深入浅”的方法，即外套选深灰色、套裙选中灰色、衬衫选浅灰色或者反过来亦可采取“由浅入深”的搭配方法。又如浅灰色上衣与深灰色的裤子相配也属同色搭配。在同色系搭配中应注意同色系中深浅程度的颜色之间的衔接与过渡，应力求自然、平稳，避免生硬。运用同色搭配，意在简洁的配色中创造一种和谐的美感。“色彩要少，款式要新”，这是世人公认的服饰高品位的一个标志。

2．相似色服饰搭配

这是用色谱上相邻的颜色进行搭配的方法。如红配黄、黄配绿、绿配蓝、白配灰等。运用相近的色彩配色，自由度比较大，但只要匠心独运，就会使我们身上的服饰颜色既丰富多彩，又柔和协调。运用相近的色彩搭配，应遵守服饰礼仪的“三色原则”，因为从视觉上讲，服饰的色彩在三种以内较好搭配而且比较协调，否则就会显得杂乱无章。

3．对比色服饰搭配

各种色彩都有与之相对应的色彩，如红与蓝、黄与蓝、黄与紫、绿与紫、黑与白等，都是常见的对比色。从本质上讲，一对对比色实际上是由两种相互排斥的色彩组成的。如运用得当，可以相映生辉，给人以清新、明快，耳目一新的感觉。如当你穿上一件黑色的真丝旗袍，再配以洁白的珍珠项链或白色的钻石胸针时，你所佩戴的白色首饰就会更加醒目，更加迷人。

4．主色调服饰搭配

这种配色方法首先要决定整套服饰的基调是冷还是暖，其次选择某一色做主色。主色应与整套服饰的基调一致。暖色调的服饰，主色应选暖色；以冷色为基调的服饰，主色应选冷色。主色在整套服饰中，应占较大比例的面积，或占较重要的位置。第三步再选择辅色，但大部辅色要与基调的冷暖性质相同。

上述四种方法只是服饰色彩搭配的基本方法，在服装制作和选择中可以根据需要和可能，派生出许多其他搭配方法。但无论采用哪种方法都应掌握一个基本原则：协调。协调会增添服饰美的魅力。要想协调，一要避免颜色太多太杂，颜色多就不易协调；

二要避免装饰品太多、太繁。选择服饰色彩还要与人的年龄、肤色、体型和发型等结合起来，并协调一致。

三、饰品的佩戴

(一) 首饰

首饰泛指宝石、戒指、耳环、项链、胸针及其挂件、手镯、足链等饰物，它是服装美感的一种延伸。穿一套美观、新颖、得体的服装，如果再适当佩戴符合身份、雅而不俗的项链、耳环，便会锦上添花，倍增风采。首饰是一种无声的语言，能在一定程度上体现佩戴者的阅历、教养和审美情趣；也是一种有意的暗示，人们可以借此了解佩戴者的身份、财富和婚恋信息。因此，在社交场合，人们选用和佩戴首饰，就不得不注意选用规则和佩戴礼节，略知“首饰语言”，遵守以少为佳、同质同色、符合身份和传统习俗的原则。作为商务人员还要讲究“首饰三不戴”的原则，即碍于工作的、炫耀财富的、突出性别的首饰不戴。

1. 戒指

戒指通常应戴于左手。戒指戴在不同的手指上所传递的语意是不同的。戴在食指上的戒指表示无偶尔寻求恋爱对象或求婚的意向；戴在中指上表示正在恋爱之中；戴在无名指上，表示名花有主，佩戴者业已订婚或结婚；而戴在小指上，则暗示自己是独身主义者，将终身不嫁（娶），拇指通常不戴戒指。修女的戒指则戴在右手无名指上，意味着她已把爱献给了上帝。戴白纱手套时戴戒指，应戴于其内，只有新娘不受此限制。钻戒是最正规的结婚戒指，它不能用合金制造，必须用纯金、白金或银制成，再镶以贵重的钻石宝石，以表示爱情的纯洁珍贵。在商界，除餐饮、食品销售部门的从业人员外，一艇商务人员皆可佩戴一枚戒指，对男士而言，戒指是在工作岗位上唯一被允许佩戴的饰品（结婚戒指戴于右手无名指，图章戒指戴于左手小指）。

2．项链

佩戴项链有悠久的历史，考古发现的山顶洞人的遗物中，就有用动物牙齿和贝壳经染色串成链状的化石。项链男女均可佩戴，但仅限一条，且男士所戴的项链一般不外露。戴项链应考虑脖子的长短、粗细，因人而异。如脖子粗短则宜戴长而细的款式，脖子细长则应戴短而粗的款式。在工作岗位上，一般允许女性商业服务人员佩戴项链。

3．手镯和手链

戴手镯与手链的规矩相似。一般已婚者戴在左手腕或左右两手腕同时佩戴；如仅在右手腕佩戴，表示自己是自由不羁的人。在一只手戴多条手链，或双手同时戴手链，手链与手镯同时佩戴是不适宜的；手镯、手链也不能与手表同戴于一只手上。如果手腕、手臂不太漂亮，则要慎戴手镯与手链，不然反而暴露自己的短处。商务人员在工作岗位上不宜佩戴手镯与手链。

4．耳环

耳环仅为女性所用，并要成对佩戴。耳环的选用与佩戴要与自己的脸型相协调。根据视错觉原理，人的视线左右移动时，会产生宽度感，而视线做上下移动时，会有纵长感。因此，长脸形宜佩戴浅色的大耳环、贴耳式耳环、短坠耳环，有利于人们对长脸形印象的改变。因为浅色在人的色彩心理感觉上有扩张感。而圆脸形则宜佩戴有坠耳环，可以利用耳环的垂挂所形成的纵长度，使圆脸的外轮廓有所改变。耳环是最能显示女性魅力的饰物，因此女性商务人员在工作岗位上不宜佩戴。

5．耳钉

耳钉多是戴在耳垂上的钉状饰物。与耳环相比，耳钉小巧而含蓄，故在一般情况下，允许女性商务人员佩戴耳钉。

总之，商务人员佩戴饰物时，要坚持以少为佳，一般不宜超过两个品种，穿制服时，一般不宜佩戴任何饰物。

（二）手表、钢笔和皮革制品

手表被称为男人的首饰，在西方世界，手表、钢笔与打火机曾一度被称为成年男子的“三件宝”，并看成是身份的象征。在商务和社交活动中，男士戴的手表，虽不一定是名牌，但要做工精、走时准，造型庄重保守的机械表，避免怪异、新翻或广告表、卡通表。

钢笔似乎显示一个人的身份和尊严，尽管笔的种类繁多，但男士对传统钢笔依然难舍。作为商务人员在正式场合要同时携带两支钢笔，且要墨水充足，置于公文包、上衣口袋等适当之处。

在商界，有“男人看表”，“女人看包”之说。这里指的皮革制品主要指皮包、皮夹和皮带。这些皮革制品对商务人员而言不仅具有实用功能，且有装饰功能。因此，要注意质地，选用牛皮、羊皮制品；颜色以黑色与棕色为佳，且要做工精良和选择品牌。皮包不仅有实用功能，而且有装饰作用，使男女士平添几分风韵。女士皮包有肩挂式、手拿式、手提式、双肩背式等。但不论提着、挎着、握着都要注意端庄、大方。如手提包应套在手上，不应拎在手里担来摆去。在商务场合还是选用肩挂式为宜，皮包的颜色要与自己的服装和所处的场合气氛相协调。皮包大小也要与自己的体型相协调。男士的公文包以深褐色和棕色为宜，不宜用黑色和灰色的。公文包中要准备钢笔、记事本或散页纸、电话本、计算器，但也不能塞得鼓鼓囊囊，且要注意分类和精简内容。

第四节 商务人员的谈吐和表情

列宁说：“语言是人类最重要的交际工具。”这里说的语言包括“声音语”、“态势语”和“文字语”。本节讲的谈吐表情，实际上就是讲的“声音语”和“态势语”。“言为心声，语为人镜”。谈吐是有声语言，表达的是人的心声；表情则是无声语言，是人的内心情感的外现。前者有声，后者有形，形声兼备，相辅相成，共同表现出一个人的生活阅历、学识修养和心态人格，当然也是塑造个人形象的重要内容。

一、礼貌谈吐

在商务活动中，人际情感的沟通，很大程度上取决于交际者的语言谈吐能力。因此，美国前哈佛大学校长伊立特曾指出，“在造就一个有教养的人的教育中，有一种训练必不可少，那就是优美、高雅的谈吐。”

（一）出言以礼

古人云：“做事不以礼，弗之敬矣；出言不以礼，弗之信矣。故曰：礼也者，物之致也”（《礼记·礼器》）。意思是说，做事不按照礼是不恭敬的，说话不符合礼是不可信的。因此说，礼是一切事物的准则。俄国哲学家、作家赫尔琴也曾说：“生活里最重要的是有礼貌。它比最高的智慧，比一切学识都重要。”谈吐是人们交流思想、传递信息、增进了解、建立友谊和进行工作的重要形式。对于有健全发声系统的人们来讲，谈话虽然人人都会，但却有文野雅俗之别。怎样使自己的言谈文雅动听，入情入礼呢？

1. 多用敬辞谦辞

（1）常用敬辞。在商务场合，为了表达对对方的敬重之情，在口头交谈中，应多使用敬辞尊称。常用的敬辞，除“令”字以外，可用一句话来表达：高贵宝玉大贤尊。这七个词多是尊称他人或与他人有关的事：高——如高姓、高见、高论、高就、高足、高寿、高手、高明等；贵——如贵姓、贵号、贵眷、贵庚、贵体、贵方、贵地、贵府、贵校、贵厂、贵公司、贵社、贵报、贵刊、高抬贵手等；宝——敬称佛、道教以及与他人有关的事物，如宝座、宝训、宝刹、宝殿、宝地、宝店、宝号等；玉——敬称对方的身体、仪容和言行等，如玉容、玉颜、玉体、玉音、玉貌、玉度等；大——如大名、大号、大驾、大人、大师、大作、大札等；贤——用于平辈和晚辈，如贤内助、贤兄、贤弟、贤妹、贤婿、贤侄等；尊——如尊驾、尊容、尊言、尊口、尊意、尊公、尊翁、尊堂、尊萱、尊亲、尊兄、尊夫人、尊嫂、尊字、尊号、尊姓大名、尊处、尊府等。

此外，尚有“老”、“您”、“君”、“公”、“先生”、“阁下”等。含有敬意的敬辞还有“敬”、“送”、“恭”、“奉”、“拜”等。

（2）常用谦辞。古人云：“礼貌卑下，言词谦恭，所谓敬也”（南宋·袁采《袁氏世范》）。谦辞，是向人表示谦恭和自谦的一种礼貌用语，其特点是“卑己而敬人”（《礼记·表记》）。常用谦辞除“家舍”以外，也可用一句话来表达：敝卑小鄙愚拙寒。这七个词多是谦称自己或与自己有关的事：敝——如敝人、敝姓、敝处、敝校等；卑——卑人、卑职、卑使、卑意等；小——小可、小弟、小侄、小妇、小妹、小儿、小女、小婿、妾妄等；鄙——谦称自己，如鄙人、鄙意、鄙见等；愚——如愚兄、愚师、愚见等；拙——多用于谦称自己的论著、见解，如拙作、拙著、拙译、拙见、拙笔、拙刊等；寒——如寒舍、寒门、寒斋、寒生（读书人谦称）、寒荆、寒族等。

此外，文人雅士在长者面前则谦称“晚生”、“晚学”、“后学”、“末学”；老年人有时则谦称“老夫”、“老朽”、“老身”等。

（3）内谦外敬的七字诀。谦辞和敬辞是一个问题的两个方面。前者对内，后者对外，内谦外敬，礼仪自行。这个七字诀就是家大舍小令外人。先说“家”。“家”是在他人面前谦辞自己亲属中的长辈或年长的同辈的谦辞，如在他人面前谦称自己的祖父为“家祖”、“家公”，谦称自己的父亲为“家父”、“家严”、“家尊”、“家君”、“家大人”，谦称母亲为“家母”、“家慈”、“家夫人”，谦称岳母为“家岳母”，谦称伯父、叔父为“家伯”、“家叔”，谦称自己的姑姑、舅舅为“家姑”、“家舅”，谦称自己的兄、嫂、姐、姐夫为“家兄”、“家嫂”、“家姐”、“家姐夫”等。

其次说“舍”。“舍”本来是房屋的意思，如说“茅屋草舍”、“寒舍”都是自谦之词。“舍”是在他人面前谦称自己的家或比自己年龄小的同辈、晚辈的谦辞，如谦称自己的家为“舍下”、“舍间”，谦称自己的弟、妹为“舍弟”、“舍妹”，谦称自己的侄子为“舍侄”，谦称自己的家眷、亲戚为“舍眷”、“舍亲”等。但不能用“舍儿”、“舍女”，只能称“小儿”、“小媳”、“小女”、“小婿”，称妻子为内人、寒荆、拙妻。值得注意的是，这里的“家”、“舍”已包含有“我的”意思在内，在使用时不能再费称为“我家父”、“我舍妹”之类。

再说“令”。“令”是敬辞。凡是称呼别人家中的人，无论辈分大小，男女老幼，都冠以“令”字，表示尊敬，如称别人的父亲为“令尊”、“令严”，母亲为“令堂”、“令慈”，妻子为“令正”（或称“尊夫人”、“贤内助”），亲属有“令兄”、“令弟”、“令妹”，称他人的儿子为“令郎”、“令嗣”，女儿为“令爱”、“令媛”等。

2. 常用礼貌用语

在商务活动中，有七大礼貌用语的使用频率是很高的，作为一个儒雅的商务工作者几乎是出言必用的。养成使用七大礼貌用语的习惯，会使你广结人缘，融洽与顾客的关系。这七大礼貌用语及其内涵是，“您”、“您好”、“请”、“谢谢”、“对不起”、“没关系”、“再见”。

开头这个“您”是一个充满感情色彩的字眼，是一个饱含敬意的人称代词，是用“心”呼唤他人的尊称，而“你”则仅仅只是一个十分平淡的人称代词而已。

“请”的含义广泛，其要义：一是请求他人允许自己做某件事；一是希望对方做某件事。在日常生活和商务活动中，多用上一个“请”字，往往可以处处赢得主动，得到对方的照应，还可以使自己的所作所为表现得彬彬有礼，不卑不亢。如有请、请教、请用餐、请用茶、请就位、请笑纳、请关照等。有了这个“请”，话语就会变得委婉而礼貌。

“谢谢”是对别人的好意表示感谢的礼貌语。每逢得到帮助、承蒙关照、受到礼遇、接受服务或得到理解与支持时，都应及时向对方诚挚地说一声“谢谢”。这既是对对方友善行为的感激，也是沟通心灵的桥梁。重礼节的日本人爱说“谢谢”。据统计，一个在百货公司工作的日本职员，一天平均要说571次“谢谢”，否则，就不是一个好职员。

“对不起”是表示道歉的礼貌语。如“请原谅”，“打扰了”，“失礼了”'，“实在对不起”，“这是我的错，对不起”。当自己打扰、妨碍、影响了别人，或者在人际交往中给他人造成了麻烦、不便，甚至给对方造成了某些损失、伤害时，及时地使用这句抱歉语，有助于弥补感情上的裂缝。道歉是消除隔阂、化解矛盾、冰释前嫌的一剂良方。勇于道歉是社会诚信的标志。

“没关系”，表示善于宽容，更见涵养。

“再见”则是亲切的道别，友谊的延续。

除了要常用这七大基本的礼貌语以外，还要恰当适时地常用表示谦虚的专门性礼貌语，如问候语、迎送语、请托语、致谢语、征询语、应答语、赞赏语、祝贺语、推托语、道歉语等。

3．活用客套话

英国哲学家、作家弗朗西斯·培根曾说：“得体的客套同美好的仪容一样，是永远的荐书。”得体地使用谦敬兼备的客套话，不但不是虚伪做作之举，而且是儒雅风度的表现。在我国丰富多彩的语言宝库中，有大量对交往对象表示谦虚恭敬的客套语，这些客套语是礼貌语的一部分。例如：

初次见面说“久仰”，许久不见说“久违”；

等候客人用“恭候”，宾客来到称“光临”；

称人住处为“尊府”，自称住处为“寒舍”；

款待远客说“洗尘”，设宴送行叫“饯行”；
未及欢迎说“失迎”，起身作别称“告辞”；
看望别人用“拜访”，请人别送用“留步”；
陪伴朋友用“奉陪”，中途告辞用“失陪”；
请人原谅说“包涵”，请人批评说“赐教”；
欢迎购买说“惠顾”，众人受礼称“笑纳”；
赠人东西叫“奉送”，还人东西叫“奉还”；
请人帮助说“劳驾”，求给方便说“借光”；
麻烦别人说“打扰”，托人办事用“拜托”；
向人祝贺说“恭喜”，赞人见解称“高见”；
对方来信称“惠书”，赠人书画题“患存”，
尊称老师为“恩师”，称人学生为“高足”；
劝人休息说“节劳”，对方不适说“欠安”；
老人年龄称“高寿”，女士年龄称“芳龄”；
平辈年龄问“贵庚”，打听姓名问“贵姓”；
称人夫妇为“伉俪”，称人女儿为“千金”。

使用这些客套语，要真诚自然，言必由衷，不落俗套，使人听在耳中，暖在心头。

（二）措辞文雅

所谓措辞文雅就是指在语言交谈中，要注意语言准确，称谓得体，用语文明，谦雅适当。

1．语言准确

作为窗口行业的从业人员的语言交谈都要力求发音规范，吐词清晰，措辞得当，不要含糊不清，不带语病，不带脏字，更不要发错音、念错字，以免贻笑大方。为了交流的方便，谈话应尽量讲普通话和讲好普通话，不用和少用方言、土语。谈话内容要简明扼要，尽量少用有歧义的词语。

2．称呼得当

与人交谈，称呼当先。恰当地使用称呼，是商务和社交活动中的一种基本礼貌。一般情况下，应根据交往对象的性别、年龄、职业、身份和与自己关系的亲疏及面临的场景选择恰当的称呼。

称呼语有尊称和泛称之分，都是礼貌的表示。尊称已如前述。泛称即一股称呼，这是最简单、最普遍，特别是面对陌生顾客最常用的称呼方式。如“小姐”、“先生”、“同志”等。按国际惯例，称男性为“先生”，称未婚女性为“小姐”，称已婚女性为“夫人”和“太太”，如果弄不清被称呼女子的婚姻状况，统称为“小姐”也容易被谅解，西方女性认为这是一个“令人情快的错误”。但如果把未婚女子称“夫人”、“太太”就会陷入尴尬，甚至挨骂。对职业女性可统称为“女士”。在购物场合，亦可称“这位顾客”和“顾客同志”等。

3．用语文明

对商务人员来讲，用语文明，首先要尽量选用尊称敬语和礼貌用语，使用文明优雅的语言，以体现自己的思想修养和文化素质。其次要尽力避免不雅的话语。即不讲粗话、脏话、黑话、荤话、怪话和尖酸刻薄的话。

（三）用语委婉

委婉含蓄的谈话可以采取以下几种方式。

1．用试探的口吻

当你和对方谈论一件事情，你已对这事成竹在胸时，不妨先以试探性的语言说出，如：“我觉得这件事这么处理挺合适的，也不知还有没有更合适的办法，您看呢？”

2．用商量的口吻

当你把自己已考虑成熟的意见向对方说出时，最好用商量的口吻：“来，合计合计，您看我这个办法行不行。这个办法当然不一定是最好的，我说出来主要想听听您的意见。”或说“能不能请您……”

3．用谦虚的口吻

当你的某种办法、建议被采纳时，千万不要洋洋得意，而应该以谦虚的口吻说；“真没想到，我的那个馊主意还派上了用场。其实，大家提的那些建议都不错。”

4．用赞赏的口吻

恰到好处的称赞可以使对方对你产生好感，觉得你很懂礼貌。称赞表现在委婉的谈话中可以是这样的：“您在这方面是行家里手，这件事还得多听您的高见。”然后，你再谈出自己的意见。这样做往往使对方在接受你的意见时不致感到被动、勉强和有失尊严。同时，还会为你的谦虚、礼貌的人格所折服。

（四）语调柔和

俗话说“听话听音”，有声语言的表达是以声传意，以声传德。因此，在与人言谈中，应注意语音的轻重、语速的快慢、语气的徐疾；音量要大小适中，抑扬顿挫适宜，口气要平易近人，让人爱听。

语调柔和是通过声音的高低、强弱和快慢来表达的。一句“您请”用平调柔声来说表示客气，用升调拖腔来说显得油滑，用短促的降调说就显得怀有敌意。再如一句“走好”，重音在前意味着驱赶顾客，不愿为其服务的语气，重音在后则别有一番情韵，期待顾客再次光临的心情溢于言表。说明同样一句话，由于语气、声调的表达方式不同，效果就完全不一样。

（五）态度坦诚

言谈的态度是决定交谈成功与否的关键。所谓态度坦诚，首先是心要诚。欧洲有一句谚语说：“出自肺腑的语言，才能触动别人的心弦。”只有坦诚相见，直抒胸臆，才能使人感到亲切自然。

如果虚情假意，言不由衷，就会出现“话不投机半句多”的尴尬局面。其次是话要实。只有说实话说真话，才能赢得对方的理解和信任。例如在买卖过程中，顾客对营业人员常常怀有矛盾的心理，一方面怕营业人员不说真话，怕他们诱购、劝购，存有戒备心理；另一方面又希望得到他们的参谋指点，因为他们懂行情，了解商品的质量和性能。明智的营业人员应态度坦诚，据实介绍商品的价格、性能、产地、质量保障和售后服务等情况，为顾客当好参谋。最后是交谈内容以对方为取向，以对方感兴趣的话题或对方的某种感受为主要谈话内容。同时注意在表情、语言、内容等方面与交谈对象进行必要的互动，如面带微笑，点头致意，表示若有所思等，给人以谦和受尊重的感觉。

（六）注意分寸

英国哲学家弗朗西斯·培根曾说：“在语言交际中要善于找到一种分寸，使之既直爽又不失礼。这是最难又是最好的”（《论礼貌》）。在人际交往中，哪些话该说，哪些话不该说，哪些话应怎样去说才更符合人际交往的目的，这是讲究谈话礼仪应注意的问题。一般来说，善意的、诚恳的、赞许的、礼貌的、谦让的话应该说，且应该多说。因为这些话语都出自对对方的友好、爱护和尊重，也表现着个人的大度，所以应该多说；恶意的、虚伪的、贬斥的、无礼的、强迫的话语不应该说，因为这样的话语只会造成冲突，破坏关系，伤及感情，也表现着个人的狭隘气度。有些话虽然出自好意，但措辞用语不当，方式方法不妥，好话也可能引出坏的效果。所以，言语交际必须对说的话进行有效的控制，掌握说话的分寸，才能获得好的效果。要让说话不失“分寸”，除了要提高自身的思想修养以外，以下几点是需要随时注意的。

1．谈话时要认清自己的身份；

2．谈话中要适当考虑措辞，不能想到什么说什么；

3．谈话要尽量客观；

4．要具有善意；

5．在一般交谈时要坚持尊重隐私的原则。

二、表情自然

表情是人们保持正常交往的纽带。美国心理学家艾伯特·梅拉比安曾把人的感情表达概括为一个公式；感情的表达＝语言（7%）+声音（38%）+表情（55%）。可见表情在人际交往与沟通中占有相当重要的位置。

（一）面容是心灵的镜子

面容是心灵的镜子，面部表情是一个人内心情绪的外在表现，常常体现一个人的个性。人们常说的“察言观色”、“心如其面”，就是告诉人们看人要先看脸，见脸如见心。因为在体态语言中，面部表情的“词汇”最丰富，也最有表现力。它能最迅速、最敏感、最充分地表现出人的喜、怒、哀、乐、爱、恶、欲。人们可以从面部的微妙变化中看到一个人错综复杂的情感变化。正如法国著名作家罗曼·罗兰所说：“面部表情是多少世纪培养成功的语言，比嘴里讲的更复杂到千百倍的语言。”一般认为，面部表情对人的语言起着解释、澄清、纠正和强化作用，在反映人内心的真实性上具有相当的可靠性。

在人的五官中，嘴的表现力仅次于眼睛。嘴的开合，嘴角的向上或向下，都传递一定的信息，而且嘴的动作还是构成面部笑容的主要因素。如嘴巴微微张开，表示友善；双唇紧闭表示认真思考；张嘴露齿，表示高兴；咬牙切齿，表示愤怒，撇嘴，表示藐视；咬唇，表示自省；嘴角向上表示愉快，嘴角向下表示敌意；噘嘴表示生气；努嘴表示怂恿嘲讽；咂嘴表示赞叹或惋惜。耸鼻表示厌恶；嗤之以鼻表示看不起；皱鼻表示好奇或吃惊，摸鼻表示亲切或重视。

眉语也很丰富，如双眉平展，表示平和愉快；眉头紧皱，表示思索、厌烦；眉梢微挑，表示疑问；眉峰上耸，表示惊喜或恐慌；眉梢耷拉，表示烦躁和郁闷。

表情语是人们心理活动的寒暑表，在人际交往中，应注意观察对方面部表情的变化。如果他（她）和颜悦色，可无拘束地与之倾谈；如果他（她）脸色阴沉，你最好尽快离开；如果他（她）扬起下巴，眼向上鼻子也向上翘着，则表示蔑视，你最好别“领教”了。

（二）眼睛是心灵的窗户

在人的面部表情中，最动人、最传神、最微妙，也最有魅力的是眼神和微笑。目光和微笑更是商务人员面部表情的核心。恰当地运用目光和笑容会给顾客留下美好的印象，有助于更好地实现礼貌服务，提升商业服务质量和效益。

如果说，面部是“心灵的镜子”，那么，眼睛就是“心灵的窗户”。“一身精神，具乎两目”。在人的体态语言中，眼睛最能倾诉感情、沟通心灵。眼神的千变万化，表露着人们丰富多彩的内心世界。美国作家爱默生曾说：“人的眼睛和舌头所说的话一样多，不需要字典，却能够从眼睛的语言中了解整个世界。”印度诗人泰戈尔也说：“一旦学会了眼睛的语言，表情的变化将是无穷无尽的。”

目光也是一种重要的礼节。《礼记·曲礼下》留说：“凡视，上于面则敖，下于带则忧，侧则奸。”意思是说，凡看人，目光高于人之面部，则显得傲慢；如低于人之腰部则显得心事重重；如斜眼看人，则显得心术不正。

在留意人的双眸时，注视的部位、角度和时间不同，往往有不同的含义，表明双方的关系也不同。在目光注视的部位中大体有以下三种情况。

第一，亲密型注视。这是亲人或恋人之间使用的一种注视。这种注视就是看着对方的双眼和胸部之间的“下三角”部位。这种凝视往往带有亲昵爱恋的感情色彩。

第二，公务型注视。这是人们在洽谈业务和贸易谈判时所使用的一种注视。这种注视是看着对方脸上两眼和额头中部之间的“上三角”部位。这种注视显得严肃认真，对方也会觉得你有诚意。

第三，社交型注视。这是人们在社交场所使用的注视。这种注视是用眼睛看着对方脸上两眼到嘴唇之间的“中三角”部位。注视这个部位会造成一种社交气氛。而本人眼神的运用则以散点柔视为佳，看人时，目光要柔和、亲切、坦诚，而不要逼视对方。

注视对方的角度是事关与交往对象关系亲疏和对人态度的大问题。在商务场合，宜采取正视、平视、仰视、环视（与多人交往时），而不能扫视、斜视、俯视、无视。仰视表示崇拜和尊敬，正视、平视、环视，体现平等、公平或自信，显得礼貌和诚恳；俯视虽有爱护、宽容之意，又有轻视、傲慢之嫌。至于扫视、斜视、无视都是不可取的失礼之举。

注视对方时间的长短也很有讲究，看的时间少或不屑一顾，表示对对方的冷落、轻视或反感；长时间盯着对方，特别是对异性的凝目盯视和对初识者的上下打量，也是不礼貌的行为。在与人交往中，运用目光注视时间的长短，要视关系亲疏和对对方表示友好重视的程度而定。一般对刚开始接触的陌生人，眼神不能直视对方，应先平视一眼，然后转视他人或四周，避免相互对视；而且在平视对方时，应报以微笑、点头、问候或握手等举动，使双方由陌生到相识，成为新朋友。对于熟人、故交，或对交往对象表示友好、重视，注视对方的时间应长一些，约占彼此相处时间的1/3～2/3。

（三）笑容是最佳的沟通手段

古人云：“笑，喜声也。”（王冰注）“笑，喜而解颜启齿也。”

(《增韵·笑韵》)说明笑是显露愉悦的表情。它是美好心灵的流露，是心灵之花的绽放。从礼仪学上讲，笑容是一种既悦己又悦人的美好表情，它不仅是调节人的心理活动、化郁为扬的良方，还是亲近别人的媒介，促进人际沟通的桥梁。

在日常生活和工作中，笑有多种多样，因其心态和表情的不同而不同。大体说来有以下多种：含笑、微笑、浅笑、大笑、狂笑，还有冷笑、假笑、讥笑、窃笑、奸笑、狞笑，以至皮笑肉不笑等。

显然，在上述多种笑中，唯有含笑、微笑、浅笑，乃至大笑、狂笑才符合笑的本意，因喜悦而开颜或出声，显露愉快的表情，其中特别是微笑最为自然大方，真诚友善，体现悦己敬人的内涵，给人以精神上的满足，最符合职业礼仪的要求，因而最受人们的欢迎，成为商务人员常规表情。在商务场合，应面带微笑，礼貌待人，切忌冷笑、假笑、讥笑、怪笑和皮笑肉不笑。因为这些所谓"笑"是笑的垃圾，有悖于"乐然后笑"(《论语·宪问》)和"喜而解颜启齿"的本意，只会把交往气氛破坏殆尽。

微笑能表现良好心境，美化自我形象。微笑是美丽的天使。"它像神秘的灵丹，能使人变得年轻而美貌。"人微笑时，双唇轻启，牙齿微露，当嘴角向上弯翘时推动面部肌肉缓缓向上舒展，使面部像绽放的花朵一样美丽，此时面部的亮点全都在微笑中展现，所以女人的微笑往往显得特别妩媚动人，是脸上最美的"化妆"。微笑作为一种表情，它不仅是形象的外在表现，而且也往往反映着人的内在精神状态，有着丰富的内涵。它除了表示友好、愉悦、乐意、欢迎、欣赏、请求、领略之外，还可表示歉意、拒绝与否定，是最有效的交际手段。

微笑能表现真诚友善，融洽交往气氛。在社会交往中，微笑有一种天然的吸引力，能使人相悦、相亲、相近，能有效地缩短双方的心理距离，营造融洽的交往氛围。与人初次见面，友好微笑，可以消除双方的拘束感，与朋友见面打招呼，点头微笑，显得和谐融洽；进商店购物，营业员笑脸相迎，主动服务，会使人感到温馨无比；洽谈达成协议，会心一笑，能消除芥蒂，增进友情；婉拒他人，淡雅一笑，近情近理，不让对方难堪；与亲友话别，烦心一笑，情谊融融，意味深长。微笑是无声的语言，是美好的传递；它把灿烂写在脸上，把阳光带给人间。

微笑能体现悦己敬人，是给他人的最好礼物。人们的交往一般是以微笑开始的。微笑是善意的标志，友好的使者，礼貌的表示。在人际交往中，微笑是送给他人的最好礼物。“微笑不用花费，价值却很珍贵；给的人无比幸福，收的人心领神会。”它在各种人际交往中是不可缺少的对人表示尊敬、友善、欢迎和赞赏的表情语言，是不要翻译的“世界通用语”。

第十一章　学法知法守法　成为合法公民

一、培养法律思维，树立法治观念

（一）什么是法律

法律是国家制定或认可并以国家强制力保证实施的、反映由特定社会物质生活条件所决定的统治阶级意志的规范体系。

【案例 1】

在日常生活中，我们会发现，某人某天见了老师没有主动热情地招呼、问好，于是人们谴责他，说他没有礼貌；某人在十字路口正好遇见红灯，其视而不见，直接闯过去了，结果被交通警察罚款；某人在单位上班迟到了，结果单位扣减了其报酬……为什么这些行为受到的处理各不相同？

这些行为之所以受到不同的处理，是因为它们适用不同的规则。这些规则的性质不同，产生的效果也不一样。第一种规则是道德规范，第二种规则是国家的法律，而第三种规则是用人单位内部的规章制度。

（二）什么是法治

1997 年 9 月，党的十五大报告明确提出，实行依法治国，建设社会主义法治国家，从此将“依法治国”确立为党领导人民治理国家的基本方略。1999 年 3 月，九届全国人大二次会议将“依法治国”载入宪法，从而使“依法治国”从党的意志转化为国家意志。2002 年 11 月，党的十六大报告从发展社会主义政治民主的高度指出，“要把坚持党的领导、人民当家做主和依法治国有机统一起来”。党的十七大报告，以科学发展观为统领，将深入落实依法治国基本方略列入实现全面建设小康社会奋斗目标的新要求。党的十八大报告，提出“全面推进依法治国”，“加快建设社会主义法治国家”，将依法治国方略提到一个更高的高度。

法制（legal system），法律制度的总称。它只是一种制度工具，可以存在于任何性质的国家中。法治（rule of law），法律的统治。它反映一种价值目标与人文关怀，追求公平正义，保障自由和民主权利的价值观、原则和精神。法治是一种治理国家的理论、原则、理念和方法，是一种社会意识。法制是法治的基础和前提条件，要实行法治，必须要求完备法制，加强法制建设。

二、用法律思维方式思考

（一）什么是法律思维方式

我们常常可以通过电视看到，关于某个社会问题的讨论，电视台会邀请不同领域的专家共同进行讨论。比如说邀请一位经济学家和一位法学教授作为嘉宾。经济学家怎么样展开议论呢？经济学家会问有没有效率？能不能提高生产力？总是讲投入与产出，讲价值最大化，讲资源的合理配置等等。经济学家关心的核心问题就是“价值”，即经济学家的整个思维是围绕“价值”这个核心概念进行的。

对于同样的社会问题，法学教授首先会问合不合法？然后问法律有没有规定？如果法律有规定，他再问法律是怎么规定的？当他谈论法律是怎么规定的时候，他就要分析法律的规范构成，分析其构成要件、适用范围和法律效果，然后用讨论的这个事实、这个行为与法律规范的构成要件加以对照。如果对照的结果是“符合法律规范的构成要件”，他就表示肯定的意见；如果对照得出的结果是“不符合法律规范的构成要件”，他就要表示否定的意见。

对照法律教授和经济学家的思维方式，我们就会有一个明确的认识，按照法律思维思考与处理问题、与按照道德思维、经济思维或政治思维思考与处理问题，有时会得出不同的结论。那么什么是法律思维方式呢？

法律思维方式是按照法律的规定、原理和精神，思考、分析、解决法律问题的习惯与取向。

【案例 2】

如果你母亲和你女朋友同时掉到河里，你只能救一个人，请问你会救谁？为什么？

（二）法律思维方式的特征

1．第一个特征，讲法律

讲法律就是首先要以法律为准绳思考与处理问题。

【案例 3】

×××伤熊事件

2002 年 2 月 23 日，××大学电机系学生×××用火碱和硫酸向北京动物园熊山上的黑熊和棕熊进行投喂和倾倒，此事件经媒体报道震惊了整个社会。北京市公安局西城分局指挥中心、北京动物园派出所共接到社会各界群众电话 300 余个。×××，男，1980 年出生于北京市海淀区，共青团员，1998 年考入××大学电机系，被学校推荐为硕士研究生。如何评价×××的行为？

2．第二个特征，就是讲证据

讲证据就是要以证据为根据思考与处理法律问题。证据就是以法律规定的形式表现出来的能够证明案件事实情况的事实。证据的特征：合法性、客观性、关联性。

【案例 4】

微博晒“翘班”出游照遭开除

陈小姐是一名外企白领，在上海一家外资企业已工作 10 年之久。2012 年 6 月，她收到公司的解除聘用关系通知，称其从当年 1 月份开始累计旷工天数超过 8 天，按照公司规定，决定即刻解除聘用关系。陈小姐对此颇为不满，她认为自己每次请假均有申请，并没有旷工，公司的行为系违法解约，应当支付违法解约赔偿金。于是，陈小姐将公司诉至上海市黄浦区人民法院，索赔 16 万余元赔偿金。

庭审中，围绕到底是否存在旷工行为，陈小姐与公司展开了唇枪舌剑。“从原告在微博上发布的照片可以看出，她外出旅游的日期和地点。”法庭上，被告方公司提交的第一组证据让陈小姐颇为意外。原来，公司为证明陈小姐旷工的事实不仅出示了电子邮件、电话记录、护照等一系列证据，还将陈小姐在微博上随手发布的旅游照片和博客上写的游记，一一截图并公证后提交法庭。

公司指出，在近 1 年中，陈小姐未经申请擅自外出旅游旷工达 27.5 天，微博上的照片可以清晰地证明她外出游玩的情况，并且游玩期间公司的电脑和电话上均无任何记录。公司还出示了陈小姐的年休假记录表，印证其缺勤天数。

最终，法院经过审理，结合双方各自提供的证据和陈述，采纳了公司的观点，认定陈小姐多次利用工作时间国内游、出境游，有意隐瞒实际休假天数，半年中累计 12 天缺勤未经申请和登记，公司解聘行为合法。

3．第三个特征，就是讲程序

讲程序就是要从法律程序出发思考与处理问题。程序就是法律所规定的法律行为方式和过程。程序公正是实体公正的前提，是保障实现个案实体公正最有力的制度保障。

【案例5】

行政机关违反法定程序调取证据

2013年3月17日，原告林某在居委会参加业主会议时与他人发生争执，因情绪激动，实施了拍、砸会议室中乒乓球桌的行为，致球桌受损，居委会向被告上海市公安局浦东分局报了警。3月19日，被告派出一名民警拍摄了乒乓桌受损照片。3月27日，被告认定原告有故意损毁公私财物的违法行为，对原告作出行政拘留5日的行政处罚。原告不服向法院起诉要求撤销该处罚决定。

程序合法是行政行为合法的重要内容之一，行政机关实施具体行政行为必须遵守法定的程序、形式。《公安机关办理行政案件程序规定》第四十条规定，“调查取证，人民警察不得少于两人，并表明执法身份”，而该案中证明球桌受损情况的照片仅由一名警察制作，法院应当以“违反法定程序”为由，撤销被诉行政处罚行为。

4．第四个特征，讲法理

法律思维的任务不仅是获得处理法律问题的结论，而且要为法律结论提供充分的法律论证与法律理由。法律思维对理由的要求：理由必须是公开的，理由必须有法律上的依据，理由必须具有法律上的说服力。

【案例6】

2014年5月15日下午大约5时24分，香港警方接到报案，说在旺角西洋菜南街有人打架。警方了解到，涉事人共3男1女，分别是29岁王姓男子和28岁吴姓男子，以及一对内地夫妻，为33岁叶姓男子和29岁付姓女子。

警方调查发现，内地夫妻让 2 岁的儿子当街小便，引起路过的王姓男子不满，拿出智能手机拍照，叶姓男子发现后前去制止，并抢其手机，夺记忆卡。吴姓男子见到这一场面，想去阻止叶姓男子，付姓女子则用婴儿车去推撞吴姓男子。警方表示，叶姓男子因为抢别人手机涉嫌盗窃、付姓女子因为用车撞人涉嫌袭击被警方带走，经调查，叶姓男子被无条件释放，付姓女子则获保释，需要 5 月中再来香港跟警方报到。

此事在网上闹得沸沸扬扬，并上升到“地域歧视”的高度。新华网发表了评论文章《幼童街头便溺引发冲突：争议时代不妨多讲讲法理》，多家媒体进行了转载。下面是评论文章对此事的分析，符合法律思维。

此事涉及的法律问题有几个层次：

一是港人拍摄幼童便溺的行为是否合法？按香港法律人们在公共场所有权拍照。这样的法律规定合情合理，因为公共场所本来就不能做隐私的行为，做了隐私的行为是行为人的错误，而非拍摄者的错误。当然，拍摄者如果以此牟利和任意传播肯定也不合法。

二是幼童街头便溺的行为是否合法？根据香港法律，12 岁以下缺乏自控力的幼童在紧急情况下的此类行为不违法，但同时也给监护人设定了必要的条件，毫无疑问，这样的规定也是情理使然。

三是事件中的肢体冲突。事情最后对内地夫妇两人不利，并不是因为孩子无知的行为，而是他们自己不够冷静，夫妇双方在争执过程中均主动与港人发生肢体冲突。有法律常识的人都知道，争执中肢体冲突绝对是大忌，不仅在香港，在世界各地都是法律不能允许的。就事件本身来讲，法律并不会对夫妇两人造成不利后果，报警和等待警方处理是最好的选择，动辄以武力解决问题的习惯最终害了他们。香港警方的处理也证明了这一点。

三、了解一些法律基本常识

（一）法律基本原则

1. 法律面前人人平等原则

（1）法律面前人人平等思想的产生、发展及沿革

法律面前人人平等的观点早在古希腊时期就曾经提出过。例如：亚里士多德认为的平等是穷人不占富人的便宜，两者处于同样的地位，谁都不作对方的主宰，但奴隶是不算人的，自然也就不享有平等的权利。我们现在所讲的法律面前人人平等是在中世纪后期，由资产阶级启蒙思想家如洛克、卢梭等人提出来的。这种平等观念要求废除等级和身份特权，但是对财产、出生、教育、天赋等因素造成的实际不平等却不予以关注。按照马克思主义人权理论，这种平等只能称为形式上的平等。资产阶级革命成功之后，这一原则被确立为资产阶级法制的一项重要原则，并用宪法的形式肯定下来。其后的各资产阶级国家的宪法或宪法性文件中，一般都有这一规定。

在我国古代，也曾出现过一些关于法律平等的观念和理论。例如，“法”字本身就包含有“平之如水”的含义；先秦法家的代表人物韩非提出，“法不阿贵”，“绳不绕曲”，“刑过不避大臣，赏善不遗匹夫”等等。到了清末民初，进步思想家把“法律面前人人平等”这一原则从西方引入中国。这一原则在中国第一次被规定在宪法中是 1912 年 3 月 11 日公布的《临时约法》。中国共产党领导下的革命根据地政权也一直肯定这一原则。

1954 年，法律平等的原则被庄严地写进新中国的第一部宪法：“中华人民共和国公民在法律上一律平等。”1982 年修订宪法，法律平等原则再次被写入宪法。

事实上在我国，坚持社会主义法律平等原则具有多方面的重要意义。第一，它充分显示出社会主义政治制度的优越性，有利

于提高广大群众的政治思想觉悟，树立国家主人翁责任感；第二，它鲜明地反对法外特权，防止特权思想和特权作风的侵蚀；第三，它鲜明地反对法外歧视，有利于坚持“以事实为依据，以法律为准绳”的司法原则，防止冤假错案的发生；第四，它要求人人都严格依法办事，既充分享有他们应当享有的法定权利，又切实履行他们应当履行的法定义务，有利于维护法律的应有权威，健全社会主义法制。

（2）法律面前人人平等原则的含义

具体来说，法律面前人人平等的含义包括以下三个方面。

①任何公民，不分民族、种族、性别、职业、家庭出身、宗教信仰、教育程度、财产状况、居住期限都一律平等地享有宪法和法律规定的权利，也都平等地履行宪法和法律所规定的义务。

②公民的合法权益都一律平等地受到保护，对违法行为一律依法予以追究，绝不允许任何违法犯罪分子逍遥法外。

③在法律面前，不允许任何公民享有法律以外的特权，任何人不得强迫任何公民承担法律以外的义务，不得使公民受到法律以外的惩罚。

【案例 7】

亿万富豪刘汉一审被判处死刑

湖北省咸宁市中级人民法院 2014 年 5 月 23 日对刘汉、刘维（刘汉的弟弟）等 36 人组织、领导、参加黑社会性质组织罪以及故意杀人罪等案件一审公开宣判，共判处 5 人死刑、5 人死刑缓期两年执行，4 人无期徒刑，22 人有期徒刑，其中，被告人刘汉、刘维犯组织、领导黑社会性质组织罪、故意杀人罪等罪，均被决定执行死刑，剥夺政治权利终身，并处没收个人全部财产。

刘汉是闻名四川的亿万富豪，涉足房地产、矿产、建筑等多个领域，坐拥 400 亿元资产，2009 年“胡润慈善榜”四川“首善”、四川省政协常委、四川汉龙集团董事局主席，拥有上市公司和数十家分公司，其捐助的“刘汉希望小学”在汶川地震中屹立不倒，更为全国人熟知。

刘汉身披“慈善”、“政协常委”外衣，但长期伙同他人网罗多人形成较稳定的犯罪组织。该组织人数众多，有明确的组织者、领导者，骨干成员基本固定；有组织地通过违法犯罪活动或者其他手段获取经济利益，具有很强的经济实力，以支持该组织的活动；以暴力、威胁或其他手段，有组织地多次进行故意杀人、故意伤害、非法拘禁等违法犯罪活动，为非作恶，欺压、残害群众；通过实施违法犯罪活动和利用国家机关工作人员的包庇、纵容，称霸一方，在当地形成重大影响，并对广汉市的赌博游戏机行业形成非法控制，严重破坏了上述地区的经济、社会生活秩序，该组织应认定为黑社会性质组织。刘汉、刘维等均犯数罪，应予并罚。其他被告人依各自的犯罪事实，分别构成参加黑社会性质组织罪，故意杀人罪，故意伤害罪等罪。

2．权利与义务统一原则

我国宪法规定：“任何公民享有宪法和法律规定的权利；同时也必须履行宪法和法律规定的义务。”

（1）什么是法律权利？法律权利是一个和法律义务相对应的概念，是指法律关系主体依法享有的某种权利或利益，它表现为权利享有者可以自己做出一定的行为，也可以要求他人做出或不做出一定的行为。

（2）什么是法律义务？法律义务是指法律关系主体依法承担的某种必须履行的责任。它表现为法律关系的主体依据法律规范必须为一定行为或不为一定行为。

从法律关系上讲，权利和义务是同时产生的，是相对应的一对范畴。没有权利就没有义务，没有义务也就没有权利。公民既是权利的享有者，又是义务的承担者。在我国，任何公民都必须用权利和义务的统一性原则来规范自己的行为，既要认真行使自己的权利，又要自觉地履行自己的义务，在行使权利时，要履行对国家、对社会和他人权利的义务。

【案例 8】

请客劝酒致人中毒应担责

2004 年“五一”期间，邓某回家探亲，随同来的还有邓某大学时的同学谭某。老同学周某知情后，设宴席待之。酒过三巡，周、邓、谭均有醉意。谭某说酒量有限，自己不能再喝了，但周某说：“你是远客，今天不能让老同学扫兴，要喝个痛快，一醉方休。”谭某见周某这样说，盛情难却，只好继续喝酒。席间，谭某突然晕倒在地，周、邓见状，立即将其送往医院诊治。经诊断为重度酒精中毒，花费医疗费 6285 元。谭某出院后，觉得自己委屈，即找到周某要求其承担医疗费。周某则说：“我好意请你吃饭，怎么要我承担医疗费？是你自己身体不行。”为此，双方发生纠纷，谭某将周某告上法庭。请分析本案中所涉及的法律权利和法律义务。

（二）法律体系和法律渊源

1．法律体系

法律体系有时也称为“法的体系”，是指由一国现行的全部法律规范按照不同的法律部门分类组合而形成的一个呈体系化的有机联系的统一整体。

中国特色社会主义法律体系是指适应我国社会主义初级阶段的基本国情，与社会主义的根本任务相一致，以宪法为统帅和根本依据，由部门齐全、结构严谨、内部协调、体例科学、调整有效的法律及其配套法规所构成，是保障我们国家沿着中国特色社会主义道路前进的各项法律制度的有机的统一整体。这个体系由法律、行政法规、地方性法规三个层次，宪法及宪法相关法、民法商法、行政法、经济法、社会法、刑法、诉讼与非诉讼程序法七个法律部门组成。

2．法律渊源

法律渊源指法律的外在表现形式。我国的法律渊源有以下几种方式。

（1）宪法是由全国人民代表大会依特别程序制定的具有最高效力的根本法。

（2）法律是指由全国人民代表大会和全国人民代表大会常务委员会制定颁布的规范性法律文件，即狭义的法律，其法律效力仅次于宪法。

（3）行政法规是国家最高行政机关国务院根据宪法和法律就有关执行法律和履行行政管理职权的问题，以及依据全国人大的特别授权所制定的规范性文件的总称。

（4）地方性法规指依法由地方立法权的地方人民代表大会及其常委会就地方性事务以及根据本地区实际情况执行法律、行政法规的需要所制定的规范性文件。

（5）规章是指国务院各部、委员会、中国人民银行、审计署和具有行政管理职能的直属机构，以及省、自治区、直辖市人民政府和较大的市的人民政府所制定的规范性文件。其内容限于执行法律、行政法规，地方法规的规定，以及相关的具体行政管理事项。

（6）民族自治地方的自治条例和单行条例。

（7）特别行政区的法律法规。

（8）国际条约。

四、学习与掌握部分部门法

（一）国家的根本大法——宪法

1．什么是宪法

宪法是指规定民主制国家的根本制度和根本任务，集中表现各种政治力量对比关系，保障公民基本权利和义务的国家根本大法。

2．宪法与普通法律有什么不同

第一，宪法的内容比普通法律要广泛、全面、重大。第二，宪法的效力高于普通法律。宪法是普通法律的立法依据或立法基础。普通法律与宪法不相抵触的原则，包括一切法律、行政法规、地方性法规（不包括乡规民约）。一切宪法主体都必须以宪法为最根本的活动准则。第三，宪法的制定和修改程序比普通法律严格、复杂。

3．宪法的基本内容

宪法的基本内容包括公民的权利、国家权力的运用原则和国家的立法原则

（1）根据我国宪法的规定，我国公民享有以下基本权利和自由：平等权、人身自由、政治权利和自由、宗教信仰自由、监督权和取得赔偿权、社会经济权利、教育、科学、文化权利和自由、妇女、婚姻、家庭、母亲、儿童和老人受国家保护。

【案例 9】

七旬大妈超市购物被强制搜身，超市工作人员涉嫌侵犯其人身自由

2009 年 3 月 7 日 11 时许，曾大妈到某超市买东西，付完款走出超市时，一楼安全门上的报警器忽然响起，这时超市两名男工作人员拦住了她，站在她左右要求其跟他们去办公室。曾大妈

被带到地下室的一间办公室内，工作人员让她拿出钱包由他们翻看，检查了一番，也没有发现什么可疑之物。随后，曾大妈又被带到另一间办公室，一名女工作人员又让她脱掉外衣。曾大妈刚脱下一只袖子，这名女工作人员就拽着另一只袖子把棉衣脱掉放在桌子上进行搜查，没有发现什么后，又让曾大妈脱掉毛衣。“当时我都快晕了，也不知道发生了什么事情，他们说怎么做我就怎么做，我说这么冷的天还得把毛衣脱掉，毛衣上也没有口袋。”曾大妈说。随后，这位工作人员还是将毛衣揭起来搜查，又让曾大妈把手抬起来，在她全身上下搜了一遍，未发现任何物品，这才将她带到超市出口。“这时，我听见男工作人员问女的，搜到什么没有，我才知道他们把我当小偷了，又羞又气回了家。”曾大妈说。最后工作人员经过检查，发现是曾大妈已付过钱的袜子没有消磁才引起报警器蜂鸣。

本案中超市工作人员侵犯了曾大妈的人身自由，当面对此类相似问题时，正确的处理方法是及时报警。

【案例 10】

“死刑保证书”案当事人获得国家赔偿

2001 年 8 月 2 日夜，×××市叶县湾李村一 13 岁女孩在村北河堤遇害，司村村民李某因当晚曾在案发现场附近经过而成嫌疑对象。8 月 5 日、6 日，叶县公安局连续两天对李某留置盘问，8 月 7 日对李某刑事拘留，9 月 13 日李某被逮捕。此后数年间，该案历经七审三判，均因“事实不清，证据不足”被上级法院发回重审。2004 年 5 月，平顶山中院在证据不足、争议较大的情况下，为避免被害人家属上访，与其约定尽量判李某死刑，该案也因此被称“死刑保证书案”。

在社会各界的关注下，2013 年 4 月 25 日，平顶山中院再次开庭审理该案，认定李某犯故意杀人罪证据不足，判决宣告李某无罪，不承担民事赔偿责任。被关押了 12 年的李某当庭释放。

判决宣告后，李某提出国家赔偿申请共计 380.1247 万元。××× 中院审查后认为，李某因涉嫌故意杀人被限制人身自由，先后被判处死刑、死缓，后宣告无罪，实际被限制人身自由 4282 天。按照最高法院公布的 2013 年国家赔偿标准，侵犯公民人身自由权每日赔偿 182.35 元，赔偿其被限制人身自由赔偿金 78.08227 万元。根据李某被羁押时间、工作生活所受到的影响、结合当地经济社会发展状况及平均生活水平，酌定精神损害抚慰金 20 万元。驳回李某的其他赔偿请求。

【案例 11】

学习《游行示威法》，警惕爱国成为违法的借口

2012 年 9 月 16 日，在某市，李某驾驶一辆丰田卡罗拉轿车途径环城西路，遭遇反日游行人群。因为驾驶日系丰田卡罗拉车，被不法分子用 U 型钢锁打穿颅骨。据接治的某市中心医院介绍，李某为开放型颅脑损伤（重型）。目前身体右侧仍麻木瘫软，语言能力严重受损，不能说出完整的句子。

51 岁的李某是家里的顶梁柱，夫妻双方都是莲湖区一家企业的下岗职工，买车是经过反复比较性价比才最终确定的车型。事发当天，他和老伴正忙着为大儿子装修婚房，赶往某市北郊选购装修材料。李某的大儿子今年 26 岁，准备新房装修好后，年底办婚礼。没想到，自己和家庭的命运在这一瞬间被改变。

2012 年 9 月，我国多个城市出现反日游行，示威者高喊“保钓”口号，打出各种标语。多地出现打砸抢不理性的爱国行为，大量日系车被砸，日式餐厅被砸，日系车 4S 店被砸，日企被烧。

（2）我国公民的基本义务，根据宪法规定，有维护国家统一和全国各民族团结；遵守宪法和法律，尊重社会公德；维护祖国安全、荣誉和利益；保卫祖国，抵抗侵略，依法服兵役和参加民兵组织；依法纳税。

（3）我国的国家机构，根据宪法规定，常见有如下一些：

权力机关—人民代表大会—全国和地方各级人民代表大会；

行政机关—国务院和地方各级人民政府；

军事机关—中央军事委员会；

民族自治地方的自治机关—自治区、州、县；

审判机关：最高人民法院、高级人民法院、中级人民法院、基层人民法院、专门人民法院；

法律监督机关：最高人民检察院、地方各级人民检察院、专门人民检察院。

（二）保护人身财产，与犯罪做斗争的刑法

1. 刑法的任务

刑法的任务是“惩罚犯罪，保护人民”，是用刑罚同一切犯罪行为做斗争，以保卫国家安全，保卫人民民主专政的政权和社会主义制度，保护国有财产和劳动群众集体所有的财产，保护公民私人所有的财产，保护公民的人身权利、民主权利和其他权利，维护社会秩序、经济秩序，保障社会主义建设事业的顺利进行。

2. 刑法的基本原则

（1）罪刑法定原则。《刑法》第 3 条规定：“法律明文规定为犯罪行为的，依照法律定罪处刑；法律没有明文规定为犯罪行为的，不得定罪处刑。法无明文规定不为罪。”可以表达为“法无明文规定不为罪”，“法无明文规定不处罚”。

【案例 12】

西方罪刑法定的两个经典案例

一个是在法国，一名被关押的犯人通过与狱外人员串通，在

一个放风的时候被狱外人员开来的直升机救走。当他被抓获时，被指控犯有越狱罪，而律师在辩护中称，法国刑法中规定的越狱罪是指以攀墙、掘洞、蒙混的方式从狱中逃脱，并没有规定以直升机出逃是越狱。法官采纳了辩护律师的意见，宣布其越狱罪不成立。

另一案件发生在英国，一个英国公民在飞机跑道中央阻碍了飞机的起飞和降落。按照英国刑法，在飞行器跑道周围活动，影响飞行器正常升降的将被判处阻碍飞行秩序罪。而律师为他进行了无罪辩护，声称法律所规定的是在跑道周围，而其代理人是在跑道中央，并不构成阻碍飞行秩序罪，因为法律对其行为并无明文规定。法官最终也一致同意了他的辩护意见。

如果从社会危害性的角度来说，用直升机越狱的社会危害性比翻墙、掘洞和蒙混都要大得多，而在跑道中央阻碍飞行器飞行比在跑道周围的社会危害性也要大，但是，从罪刑法定的角度来说，法无明文规定则不为罪。

（2）适用刑法平等原则，《刑法》第 4 条规定："对任何人犯罪，在适用法律上一律平等。不允许任何人有超越法律的特权。"

【案例 13】

李某，男，1991 年 11 月 18 日出生，汉族，某高校 2010 级连锁专业学生。该生于 2011 年 9 月 25 日盗窃同寝室同学电脑两台，价值 8000 余元。李某在作案之时已年满 16 周岁，盗窃财物价值较大，其行为已经触犯了《中华人民共和国刑法》，构成了盗窃罪。虽然李某是在校大学生，也不能免除刑罚，最终李某被判处有期徒刑一年半。

（3）罪刑相适应原则，《刑法》第 5 条规定："刑罚的轻重，应当与犯罪分子所犯罪行和承担的刑事责任相适应。"

【案例 14】

付某非法拘禁案—绑架罪与非法拘禁罪的区分

被告人：付某，男，30 岁，汉族，某市人，小学文化，农民。2003 年 4 月 17 日因本案被逮捕。

人民检察院指控：2003 年 4 月 7 日上午 10 许，被告人付某因其女友要求与其分手而心怀不满，遂携带一壶汽油和一把水果刀，到本镇潘窑村女友二姐家，被告人付某发现无人在家，遂翻墙入院，潜入东边的房屋内，并在女友二姐家找出一把斧子和一把菜刀。后女友的父亲回到家中，进入该房间时，被告人付某手持斧子站在屋内，以找女友论理说事为由将女友父亲劫持在房间内，先后用斧子、菜刀、水果刀进行威胁，并利用绳子捆住女友父母的手脚，并用桌子和缝纫机顶住屋门，不让女友父亲外出。在女友回家对其劝说后，被告人付某仍然拒绝开门，中午 12 时许，公安人员接警后赶到现场，付仍然继续对女友父亲进行挟持，抗拒抓捕。直到当日下午 2 时 45 分，被告人付某在其家人的劝说下，才将屋门打开，后被公安人员抓获。

人民检察院认为，付某的行为构成绑架罪，理由是：从主观方面，付某威逼女友全家同意其与女友交朋友，主观故意非常明显。客观上采取了以暴力、胁迫手段挟持女友父母，实施了绑架女友父母作为人质的行为，符合绑架罪的客观特征。因此，某市人民检察院指控被告人付某的行为构成绑架罪，请求依法判处。

某市人民法院经审理认为，被告人付某以非法拘禁的方法剥夺他人人身自由，其行为已构成非法拘禁罪。某市人民检察院指控被告人付某的犯罪事实成立，予以支持；但被告人付某系因其女友与自己分手而心中不满，其主观动机是威胁女友的家人而达到与女友谈恋爱的目的，客观方面虽然实施了捆绑行为，但无勒索财物或者殴打伤害他人及提出非法要求行为，不符合绑架罪的构成要件，故公诉机关指控的罪名不能成立，应予以变更。被告人付某的辩解理由成立，予以采纳。依照《中华人民共和国刑法》第 238 条、第 47 条之规定，某市人民法院做出判决，判决被告人付某犯非法拘禁罪，判处有期徒刑 3 年。

3．刑法适用的范围

（1）在中华人民共和国领域内犯罪适用我国刑法（领域既包括领土，也包括领海、领空）。

（2）在中华人民共和国船舶或者航空器内犯罪的，适用我国刑法。

（3）中华人民共和国公民境外犯罪适用我国刑法，但是按本法规定的最高刑为三年以下有期徒刑的可以不予追究。

4．犯罪种类

我国刑法规定有四百多种犯罪，从构成要件上进行分析，每一种犯罪都具备四个方面的要件：即犯罪主体、犯罪的主观方面、犯罪的客观方面、犯罪客体。

（1）犯罪主体。犯罪主体是指实施犯罪行为的人。每一种犯罪都必须有犯罪主体，有的犯罪是一个人实施的，犯罪主体就是一人，有的犯罪是数人实施的，犯罪主体就是数人。根据刑法规定，公司、企业、事业单位、机关、团体实施犯罪的，构成单位犯罪，因此，单位也可以成为犯罪主体。

以年龄和精神状况为划分标准划分刑事责任能力：

完全刑事责任能力人（要承担刑事责任）：16 周岁以上、智力正常、精神状况正常的自然人、14～16 周岁，犯八宗罪（故意杀人、故意伤害致人重伤或者死亡、强奸、抢劫、贩卖毒品、放火、爆炸、投毒罪）。

无刑事责任能力（不承担刑事责任）：14 周岁以下或者发病期间的精神病人。

醉酒的人犯罪应当负刑事责任。

【案例15】

被告人某甲，男，时年15岁，中学生。

某甲以食物为诱饵，将幼女某乙（时年8岁）奸淫，使某乙处女膜破裂。事后某甲威胁某乙说："如果告诉别人就揍你！"某乙回家后告诉了其母亲。被告人父亲得知后即带某甲到公安机关投案自首。检察院以奸淫幼女罪对甲起诉，法院以同罪判处某甲有期徒刑2年。

（2）犯罪的主观方面，是指犯罪主体对其实施的犯罪行为及其结果所具有的心理状态。犯罪主观方面的心理状态有两种，即故意和过失。比如犯盗窃罪，犯罪人希望将他人财物窃为己有；犯故意伤害罪，犯罪人希望造成他人身体受到损伤的结果。有的犯罪是过失性质的，如失火罪，犯罪人就具有疏忽大意的心理状态。在单位构成犯罪的情况下，该单位对犯罪行为负有责任的人员也同样具有主观心理状态。

【案例16】

2010年6月，某学院6栋女生寝室发生一起火灾事故，火灾起因是因为一学生张某在寝室违规使用大功率电器，造成电路短路，引发明火，此次火灾幸无人员伤亡，给包括张某在内的6位同学的财物造成重大损失，学生宿舍严重损毁。分析张某的行为。

（3）犯罪的客观方面是指犯罪行为的具体表现。比如犯诈骗罪，犯罪人具有虚构事实、欺骗他人的行为，贩毒罪具有贩卖毒品的行为，等等。

（4）犯罪客体是指刑法所保护而被犯罪行为所侵害的社会关系。犯罪客体和犯罪对象是不同的，犯罪对象是犯罪行为所直接针对的对象，如杀人罪、伤害罪。犯罪对象是具体的被害人，而犯罪客体是指刑法所保护的公民人身权利不受非法侵害的这种社会关系。

【案例 17】

某校学生刘某与本班同学项某，从相识到相恋。一天刘某提出分手，项某不同意。以后，刘某以各种借口躲避项某。一周后，项某找到刘某住处，希望与刘某和好。最后，项某说："如果你不同我和好，我就死在你房间里。"随即当着刘某的面，喝下准备好的农药。刘某边走出房间边说："是你自己喝的，与我无关。"然后竟把项某关在屋内独自离开外出。两小时后，项某被人发现已经死亡。刘某的行为属于犯罪吗？

5．刑罚的种类

刑罚分为主刑和附加刑。主刑的种类包括管制；拘役；有期徒刑；无期徒刑；死刑。附加刑的种类包括罚金；剥夺政治权利；没收财产。

（三）维护社会秩序和公共安全的《治安管理处罚法》

《中华人民共和国治安管理处罚法》是为了加强治安管理，维护社会秩序和公共安全，保护公民的合法权益，保障社会主义建设的顺利进行所制定的。而违反治安管理处罚法的将受到处罚。大学生应该懂得此法律的规定，在大学生日常生活行为中涉及较多，如赌博、故意殴打他人、扰乱公共秩序等都与该法律有关。

【案例 18】

2002 年 6 月 25 日晚 24 时许，广州一高校 2000 级学生曾某在校外商业街因赌球输后不给钱一事，被校外人员陈某（男，广州人，无业）打伤。赌球的中间人是徐某，下注 500 元。此事经派出所干警立案侦查后，认定曾、徐两同学的赌博行为是违反《中华人民共和国治安管理处罚法》的，对曾，徐两同学给予治安处罚。

（四）规定诉讼程序的诉讼法

1．管辖

管辖一般有以下三种。

（1）级别管辖。级别管辖是要划分上下级法院之间受理第一审民事案件的分工和权限。基层人民法院管辖第一审民事案件。

（2）地域管辖，大多可以遵循原告就被告的原则，《民事诉讼法》第 22 条是特殊的规定，采用原告住所地管辖。

（3）专属管辖，因不动产纠纷提起的诉讼，由不动产所在地人民法院管辖；因港口作业中发生纠纷提起的诉讼，由港口所在地人民法院管辖；因继承遗产纠纷提起的诉讼，由被继承人死亡时住所地或者主要遗产所在地人民法院管辖。

2．回避制度

回避制度是指审判人员具有法定情形，必须回避，不参与案件审理的制度。所谓法定情形是指法律规定禁止审判人员参加对案件审理的情形。

3．两种审判程序

简易程序，适用于事实清楚，权利、义务关系明确，争议不大的简单民事案件，由一个审判人员独任审理。

一般程序，对于案情较复杂、影响较大的案件，由审判员、陪审员共同组成合议庭或者由审判员组成合议庭。合议庭的成员人数必须是单数。

《民事诉讼法》第 10 条规定，人民法院审理民事案件，依照法律规定实行两审终审制度。所谓两审终审制度是指一个案件经过两级人民法院审判即告终结的制度，对于第二审人民法院做出的终审判决、裁定，当事人等不得再提出上诉，人民检察院不得按照上诉程序进行抗诉。

第十二章　大学生民法问题透视

第一节　总　　论

一、民法的概念

民法是调整平等民事主体的自然人、法人及其他非法人组织之间人身关系和财产关系的法律规范的总称，是国家法律体系中的一个独立的法律部门。

民法的特点表现为：民法是有国家强制力的社会生活规范；民法是调整社会生活中财产关系和人身关系的法律规范；民法是调整平等民事主体之间的社会关系的法律规范。

民法既包括形式上的民法（即民法典），也包括单行的民事法律和其他法律、法规中的民事法律规范。形式意义的民法是指以一定体例编纂的并以民法命名的成文法典。由于我国民法典尚未编纂，所以严格地说，我国还没有形式意义上的民法。但因我国《民法通则》是一部民事基本法，规范民事活动的基本准则，因此，也可以说《民法通则》就是形式意义上的民法。实质意义的民法是指作为部门法的民法。实质意义的民法又有广义民法与狭义民法之分。广义民法是指调整平等民事主体之间的财产关系和人身关系的法律规范的总称，也就是私法的全部。因此，凡是调整平等民事主体之间的财产关系和人身关系的法律规范，不论其以何种形式表现出来，均属于民法的范畴。狭义的民法，在民商分立的国家，指商法以外的私法。由于我国是民商合一的国家，商法并非作为—个独立的法律部门，因此，实质意义的民法是指广义的民法。

二、民法的调整对象

民法调整平等民事主体的公民之间、法人之间、公民和法人之间的财产关系和人身关系。即民法调整的对象就是平等民事主体之间的财产关系和人身关系。

1．民法调整平等民事主体之间的财产关系

财产关系是人们基于财产的支配和交易而形成的社会关系。民法调整的财产关系是发生于平等民事主体之间的。

（1）强调当事人身份的平等性。这与发生于上下级之间或与国家之间的调拨、没收、税收、罚款等截然不同，此类具有服从性质的财产关系，不由民法调整。

（2）可以被支配。不能被支配的资源，如四月星辰、气流风暴，不能作为财产。

（3）人身的物质要素不能作为财产。如人的器官、血液等。

（4）当事人意思表示自由。这是由民事主体地位平等的特点决定的。

平等民事主体之间的财产关系可分为以下两类。

（1）支配型财产关系，又称财产所有关系，表述的是财产归何人控制的状态，回答财产“是谁的”或“由谁利用”这样的问题。在支配型财产关系中，对物的支配，民法上谓之物权关系；对智力成果的支配，民法谓之知识产权。

（2）流转型财产关系，又称财产流转关系，反映的是商品交换中的财产关系，表述财产在交易中，即财产因买卖、租赁、借贷、承揽等行为而发生的移转状态。流转型财产关系在民法上谓之债的关系。

2．民法调整平等主体间的人身关系

人身关系是“人格关系”和“身份关系”的合称。民法调整的人身关系即是自然人的人格权关系和身份权关系。所谓人格是指自然人主体性要素的总称。人格关系是自然人基于彼此的人格或者人格要素而形成的关系。人格要素是与自然人人身不能分离的，没有直接经济内容的，包括生命、身体、健康等物质性要素和姓名、肖像名誉、荣誉、隐私等精神性要素。人格在法律上不得抛弃、不得转让、继承，也不受他人的非法限制，更不可与人身分离。根据《民法通则》的规定，法人亦享有名称权、名誉权、荣誉权等有限人格权。所谓身份是指自然人基于彼此的身份形成相互关系，包括父母子女、兄弟姐妹、祖父母、外祖父母等亲属关系。身份关系仅存在于自然人之间，也不得抛弃和转让。

三、我国民法的渊源和适用范围

（一）民法的渊源

1．民法渊源的概念

民法的渊源又称民法的法源，是指民事法律规范的来源或表现形式。我国民法的渊源主要是指国家有关机关在其职权范围内制定的有关民事的规范性文件。

2．民法渊源的种类

（1）制定法

制定法包括宪法中的民法规范；民法通则以及民事单行法；国务院发布的民事法规；地方性法规、自治条例的、单行条例；行政规章；最高人民法院的指导性文件；国际条约中的民法规范。

（2）习惯法

习惯法指国家认可的、由国家强制力保证实施的习惯。习惯成为法的渊源，必须具备一定的条件。

①相当长时期以来确有人们惯于遵行的事实；

②其内容有比较明确的规范性；

③现行法没有关于该项行为的规定，且与现行法基本原则没有抵触；

④需经国家认可并由国家强制力保证其实施。

（二）民法的适用范围

1．时间上的适用范围

（1）民法的生效和失效

民法的生效时间分即时生效和之后生效两种情况。即时生效是指自民法规范公布之日起生效，例如全国人大制定的《关于修改〈中华人民共和国中外合资经营企业法〉的决定》，就是从发布之日起施行的（2001 年 3 月 15 日）；之后生效指民法规范中指定于公布后经过一段时期生效，例如《民法通则》制定于 1986 年，自 1987 年 1 月 1 日起施行。

民法的失效时间主要有以下几种情况：新法直接规定废除旧法，例如《合同法》第 428 条规定，该法自 1999 年 10 月 1 日起施行，《经济合同法》《涉外经济合同法》《技术合同法》则同时废止；旧法的规定与新法的规定相抵触的，则抵触部分失效；国家机关颁布专门的规定宣布某些法律规范失效；在法院审判中，在对某一个案件可以适用两个以上的法律，而法律之间又相互冲突时，应根据新法优于旧法、后法优于前法的原则，以新法、后法为准。

（2）民事法律规范的激励问题

我国民事法律规范贯彻法律不溯及既往的原则，一般没有溯及力，但司法解释中另有规定的除外。

2．空间上的适用范围

民法在空间上的适用范围，是指民法在哪些地方发生法律效力。我国立法部门和政府制定的民法规范，其适用的空间范围及我国的领土、领空、领海，包括我国驻外使馆、在我国领域外航行的我国船舶和飞行器。但是，一些区域民法规范只能在特定的区域内有效；（1）全国人大及其常委会、国务院制定的法律法规中明确规定只适用于某一地区的，例如全国人大和国务院制定的适用于经济特区的民事法律规范；（2）地方性法规、民族自治地方的民事法规、经济特区的民事法规适用于制定者管辖的行政区域之内。

3．对人的适用范围

民法对人的适用范围是指民法对于哪些人具有法律效力。《民法通则》第8条第1款规定："在中华人民共和国领域内的民事活动，适用中华人民共和国法律，法律另有规定的除外。"即在我国境内的自然人及法人，除了法律另有规定的以外，均适用我国民法。我国自然人、法人在国外发生的民事法律关系，一般适用所在地的法律规定，但法律另有规定的除外。

四、我国民法基本原则

（一）民法基本原则的概念

民法基本原则是贯穿于整个民事立法，对各项民事制度和全部民法规范起统率和指导作用的基本准则。民法基本原则贯穿于整个民事立法，因而不同于民法内部某个具体的制度和原则。民法基本原则是民事法律制度所特有的，并区别于其他法律部门的立法精神与灵魂，因而不同于所有法律部门所共有的原则，如法不溯及既往原则就不是民法基本原则。

（二）我国民法基本原则的内容

1．自愿原则

所谓自愿原则是指民事主体在从事民事活动中，可以在法律规定的范围内，充分根据自己的内心意愿，设立、变更、终止民事法律关系。我国民法中的自愿原则是有以下含义：当事人有依法进行某种活动或者不进行某种活动的自由，他人无权干涉；当事人有选择行为相对人、行为内容与行为方式的自由；在商品生产与商品交换的过程中，当事人可以在不违背法律的情况下，自由为自己设定权利义务；当事人有权约定纠纷的解决条款，明确纠纷发生后的解决办法，在涉外民事法律关系中，当事人还可以自愿确定处理合同纠纷的准据法。

2．平等原则

所谓平等原则是指当事人之间的法律地位平等，而不是经济实力或其他条件的平等。其具体内容有；首先，公民的民事权利能力一律平等。任何公民都平等地享有民事权利能力，而不论其在民族、年龄、性别、文化程度、宗教信仰、经济实力等方面是否存在差异，也不论其政治地位的高低、精神的健全与否、是否有识别能力。除法律有特别规定以外，任何组织、个人均不得限制或者剥夺任何公民的任何民事权利能力。其次，不同的民事主体参加同一民事关系，适用同一法律，具有平等地位。即使是国家参加民事法律关系，也必须受民法规范的约束，没有任何特权。民事法律关系的各方当事人都是平等的，在权利义务的分配上必须平等协商，不得以强凌弱，以上欺下，强迫他方服从己方的意志。再次，民事权利平等地受法律保护。任何公民、法人的民事权益受到侵犯时，都可以依法实行自力救济或者公力救济，要求他人承担相应的民事责任。同样，任何民事主体侵犯了他人的权利都应当承担相应的民事责任。

3．公平原则

所谓公平原则，是指民事主体在进行民事活动中应当合乎社会公认的公平观念，司法机关在行使裁判权的时候，也应当体现公平的观念。公平是来自道德的观念，提倡公平是社会道德的必然要求。公平原则的具体内容有：民事主体在权利的享有和义务的承担上要公平合理，不能显失公平；民事主体合理承担民事责任，在通常状况下适用过错责任原则，责任与过错的程度相适应，双方对造成损失都没有过错的，按照公平责任原则合理分担损失；司法机关在处理民事纠纷时，应该考虑公平原则，使裁判既符合法律规定，又公平合理，特别在缺乏具体法律规定的情况下，裁判者更应当本着公平和正义的观念进行妥当的自由裁量。

4．等价有偿原则

所谓等价有偿原则是指民事主体在从事民事活动中，除法律另有规定或者当事人另有约定以外，应当按照价值规律的要求，取得他人财产利益或者得到他人劳务，均应当向对方支付相应的对价。这一原则是平等原则在经济利益上的反映，是价值规律在民法上的集中体现，主要适用于财产关系。

5．诚实信用原则

所谓诚实信用原则又称诚信原则，是指民事主体参加民事活动，行使权利和履行义务都应当诚实守信，以善意的方式履行义务，不得滥用权力去规避法律或合同规定的义务。同时，诚信原则还要求维持当事人之间的利益以及当事人利益与社会利益之间的平衡。诚实信用原则号称“帝王条款”，民法的许多具体制度都体现了这一原则。

6．禁止权利滥用原则

所谓禁止权利滥用原则指一切民事权利的行使均不得超过其正当界限，否则即构成权利的滥用，应当承担责任。权利的行使，原则上应当依照权利人的自由意思，不受他人干涉。但是，任何权利的行使都应当有一定程度和范围。如果权利的行使完全无视他人和社会利益，则违反了权利存在的宗旨。禁止权利滥用原则是诚实原则的当然内容。

第二节　民事法律关系

一、民事法律关系的概述

（一）民事法律关系的概念

民事法律关系是由民事法律规范所调整的社会关系，也就是由民事法律规范所确认和保护的社会关系。

（二）民事法律关系的特征

民事法律关系作为法律关系的一种，有法律关系的一般特征，如它是人和人的关系，是体现国家意志的社会关系等，同时它也有自己的具体特征。

1. 民事法律关系是主体之间的民事权利和民事义务关系。民法调整一定的财产关系和人身关系，赋予当事人以民事权利和民事义务，在民事法律关系产生以后，民事法律规范所确定的抽象的民事权利和民事义务便落实为约束当事人行为的具体的民事权利和民事义务。以民事权利和民事义务为内容，是民事法律关系与其他法律关系的重要区别。

2. 民事法律关系是平等主体之间的关系。民法调整平等主体之间的财产关系和人身关系，这就决定了参加民事法律关系的主体地位平等，他们相互独立、互不隶属。同时，由于主体地位平等，决定了其权利义务一般也是对等的，一方在享受权利的同时，也要承担相应的义务。

3. 民事法律关系主要是财产关系。民法以财产关系为主要调整对象，因此，民事法律关系也主要表现为财产关系。虽然民事法律关系也有人身关系，但在数量上只是一小部分。

4. 民事法律关系的保障措施具有补偿性和财产性。民法调整对象的平等性和财产性也表现在民事法律关系的保障手段上，即民事责任以财产补偿为主要内容，惩罚性和非财产性责任不是主要的民事责任形式。

（三）民事法律关系的要素

民事法律关系的要素是指构成民事法律关系的必要因素或必要条件。任何民事法律关系都是由几项要素构成的，否则民事法律关系便不存在。而且，民事法律关系的要素发生变化，民事法律关系也会随之变更。民事法律关系包括主体、内容和客体三个要素。

民事法律关系的主体也称为民事权利义务的主体或简称为民事主体，是指参加民事法律关系，享受民事权利并承担民事义务的人。作为民法中的主体有两个基本要件：客观存在；为法律所承认。在我国，能够成为民事主体的包括公民、个体工商户、农村承包经营户、法人和合伙组织等。国家作为整体，在一些场合也能成为民事法律关系的主体。

民事法律关系的内容是指民事主体所享受的权利和承担的义务，即民事权利和民事义务。这种权利义务内容是民法调整的社会关系在法律上的直接体现。任何个人和组织作为民事主体，参与民事法律关系，必然要享受民事权利、承担民事义务。民事权利是指法律赋予民事主体所享有的、为实现某种权益而为一定行为或不为一定行为的可能性。民事义务是指义务人为满足权利人的利益而为一定的行为或不为一定的行为的必要性。民事义务和民事权利一样，也是法律所确认的，同样也体现着个人利益和社会利益的统一。不同的是，民事义务体现了主体行为的必要性，而民事权利体现的是主体行为的可能性。

民事法律关系的客体是指民事主体享有的民事权利和承担的民事义务所共同指向的对象。民事法律关系客体主要包括：

1. 物。物是存在于人体之外，能够为人力所支配并且能满足人类某种需要，具有稀缺性的物质对象。

2. 行为。作为民事法律关系客体的行为是专指为满足他人利益而进行的活动，主要是提供劳务、提供服务的一类行为。保管、运输、加工承揽、演出等合同关系的客体是行为。

3. 智力成果。智力成果是脑力劳动创造的精神财富，如发明创造、文学作品等。智力成果是一种无形财产，是知识产权法律关系的客体。

4. 人身利益。人身利益包括生命健康、姓名、名誉、荣誉等。人身利益是人身权法律关系的客体。除此之外，有的民事法律关系的客体还可以是某种民事权利（如权利质押关系的客体是权利）或者民事义务（如债务移转合同的客体即被移转的债务）。

二、民事权利的概念和分类

（一）民事权利的概念

民事权利是指民事主体依法享有并受法律保护的利益范围，或者实施某一行为（作为或不作为）以实现某种利益的可能性。简单地说，就是权利主体对实施或不实施一定行为的选择权。在理解权利的概念时，要注意与权能和权限相区分，其中，权能通常指权利的具体形式；而权限是法律准许当事人意思发挥作用的范围。

（二）民事权利的分类

1. 根据民事权利是否以财产利益为内容，民事权利可分为财产权和人身权。

财产权指以财产利益为内容，直接体现财产利益的民事权利。财产权既包括物权、债权，继承权包括知识产权中的财产权利。

人身权指不直接具有财产内容，与主体人身不可分离的权利，包括人格权和身份权。

2. 根据权利的作用，民事权利可分为支配权、请求权、抗辩权和形成权。

支配权指主体对权利客体可直接加以支配并享受其利益的权利。物权、人身权、知识产权都属于支配权。

请求权指请求他人为一定行为或不为一定行为的权利。

抗辩权，广义上是指对抗请求权或否认他人的权利主张的权利，有的称为异议权；狭义上就是指对抗请求权的权利。

形成权，指权利人得以自己一方的意思表示而使法律关系发生变化的权利。

3. 根据民事权利效力所及的范围，民事权利可分为绝对权和相对权。

绝对权又称对世权，指其效力及于一切人，即义务人为不特定的任何人的权利。物权、知识产权、人身权都为绝对权。

相对权又称对人权，指其效力及于特定人的权利，即义务人为特定人的权利。债权是典型的相对权。

4. 根据两项相互关联的权利之间的关系，民事权利可分为主权利与从权利。

主权利指两项有关联的权利中不依赖另一权利可独立存在的权利。

从权利指两项有关联的权利中其效力受另一权利制约的权利。

5. 根据相互间是否有派生关系，民事权利可分为原权利与救济权。

原权利为基础权利，是权利性民事法律关系中的权利。

救济权是由原权利派生的，为在原权利受到侵害或有受侵害的现实危险时而发生的权利，是保护性法律关系中的权利。

6. 以是否已经具备全部的成立要件为标准，民事权利可分为既得权与期待权。

既得权也称完整权，指成立要件已经齐备的权利。期待权指因具备取得权利的部分要件，受法律保护，具有权利性质的法律地位。属于期待权的如保险合同受益人的权利、所有权保留买卖合同中买受人的权利。

三、民事义务的概念和分类

（一）民事义务的概念

民事义务是指义务主体为满足权利人的利益需要，在权利限定的范围内必须为一定行为或不为一定行为的约束。义务的根本特征在于其约束性，即为满足权利人的需要，义务人必须为一定行为或不为一定行为，否则义务人就会承担相应的民事责任。义务的范围是由权利限定的，超过权利人权利限定的范围，义务人没有必为某种行为的义务。

（二）民事义务的分类

1．法定义务和约定义务

根据义务发生的根据，民事义务可以分为法定义务与约定义务。

法定义务是指直接依据法律规定产生的而非由当事人约定的义务，如不得侵犯他人财物的义务。约定义务是指当事人自行约定的义务，如合同债务人的义务。

2．积极义务与消极义务

根据义务的内容，民事义务可分为积极义务与消极义务。

积极义务是指以义务人需为一定行为（作为）为内容的义务，如交付财物的义务。消极义务是指以义务人需不为一定行为（不作为）为内容的义务，如不干涉所有权人行使权利的义务。

3．专属义务与非专属义务

根据义务与义务主体的关系，民事义务可分为专属义务与非专属义务。

专属义务是指义务人不得将其移转给其他人负担的义务，如某特邀演员演出的义务指义务人可将其移转给他人负担的义务，如偿还欠款的义务。

四、民事法律事实

（一）民事法律事实的概念与分类

1．民事法律事实的概念

民事法律事实是指依法能够引起民事法律关系发生、变更或消灭的客观现象。

2. 民事法律事实的分类

法律事实的种类繁多，根据事实是否与当事人的意志有关，可将其分为事件和行为两大类。

（1）事件。事件是与当事人的意志无关的法律事实。事件可分为自然事件和人为事件，其中的自然事件本是自然现象，只是因其能引起民事法律关系的变动，才被列为法律事实，如人的死亡、地震等。死亡可能导致继承关系的发生，而地震将房屋震塌导致所有权的消灭，事前若投保，又导致保险赔偿关系的发生。

（2）行为。行为是与当事人的意志有关的法律事实。行为是法律要件中最常使用的法律事实。行为虽与当事人的意志有关，但根据意志是否需要明确对外做出意思表示，行为又被划分为表意行为和非表意行为。此外，行政或司法行为，有时也会发生一定的民事法律后果，例如法令的判决或裁定能够引起一定的民事后果。引起民事法律关系变化的就是民事法律事实，任何一个法律关系的产生、变更、消灭都是因为民事法律事实发生了变化。

（二）民事法律事实的构成

民事法律事实构成是指一个民事法律关系的产生、变更或消灭，必须因两个以上的民事法律事实的出现才能发生。这些相互结合，共同引起某一民事法律关系产生、变更或消灭的民事法律事实的总和称为事实构成。例如，遗嘱继承法律关系的产生，必须有被继承人订立遗嘱的行为（民事法律行为）以及被继承人死亡（事件）两个民事法律事实的出现才能引起。

第三节 民事责任概述

一、民事责任的概念、特征与分类

民事责任是民事主体因违反民事义务所应承担的民事法律后

果使受害人被侵犯的权益得以恢复或得到补偿。

民事责任具有以下主要特征:

1. 民事责任以民事义务为基础,是违反民事义务的法律后果。

2. 民事责任以恢复被侵害人的权益为目的。

3. 民事责任具有法律上的强制性。

4. 民事责任是保护性民事法律关系的内容。

民事责任的分类:

(一)侵权行为的民事责任

侵权行为的民事责任是指行为人因自己的过错,实施非法侵犯他人权益的行为,对受害人承担的民事责任。

(二)违反合同的民事责任

违反合同的民事责任又称违约责任。违约责任是指合同当事人不履行合同义务,或履行义务不符合合同约定或法律规定时,对另外一方当事人所应当承担的民事责任。

(三)缔约过失责任

缔约过失责任是指在合同缔约过程中,当事人一方或者双方因自己的过失而致合同不成立,无效或者被撤销,应对信赖合同为有效成立的相对人赔偿基于此项信赖而发生的损害。

二、侵权行为的民事责任

侵权行为就是指行为人由于过错侵害他人的人身或财产并造成损害,以及依照法律特别规定,依法应承担民事责任的行为。

1. 一般侵权行为与特殊侵权行为

一般侵权行为是指行为人基于主观过错实施的,应适用侵权责任一般构成要件和一般责任条款的致人损害的行为。例如故意侵占、毁损他人财物,故意诽谤他人名誉等行为。

特殊侵权行为是指由法律直接规定，在侵权责任的主体、主观构成要件、举证责任的分配等方面不同于一般侵权行为，应适用民法上特别责任条款的致人损害的行为。如《侵权责任法》中规定的高度危险责任、饲养动物损害责任等就属于特殊侵权行为。

2．单独侵权行为与共同侵权行为

单独侵权行为是指损害行为是由一人实施的侵权行为。

共同侵权行为是指损害行为是由两人或数人实施的侵权行为。共同侵权行为的构成特征表现在：其一，主体的复数性，加害人为两人或两人以上；其二，行为的共同性，多个加害人的行为彼此关联共同导致损害后果的发生；其三，结果的单一性，数个加害行为共同产生一个损害后果。《侵权责任法》中第 8 条规定：两人以上共同实施侵权行为，造成他人损害的应当承担连带责任。

3．积极的侵权行为与消极的侵权行为

积极的侵权行为是指行为人违反对他人的不作为义务，以一定的行为致人损害的行为。例如不法占有他人财物；冒用他人商标；侵害他人身体等等。

消极的侵权行为是指行为人违反对他人负有的作为义务，以一定的不作为致人损害的行为。如建筑施工中未设置警示标志，致使他人损害的；保管人未尽保管义务，致使被保管物遗失等等。

三、侵权行为民事责任的规则原则

我国《民法通则》和《侵权责任法》规定的侵权行为归责原则有以下三种。

1．过错责任原则

过错责任原则是指当事人的主观过错是构成侵权行为的必备要件的归责原则。过错是行为人决定其行动的—种故意或过失的主观心理状态。

2．无过错责任原则

无过错责任原则是指当事人实施了加害行为，尽管其主观上无过错，但是根据法律规定（《民法通则》第 106 条第 3 款）仍应承担责任的归责原则。

3．公平责任原则

公平责任原则指损害双方的当事人均无过错，但如不补偿受害人的损失又显失公平的，法院可根据具体情况和公平原则，要求当事人分担损害后果。

四、侵权行为民事责任的承担方式

在《民法通则》中规定的民事责任承担方式共有 9 种，在新颁布的《侵权责任法》中民事责任的承担方式改成了 8 种，其实质内容并没有什么变化，只是把原本的第 8 种消除影响和第 9 种恢复名誉合成了现在的第八种责任形式。

1．停止侵害

停止侵害即指侵权行为人终止其正在进行或者延续的损害他人合法权益的行为。

2．排除妨碍

排除妨碍即指侵权行为人排除由其行为造成的妨碍他人权利正常行使和利益实现的客观事实状态。

3．消除危险

消除危险即指侵权行为人消除由其行为引起的现实存在的某种可能对他人合法权益造成损害的紧急事实状态。

4．返还财产

返还财产即指侵权行为人将其非法占有或获得的财产返还给原所有人或其他合法的权利人。

5．恢复原状

恢复原状即指使受害人的财产恢复到受侵害之前的状态。

6．赔偿损失

赔偿损失即指行为人违反民事义务致人损害后，以其财产赔偿受害人所受的损失。这是适用最广泛的承担责任方式。

7．赔礼道歉

赔礼道歉即指由授权行为人以口头或书面的方式向受害人承认错误、表达歉意的承担责任方式。

8．消除影响、恢复名誉

消除影响、恢复名誉即指侵权行为人在其行为造成不良影响的范围内消除对受害人的不利后果，并且采取适当方式使受害人的名誉恢复到未受损害之前的状态。

以上承担侵权责任的方式可以单独适用，也可以合并适用。

五、一般侵权行为的民事责任

（一）一般侵权行为民事责任的成立要件

一般侵权行为的构成要件是指在一般情况下，构成侵权行为所必须具备的因素。只有同时具备这些因素，侵权行为才能成立。一般侵权行为的构成要件包括：有加害行为、有损害事实的存在、加害行为与损害事实之间有因果关系、行为人主观上有过错四个方面。

（二）一般侵权行为民事责任的免责事由

1．不可抗力

《民法通则》和《侵权责任法》明确规定：因不可抗力而不能履行合同或者造成他人损害的不承担民事责任，法律另有规定的除外。《民法通则》第 153 条规定本法所称的不可抗力是指不能预见、不能避免并不能克服的客观情况。

2．受害人故意或重大过失

因受害人故意或重大过失导致其民事权利被侵害的，可以减轻或免除加害人的民事责任。

3. 正当防卫和紧急避险

正当防卫和紧急避险是法律允许的自力救济手段。

根据《民法通则》第 128 条的规定：因正当防卫造成损害的不承担民事责任。正当防卫超过必要的限度，造成不应有的损害的应当承担适当的民事责任。根据《民法通则》第 129 条的规定：因紧急避险造成损害的，由引起险情发生的人承担民事责任。如果危险是由自然原因引起的，紧急避险人不承担民事责任或者承担适当的民事责任。因紧急避险采取措施不当或者超过必要的限度，造成不应有的损害的，紧急避险人应当承担适当的民事责任。《侵权责任法》第 30 条规定：因正当防卫造成损害的不承担责任。正当防卫超过必要的限度，造成不应有的损害的，正当防卫人应当承担适当的责任。第 31 条规定：因紧急避险造成损害的，由引起险情发生的人承担责任。如果危险是由自然原因引起的，紧急避险人不承担责任或者给予适当补偿。紧急避险采取措施不当或者超过必要的限度，造成不应有的损害的，紧急避险人应当承担适当的责任。

4. 第三人过错

行为人本身没有过错，因第三人的过错导致侵权结果发生的，行为人不具备主观过错要件，因此不承担民事责任。

六、特殊侵权行为的民事责任

（一）职务侵权行为民事责任

《民法通则》第 121 条规定，国家机关或者国家机关工作人员在执行职务时，侵犯公民、法人的合法权益造成损害的，应当承担民事责任。

（二）雇员致人损害的民事责任

《侵权责任法》第 34 条规定：用人单位的工作人员因执行工

作任务造成他人损害的，由用人单位承担侵权责任。劳务派遣期间，被派遣的工作人员因执行工作任务造成他人损害的，由接受劳务派遣的用工单位承担侵权责任；劳务派遣单位有过错的，承担相应的补充责任。

（三）产品质量不合格致人损害的民事责任

《侵权责任法》第 41 条规定：因产品存在缺陷造成他人损害的，生产者应当承担侵权责任。第 42 条规定：因销售者的过错使产品存在缺陷，造成他人损害的，销售者应当承担侵权责任。

（四）高度危险作业致人损害的民事责任

《侵权责任法》第 69 条规定；从事高度危险作业造成他人损害的，应当承担侵权责任。

《侵权责任法》第 72 条规定：占有或者使用易燃、易爆、剧毒、放射性等高度危险物造成他人损害的，占有人或者使用人应当承担侵权责任，但能够证明损害是因受害人故意或者不可抗力造成的，不承担责任。被侵权人对损害的发生有重大过失的，可以减轻占有人或者使用人的责任。

《侵权责任法》第 73 条规定：从事高空、高压、地下挖掘活动或者使用高速轨道运输工具造成他人损害的，经营者应当承担侵权责任，但能够证明损害是因受害人故意或者不可抗力造成的，不承担责任。被侵权人对损害的发生有过失的，可以减轻经营者的责任。

（五）污染环境致人损害的民事责任

《侵权责任法》第 65 条规定：因污染环境造成损害的，污染者应当承担侵权责任。

（六）在公共场所施工致人损害的民事责任

《侵权责任法》第 91 条规定：在公共场所或者道路上挖坑、

修缮安装地下设施等，没有设置明显标志和采取安全措施造成他人损害的，施工人应当承担侵权责任。窨井等地下设施造成他人损害，管理人不能证明尽到管理职责的，应当承担侵权责任。

（七）建筑物等倒塌、脱落、坠落致人损害的民事责任

《侵权责任法》第 86 条规定：建筑物、构筑物或者其他设施倒塌造成他人损害的，由建设单位与施工单位承担连带责任。建设单位、施工单位赔偿后，有其他责任人的，有权向其他责任人追偿。

因其他责任人的原因，建筑物、构筑物或者其他设施倒塌造成他人损害的，由其他责任人承担侵权责任。

（八）动物致人损害的民事责任

《侵权责任法》第 78 条规定：饲养的动物造成他人损害的，动物饲养人或者管理人应当承担侵权责任，但能够证明损害是因被侵权人故意或者重大过失造成的，可以不承担或者减轻责任。

（九）被监护人致人损害的民事责任

《侵权责任法》第 32 条规定：无民事行为能力人、限制民事行为能力人造成他人损害的，由监护人承担侵权责任。监护人尽到监护责任的，可以减轻其侵权责任。有财产的无民事行为能力人、限制民事行为能力人造成他人损害的，从本人财产中支付赔偿费用，不足部分，由监护人赔偿。

（十）医疗损害民事责任

《侵权责任法》第 54 条规定：患者在诊疗活动中受到损害，医疗机构及其医务人员有过错的，由医疗机构承担赔偿责任。第 55 条规定：医务人员在诊疗活动中应当向患者说明病情和医疗措施。需要实施手术、特殊检查、特殊治疗的，医务人员应当及时

向患者说明医疗风险、替代医疗方案等情况，并取得其书面同意；不宜向患者说明的，应当向患者的近亲属说明，并取得其书面同意。医务人员未尽到前款义务，造成患者损害的，医疗机构应当承担赔偿责任。

七、违反合同的民事责任

（一）违约责任

违约责任是合同当事人不履行或不适当履行合同义务所产生的责任。如果当事人违反的不是合同义务，而是法律规定的其他义务，则应负其他责任。

1．违约责任产生的条件

违约责任是合同当事人不履行或不适当履行合同义务所产生的责任。如果当事人违反的不是合同义务，而是法律规定的其他义务，则应负其他责任。

2．违约责任的相对性

合同关系具有相对性，由于合同关系的相对性，决定了违约责任的相对性。这种相对性是指违约责任只能在特定的当事人之间即合同关系的当事人之间发生；合同关系以外的人，不负违约责任，合同当事人也不对其承担违约责任。

3．违约责任的补偿性

违约责任的补偿性是指违约责任旨在弥补或补偿因违约行为造成的损害后果。从我国合同立法的实际情况看，对违约责任性质的认识经过了一个过程，即从当初的以制裁为主演变到现在的以补偿为主。具体来说，违反合同的当事人一方承担违约责任，主要目的在于消除由于其违约而给合同履行带来的不利影响，赔偿对方当事人因此所受到的经济损失。

4．违约责任可以由当事人约定

违约责任尽管具有明显的强制性特点，但是作为民事责任的一种，仍有一定的任意性，即当事人可以在法律规定的范围内，对一方的违约责任做出事先的约定。根据《合同法》第 114 条的规定，当事人可以约定一方违约时应当根据违约情况向对方支付一定数额的违约金，也可以约定因违约产生的赔偿损失额的计算方法。

5．违约责任是民事责任的一种形式

民事责任是指民事主体在民事活动中，因实施违法行为而依照《民法通则》应承担的民事法律责任。

（二）违反合同的民事责任的成立要件

1．违约行为

（1）预期违约

违约行为发生于合同履行期届满之前的为预期违约。

（2）实际违约

实际违约是指在履行期限到来以后，当事人不履行或不完全履行合同义务。

2．无免责事由

《合同法》中违约责任免责的情形，即根据《合同法》第 117 条规定，因不可抗力不能履行合同的，根据不可抗力的影响，部分或全部免除责任，但法律另有规定的除外。当事人迟延履行后发生不可抗力的，不能免除责任。

本法所称不可抗力是指不能预见、不能避免，并不能克服的客观情况。

（三）违反合同的民事责任的承担方式

1．继续履行

继续履行也称为强制继续履行、依约履行、实际履行。作为一种违约后的补救方式，继续履行是指在一方违反合同时，另一方有权要求其依据合同的规定继续履行。

2．损害赔偿

损害赔偿是指违约方用金钱来补偿另—方由于其违约所受损失。

3．违约金

违约金是指债权人或债务人完全不履行或不适当履行债务时，必须按约定给付他方的一定数额的金钱。违约金是债的担保的一种，也是对违约的一种经济制裁。违约金的设立是为了保证债的履行，即使对方没有遭受任何财产损失，也要按法律或合同的规定给付违约金。

4．定金

定金是在合同订立或在履行之前支付一定数额的金钱作为担保的担保方式。

第十三章　保护自我　远离伤害

在新的时代环境下，针对大学生的伤害事件时有发生，同时，大学校园内酗酒滋事、打架斗殴等违法犯罪现象也屡禁不止，引起学生家长、学校和社会的高度重视。保护自我，远离伤害，关键是要不断增强大学生的自身安全防范意识和能力，使大学生接受必要的安全教育和安全技能训练，掌握必要的安全常识和相关的法律法规知识。只有这样，才能使大学生实现保护自我、远离伤害的目的，也才能实现学校的安全与稳定。

一、校园生活安全

大学生活是人一生中最活跃的时期，大学校园充满朝气和活力，但校园并非“世外桃源”，社会当中一些不良的、不健康的社会风气会时时浸染校园生活，在静谧和欢乐的校园中同样存在着许多大学生必须关注的生活安全问题。

（一）在校园生活中，应当主动避免和抵制以下一些行为，注意安全

1．合理控制饮酒，避免饮酒过量，防止醉酒和酒精中毒

酒是一种能够刺激和麻痹神经系统的物质。少量饮酒可以促进血液循环，起到舒筋活血的作用，但是，饮酒过量会造成醉酒和酒精中毒，从而危害肝脏、增加得癌的危险、影响记忆和判断力，对身体造成很大的伤害，甚至危及生命安全。很多人在醉酒后失去理智和控制，常常会与他人发生冲突，打架斗殴、寻衅滋事、伤害无辜，做出追悔莫及的事情，造成不可挽回的损失。

2．赌博有危害，大学生应自觉抵制，拒绝参与赌博

赌博是一种丑恶的社会现象和生活陋习。赌博是利用赌具，以钱财作为赌注，以占有他人利益为目的的违纪违法行为。大学生参与赌博百害而无一利，它不仅打乱人们正常的学习生活秩序，违反校纪校规，污染校园风气，荒废学业，而且影响人们的身心健康，容易使人走上违法犯罪的道路，输光钱财，输掉青春。

3．远离毒品，珍爱生命

根据《刑法》第357条规定，毒品是指鸦片、海洛因、甲基苯丙胺（冰毒）、吗啡、大麻、可卡因以及国家规定管制的其他能够使人形成瘾癖的麻醉药品和精神药品。吸毒会严重危害人的身体健康，危及人的生命，摧残人的意志和精神，使人丧失理智，耗尽钱财，毁灭家庭，诱发犯罪，危害社会。

4．洁身自爱，拒绝色情诱惑，抵制淫秽制品

黄色淫秽制品是指具体描绘性行为或者露骨宣扬色情的淫秽性的网页、书刊、影片、录像带、录音带、图片及其他淫秽物品。抵制淫秽制品，一是对黄色淫秽物品要坚决做到不看、不传、更不能参与制作和贩卖；二是要洁身自爱，读好书、结好友，积极参加健康有益的文体娱乐活动，丰富充实自己的大学生活；三是要树立正确的人生观，增强自身防范意识和辨别能力，培养高尚的道德情操。

5．崇尚科学，抵制邪教，警惕非法传教

邪教不是宗教，邪教组织是指假借宗教、气功或者其他名义建立的以神化首要分子，利用制造、散布迷信邪说等手段蛊惑、蒙骗他人，发展、控制成员，危害社会的非法组织。邪教组织主要具有教主崇拜、精神控制、编造邪说、敛收钱财、秘密结社和危害社会等特征，其本质是反社会、反科学、反人类的。全世界有很多国家都不同程度地存在着一些邪教组织，如我国的“法轮功”，日本的“奥姆真理教”。邪教的危害性具体表现为：

（1）残害生命，侵犯人权；（2）骗取钱财，精神控制；（3）破坏生产，扰乱社会；（4）侵蚀政权，践踏法律。

6. 预防食物中毒，科学健康饮食

食物中毒系指摄入了含有生物性、化学性有毒有害物质的食物，或把有毒有害物质当成食物摄入后，所出现的非传染性急性或亚急性疾病。食物中毒一般在餐后半小时至 48 小时期间就会出现腹痛、恶心、呕吐、腹泻等急性肠胃炎症状。除此之外还可能出现头痛、怕冷、发热、乏力、瞳孔散大、视力模糊、吞咽及呼吸困难等神经系统症状，中毒严重者可因腹泻造成脱水性休克或因衰竭而死亡。预防食物中毒：一是不食用过期变质的食品，不食用毒死病死的动物，不食用“三无”伪劣食品，不食用变馊的食品，不食用半生不熟的烧烤肉类食品；二是不饮用生水及过期变质的饮料，食用凉菜、瓜果、蔬菜要认真清洗和消毒；三是不到卫生条件差的餐馆就餐，养成良好的个人卫生习惯，饭前便后要洗手。

7. 校外租房隐患多，禁止擅自校外住宿

教育部《关于进一步做好高校学生住宿管理的通知》指出，要认真落实按班级住宿的工作要求，原则上不允许学生自行在校外租房居住。大学生校外住宿存在很多安全隐患：一是破坏了学校的管理秩序，给学校的管理造成了“死角”，单独住宿缺乏老师和同学的正常监管和交流；二是周边治安环境复杂，缺乏安全保障，易引发治安和刑事案件；三是租赁双方多为违规租房，造成伤害或者纠纷难以解决。

（二）对于学习、生活中常见的问题，了解正确的处理方法

1. 反映学校管理工作中出现的问题，应通过正常途径和程序

学校人多事杂，在管理上难免出现这样那样的问题，部分同学对学校管理工作有意见，这是很正常的，也是可以理解的，但

在反映问题时一定要讲究方式、方法。一是通过学生会干部或者班级干部及时转告你的意见和想法；二是向辅导员和院系党政领导反映你的意见和要求；三是直接找学校有关部门的工作人员处理你迫切需要解决的问题；四是利用院系领导群众来访接待日，直接向学校最高领导反映意见；五是在向有关领导或有关人员反映意见和要求时，态度要谦逊，注意文明礼貌，以便问题的解决；六是在反映意见时，也要谅解领导难处。

2．正确应对不利于学校安全稳定的群体性事件

一是遇事要头脑冷静，切勿冲动，理智地思考，正确判别该事件及相关问题的是非曲直；二是帮助邀约你的同学或朋友权衡利弊，明辨是非，提出自己的忠告和合理化建议；三是为了避免矛盾激化，防止扩大事态，应主动向学校相关部门反映情况；四是如果你发现有极少数别有用心的人进行恶意煽动、闹事，破坏学校稳定时，要敢于与之斗争；五是一旦发生群体性事件，要积极配合政府和学校相关部门依法处理，同时做好其他同学的疏导工作。

3．正确处理同学之间发生的矛盾和冲突

在人的一生中，同学之间的友情是最纯真、最美好、最无私的，但是，由于大家来自五湖四海，学习和生活习惯不同，天长日久，大家在建立同学感情的同时，也难免发生一些矛盾和冲突。因此，同学之间要学会正确处理好这些问题，建立良好的人际关系，避免发生矛盾和冲突。应该把握以下原则：一要以和为贵，不要得理不饶人、以牙还牙、心存报复；二要大事化小、小事化了，不要扩大事态、引发众怒；三要及时化解矛盾和冲突，不要久拖不决、节外生枝。其具体的处理方法：一是应克制情绪，避免矛盾激化，冲突扩大；二是要相信学校，就近寻求老师和同学的帮助；三是涉及违法犯罪时，应向学校保卫部门或公安部门报案；四是要及时向所在院系说明情况，由所在院系领导或者老师出面协调处理。

思考题

1. 你认为校园生活中容易发生的安全问题还有哪些？应该如何预防？

2. 在日常生活中如何抵制黄、毒、赌的侵袭？

3. 如何正确处理老师与学生之间、学生与学校之间、同学与同学之间的矛盾？

二、财产安全

大学生离开家庭进入校园后，相对独立地掌握和使用着有限的财物，这是其积累社会经验、历练成长的必经之路。除了学生本人要计划开支和节约使用外，还要加强对财物的保管，防止被盗、被骗、被抢劫，为此，应注重提高以下三种能力。

（一）防盗能力

盗窃是指以非法占有为目的，秘密窃取公私财物数额较大或者多次盗窃公私财物的行为；盗窃是校园中常见的一种违法犯罪现象，其中大部分发生在学生之间的内盗。做好防盗工作可从以下几个方面着手：一是将自己多余的现金存入银行并加密，妥善保管存折和银行卡；不要选用自己的出生日期作为密码，以防存折和卡丢失后被人冒领；要特别注意不要将存折与身份证放在一起，以防失窃后被人冒领；发生失窃后要及时向银行挂失。二是将自己的贵重物品锁入柜内并隐藏起来，以防被人顺手牵羊和乘虚而入。三是保管好自己的钥匙，不要随意乱丢乱放。四是同学间应相互提醒最后离开宿舍的人，一定要把门锁好。五是不要随便留宿非本宿舍人员，特别是不能留宿不知底细的人。六是一旦发生被盗要立即报案，并注意保护好现场，及时为办案人员提供被盗详细经过及破案线索，以便及早破案。

（二）防劫能力

抢劫是指以非法占有为目的，当场使用暴力、胁迫或者其他方法，强行劫取财物的犯罪行为。抢劫严重侵害了学生的财产及人身权利，威胁了学生的生命安全。为了避免遭抢劫要注意做到以下几点：一是不外露炫耀随身携带的贵重物品，单独外出不带大量的现金。二是尽量避免独自外出，注意结伴而行。三是不要独自到偏僻、偏远的地方，避开无人之地。四是尽量避免滞留在外夜不归宿或晚归。五是穿戴适宜简洁，尽量使自己活动方便。一旦遭到抢劫可以采取以下措施：一是要想办法极力反抗。二是尽量与其周旋，同时大声警告对方，以引来援助者，并设法给对方造成心理上的恐惧，使其自动放弃继续作案。三是无法与对方抗衡时，看准时机奔跑，并大声呼救。四是自己处于无法反抗时，要尽量拖延时间，寻找脱身时机。五是乘对方不注意时，在其身上留下暗记，注意对方的逃跑方向等。六是尽量记住对方的相貌、衣着、语言和行为特征，及时报案，为办案人员及时破案提供准确线索，使不法分子得到严惩。

（三）防骗能力

诈骗是指以非法占有为目的，用虚构事实或者隐瞒真相的方法，骗取数额较大的公私财物的行为。对涉世不深的大学生来讲，防止被骗尤其重要，犯罪分子骗学生的招数大致有以下几种：一是通过上网聊天交友，编造谎言进行诈骗；二是假称自己发生意外，利用同情心理寻机诈骗；三是以恋爱为名进行诈骗；四是编造学生在学校受到意外伤害，对学生家长及亲属实施诈骗；五是冒充学校工作人员诈骗学生；六是利用手机发短信息中奖诈骗；七是不在马路边向无证摊贩购买自己不了解价格和质量标准的商品；八是提防魔术行骗，不参与骗子的游戏活动；九是警惕骗子利用封建迷信诈骗。这方面的例子不胜枚举，为此遇事一定要冷静思考，不要盲目轻信各种诱惑，不要贪图蝇头小利，不要相信“天上掉馅饼”。

思考题

1. 如何有效地保护自己的财产安全？
2. 当自己的贵重物品丢失后怎么办？
3. 当自己遭遇被骗、被抢劫时怎么办？

三、网络安全

网络是一把双刃剑，一方面为我们的学习、工作提供了快速便捷，提高了学习工作效率，同时为我们的业余娱乐生活提供了丰富的资源；另一方面网络上也存在一些不可忽视的消极因素，存在很多负面影响。如何让大学生既能有效地利用网络进行学习和工作，利用网络进行健康文明的娱乐活动，避免负面影响是安全教育的一个重要方面。

（一）不要沉迷于网络

少数学生在进入大学以后，远离家长的管控，缺乏自控力，把大量的时间和精力投入到虚拟的网络世界里，沉迷于网上聊天、网络游戏等，导致出现心理扭曲、性格孤僻、健康状况下降等一系列不良现象；更有甚者盲目模仿网上行为，在网上进行违法犯罪活动；有的学生喜欢长时间泡在网吧，连续通宵上网，长时间不吃不喝，造成身体严重脱水，发生晕倒甚至猝死现象。

（二）抵制网络不良信息

大学生好奇心强，容易接受新观念，但又涉世不深，缺乏一定的辨别能力。网上存在很多不良信息，大学生容易受这些不良信息的侵袭，诱发违法犯罪行为。据国家相关部门统计，青少年罪犯中有 80%的人曾经受到网络不良信息的诱惑，他们有的整天沉湎于网络世界，有的受到网络黄色信息的侵蚀，从而走向盗窃、诈骗、抢劫、强奸等犯罪道路，因此，大学生应自觉抵制网络不良信息，浏览健康文明的网页。

（三）网上言论不容触犯法律

网络给人们带来了广泛的信息交流空间，人们可以通过网络交流思想，获取知识信息，开展电子商务和娱乐活动等。但有的人为泄私愤，图一时之快，在网上胡作非为，散布有损党和国家形象的言论，随意造谣传谣，诬蔑攻击他人，从而引起社会恐慌，造成社会动荡，给党和国家造成巨大损失，给人们精神生活带来不安。

（四）防网络伤害

一是不在网上随便透露个人真实信息，如真实姓名、家庭地址、联系电话、就读的学校和班级等。二是不向陌生人发送自己的真实照片，不与陌生人视频聊天，以免照片或视频被截图后用于非法目的，给自己造成不必要的伤害；如果发现自己的照片或视频截图被非法利用，应立即向公安网监部门报警；三是不要在网上说过激的语言，避免与他人发生冲突。四是遭遇有人在网上对你进行侮辱和谩骂，可直接在网上向公安网监部门投诉，必要时可保留证据，向人民法院提起诉讼。

（五）避免遭遇网络陷阱

一是不要轻易相信网上（包括手机短信）中奖之类的信息，某些不法网站利用一些人贪图小便宜的心理，常常通过要求中奖人汇寄缴纳税费、提供信誉卡号或个人资料等方式，骗取个人钱物和资料信息等。二是不要轻信互联网上来历不明的测试个人情商、智商、交友之类的测试软件，这类软件大多要求提供个人真实资料，这恰恰是一个网络陷阱。三是不要轻易将自己的电话号码、手机号码在网上注册，往往在注册成功后，要缴纳高额的电话费，而且还会受到一些来历不明的电话和信息的骚扰。四是网上购物时要选择合法的、信誉度较高的网站交易，务必要对网站的信誉度、安全性、付款方式和信誉卡付费的保密性进行考查，防止个人账号、密码遗失和被盗，造成不必要的损失。五是避免与未提供足以辨识和确认身份资料的电子商店进行交易，谨防上当受骗。

思考题

1. 沉迷网络的危害有哪些？
2. 如何正确使用网络？
3. 如何防范网络对我们的伤害？

四、消防安全

学校是人群高度集中的地方，一旦发生火灾，就会给人们的生命财产造成巨大损失，后果不堪设想。为此，同学们要做到“三懂、三会”，即懂火灾的危害性、懂火灾的扑救方法、懂预防火灾的措施；会报火警、会使用灭火器、会逃生自救。“隐患险于明火，防范胜于救灾，责任重于泰山。”希望同学们严格遵守各项防火制度，从根本上减少或避免校园火灾事故的发生。

（一）引发火灾的主要原因

校园火灾发生的主要原因有：一是乱拉乱接电源线，特别是在宿舍里乱拉乱接电源线；二是乱扔未熄灭的烟头或在床上抽烟，把燃烧的烟头放在可燃物上做事忘记熄灭；三是违规使用明火，如宿舍内点蜡烛、烧酒精炉、焚烧杂物等；四是违规使用电炉、电磁炉、电饭锅、电热壶、电热毯、电熨斗、电吹风、电热棒等大功率电器；五是学生在实习实训室和实验室做实验操作不慎；六是在学生寝室私自存放易燃易爆物品等。

（二）火灾的扑救

扑救初期火灾的基本方法：（1）断绝可燃物；（2）冷却；（3）窒息；（4）扑打；（5）断电；（6）阻止火势蔓延。四种基本的灭火方法：一是隔绝法，（1）迅速将未着火的可燃物转移到安全处，或者将着火物转移到没有可燃物处；（2）拆除邻近可能燃烧的建筑物；（3）关闭燃烧气（液）体的阀门，断绝气（液）体来源；（4）用沙土等物体堵塞燃烧的液体；（5）用阻燃物遮盖受火势威胁的可燃物等。二是窒息法，就是使燃烧因缺氧而窒息熄灭的方法。（1）封闭着火的空间，如油锅起火时只需用锅盖盖住就能使火熄灭；（2）使着火的空间充满惰性气体或水蒸气；（3）用湿棉被、湿麻袋等捂盖着火物；（4）喷射二氧化碳、氮气、干粉、泡沫、雾状水等。三是冷却法，就是将水、泡沫、二氧化碳等灭火剂喷洒到着火物上，使其温度降低到燃点温度之下，火就会熄灭。（1）用直流水喷射着火物；（2）不间断地向着火物附近的未燃烧物喷水降温等。四是抑制法，就是通过干扰抑制自由基，中断燃烧链式反应的一种化学灭火方法。如：向着火物喷射卤代烷（如 1211、1301 等）、干粉等灭火剂，覆盖火焰，中断燃烧。扑救火灾时应遵循以下原则：（1）报警早，损失小；边报警，边扑救。（2）先控制，后灭火；先救人，后救物。（3）防中毒，防窒息；听指挥，莫惊慌。

（三）灭火器的使用

（1）干粉灭火器的使用：使用干粉灭火器前，要先将灭火器上下颠倒几次，使干粉松动，然后撤除铅封，拔去保险销，一只手握住胶管，将喷嘴对准火焰的根部，另一只手按下压把，干粉即可喷出。（2）泡沫灭火器的使用：用手握住灭火器的提环，平稳快速地提往火灾现场，不要横扛横拿；灭火时，一手握住提环，另一手握住筒身的底部，将灭火器颠倒过来，喷嘴对准火源，用力摇晃几下，即可灭火。（3）1211 灭火器的使用：首先撕下铅封，拔掉保险销，然后在距火源 1.5～3 米处，用力按下压把，压杆将密封阀打开，灭火剂在氮气压力作用下喷出；松开压把，喷射停止；使用该灭火器时应垂直操作，不可水平和颠倒使用。

（4）二氧化碳灭火器的使用：如果是手动开启式（即鸭嘴式）的灭火器，使用时先拔掉保险销，一手持喷筒把手对准火源根部，一手紧压压把，二氧化碳即可喷出，将手松开即可关闭；如果是螺旋开启式（即手轮式）的，使用时先将铅封去掉，翘起喷筒对准火源根部，一手提提把，一手将手轮顺时针方向旋转开启，高压气体即可喷出。

（四）火灾的预防方法

应自觉遵守宿舍安全管理规定，不在宿舍内吸烟；不乱拉乱接电线；不使用电炉、热得快、电热杯、电饭煲等学校禁止使用的电器设备；不在宿舍使用明火；不将易燃易爆物带进宿舍；使用台灯不要靠近枕被褥和蚊帐等；不在宿舍内焚烧杂物；发现安全隐患应及时向管理人员或有关部门报告；爱护消防设施和灭火器材，不随意移动或挪作他用；寝室离人时，应关掉电器和电源开关等。

（五）火场逃生与自救

火场逃生与自救的原则：（1）发生火灾早报警；（2）保持冷静不惊慌；（3）择路逃生不盲从；（4）逃离险情不恋财；（5）注意防护避烟毒；（6）逃生避难看环境；（7）逃离火场防践踏；（8）利用条件找出路；（9）穿过烟区弯腰跑；（10）电梯逃生不可行；（11）逃生途中不乱叫；（12）身上着火不乱跑；（13）室内着火闭门窗；（14）披毯裹被冲出去；（15）顾全大局互求助。火场逃生与自救的主要方法：一是初起火灾易扑灭，在消防车未到前，利用就近的消防设施及时抢救，常能转危为安。二是一旦发生火灾事故，要迅速报告或呼救，情况紧急可直接拨打“119”火警电话。三是下楼通道被火封住，欲逃无路时，要尽量逃到易于被人发现和能避免烟火近身的地方，发出求救信号，引起救援人员的注意。四是邻室起火，万勿开门，应跳入窗户阳台，呼喊救援或用前法脱险。五是烟雾较浓时，不必惊慌，应降低身体匍匐前进，呼吸要小而浅。六是逃离时，要用湿毛巾、湿衣服、湿布类掩住口鼻。七是逃离前必须先把着火的房门关紧，使火焰、浓烟禁锢在一个房间之内，不至于使火势蔓延。

思考题

1. 消防安全工作总的指导思想是什么？“三懂、三会”的内容有哪些？

2. 如何扑救初期火灾和正确使用灭火器？

3. 当自身被大火围困时，如何逃生与自救？

五、大学生实习就业安全

涉世不深的大学生在实习求职打工过程中受骗受害的事件屡见报端，当家教找工作受骗，搞兼职做推销上当，落入传销陷阱难以脱身等等。大学生实习就业的安全问题让人担忧，加强实习就业时的安全防范成为每个大学生必须重视的问题。

1. 在外实习期间要做到不要酗酒，以免饮酒过度发生意外；不参与赌博，不吸毒贩毒，不涉足黄色场所和淫秽制品；不参与封建迷信活动，不听不看邪教宣传，不参加任何非法组织；与人交往要注意文明礼貌，避免与他人发生冲突，要克制自己的情绪，严禁打架斗殴；遇到突发事件及时报警，确保自身生命安全不受侵害，做到遵纪守法。

2. 实习就业期间要妥善保管好自己的存折、银行卡和各种证件，外出要注意行李物品财物安全，防止丢失被盗；晚上不要单独外出，防止发生伤害；不轻易与网友会面，不向陌生人透露自己的真实情况和信息；不随意进入陌生人的单身宿舍，或让陌生人随意进入自己的单身宿舍，离开宿舍时要及时上锁。

3．自觉遵守交通规则，不酒后开车或无证驾驶；外出时不要乘坐非法营运的交通工具，以免发生意外得不到合理的赔付；不要贪图方便和便宜，谨防上当受骗。

4．上班期间应熟悉用人单位的规章制度，并严格遵守，服从用人单位的管理，认真执行工作流程和操作规范，严格遵守消防制度，防止因工作失误发生火灾和其他意外事故。

5．应该尽量通过正规途径（如大型的报刊或电视广告、招聘会、学校就业指导部门等）获取信息。尽量选择信誉度佳的公司应聘，对于那些并不熟悉或没听说过的小公司，应聘前要通过各种渠道了解公司信息，确认后再投简历应聘。

6．切勿陷入传销组织，传销是国家明令禁止的非法行为和非法组织，千万不要相信能使你一夜暴富的神话，以免误入歧途。

7．面试前一定搞清楚面试的时间和地点，同时了解清楚面试场地周边的社会治安情况。初次面试时尽量不要食用面试单位提供的食品和饮料，注意观察面试者言行举止，如有危险，应立即逃离或报警。

8．在实习期间要确保自己的电话畅通，不仅要经常与家长保持电话联系，而且要定时与辅导员或指导老师保持电话联系，如更换联系方式、实习地点和工作单位等重要情况，要及时告知他们，以便他们知道你在哪里，在干什么，有什么需要帮助的地方。

思考题

1．大学生在实习就业过程中应该注意哪些安全问题？

2．如何防范陷入传销组织？当你陷入传销组织时应该如何脱身？

3．如何正确参加实习和就业？

第十四章　态度决定高度
营造积极的人生道路

什么是态度？对于这个问题会有很多答案。态度是一种心态，是一种看法，是一种观点，更是一种追求、一种精神、一种信念。每一天，我们都在不停地做着这样或者那样的决定，有时我们去选择，去坚持，有时我们去拒绝，去放弃，而左右这些决定的恰恰就是我们对事物的看法和态度。对于每一个人来说，无论是为人处世，还是学习、工作、生活，态度至关重要，它决定了我们生活中太多。

一、态度决定高度

一个人做事的态度决定了他日后成就的高度。我们不能延伸生命的长度，但可拓展生命的宽度。改变不了环境，但可改变自己。

（一）态度是行动的前提

大学生做任何事要有一个正确的态度。态度是行动的前提，态度受价值观、人生观、世界观的指导，态度是为人处世的基本原则。凡事态度积极就已经成功了一半。

米卢教练的一句“态度决定一切”成了当年曝光率最高的名言，米卢 2000 年入主中国男足之后，2002 年第一次把我们的国家队带进了世界杯的舞台，圆了中国几代人的梦想。中国的球员和百姓如梦初醒，第一次深切体会到“态度”的重要性。

一个正确积极的态度可以应用在人生的每一个阶段，敦促你、鞭策你去做自己应该做却没有做的事情。不论你现在境况如何，只要你用积极的心态去面对，态度就会成就你的高度。立刻行动，成功就将属于你。

如果一个人从不迟到旷课，上课总爱坐前排，他就比别人更容易成功，有什么样的目标，你就有什么样的成就，不是很想要，也不是非常想要，而是一定要。

【案例 1】

20 世纪 30 年代，英国一个不出名的小镇里，有一个叫玛格丽特的小姑娘，自小就受到严格的家庭教育。父亲经常向她灌输这样的观点："无论做什么事情都要力争一流，永远做在别人前面，而不能落后于人。即使是坐公共汽车，你也要永远坐在前排。"对年幼的孩子来说，他的要求可能太高了，但他的教育在以后的年代里被证明是非常宝贵的。正因为从小就受到父亲的"残酷"教育，才培养了玛格丽特积极向上的决心和信心。在以后的学习、生活或工作中，她时时牢记父亲的教导，总是抱着一往无前的态度和必胜的信念，尽自己最大努力做好每一件事情，事事必争一流，以自己的行动实践着"永远坐前排"的教导。正因为如此，44 年以后，英国乃至整个欧洲政坛出现了一颗耀眼的明星，她就是 1979 年成为英国第一位女首相、雄踞政坛长达 11 年之久、被世界政坛誉为"铁娘子"的玛格丽特·撒切尔夫人（撒切尔夫人于 2013 年 4 月去世）。

（二）一个人做事的态度，关键要踏实

大学生办事要处处踏实。踏实是一种品德，更是一种能力。缺乏踏实，其他的能力就失去了用武之地。踏实是一种态度，如果你是学生，你就要热爱学校，而脚踏实地，用心用情去做事，也许看似累了些，但往往会有意想不到的惊喜。

踏实的人会主动追求卓越，而缺乏踏实的人最多在"合格"处就停止了脚步。踏实不会像某些人说的那样，是一个虚无缥缈的事情。踏实除了给予每个人与付出成正比的物质回报外，还会带来荣誉这一不可估量的无形资产，从而树立起个人品牌，促使个人从合格提升到卓越。可以说，拥有踏实，你就会拥有做事的动力，学习动力和工作效率就会得到更大的提升。

因此，无论你在哪个岗位，肩负什么职务，都必须以履行自己的职责为己任，用踏实书写成长的历史，使自己每一天都有新的收获，不要因为受一点委屈，吃一点亏就牢骚满腹、耿耿于怀。其实在很多时候，吃亏是进步的扶梯，失去的越多，得到的也就越多。我们只有齐心协力，才能把握我们这条船。

（三）态度决定高度，工作学习的目标要明确

大一阶段，每个同学需订出大学阶段的学习工作目标。每个同学都应时时提醒自己，明确自己的学习目标了吗？为这个目标真诚地付出了吗？所以我们都应该本着“努力、努力、再努力，实践、实践、再实践”的精神，把诚信当成习惯，把踏实作为信念，在人生的旅途中不断实践些理念，就能获得更多的提高和拓展。

如果国人都是那种混日子的思想，那么中国又该指望谁去发展？世界发达国家之所以发达，也因为他们国民的忠于国家、踏实工作的思想都把自己所做的一切与国家的兴盛强弱联系起来，他们在态度上就觉得自己是国家的一员。所以态度决定高度，不无道理。

美国西点军校有一句名言就是：“态度决定一切。”没有什么事情做不好，关键是你的态度问题，事情还没有开始做的时候，你就认为它不可能成功，那它当然也不会成功，或者你在做事情的时候不认真，那么事情也不会有好的结果。

做每件事情的结果，关键看态度，你对事情付出了多少，你对事情采取什么样的态度，就会有什么样的结果。

【案例2】

三个工人在砌一面墙。有一个好管闲事的人过来问：“你们在干什么？”

第一个工人爱理不理地说："没看见吗？我在砌墙。"

第二个工人抬头看了一眼好管闲事的人，说："我们在盖一幢楼房。"

第三个工人真诚而又自信地说："我们在建一座城市。"

十年后，第一个人在另一个工地上砌墙；第二个人坐在办公室中画图纸，他成了工程师；第三个人呢，成了一家房地产公司的总裁，是前两个人的老板。

这个例子对同学们很有启发性。态度决定高度，仅仅十年的时间，三个人的命运就发生了截然不同的变化，是什么原因导致这样的结果？是态度！因此，一个人做事的态度好坏可以影响一个人的前途。如果同学们做事都像第三个工人那样的态度，那样的思考，一定会有光明的前途。

第一个工人总在抱怨生活的不公，心情是郁闷的，想的都是一些令自己不愉快的事，回答别人的问题时都是满肚子怨气。

第二个工人要比第一个工人心态好，尽管也是在砌墙，但他却把这堵墙当成一栋楼房来建，心里想的是如何将楼房建设得更好。

第三个工人心态最好，工作那么辛苦，他还那么自信，那么专注。人最可贵的就是"认真"二字，第三个工人把砌墙这样的小事当成一项伟大的事业来看待，十年后成为老板也就不足为奇了。

（四）一个人有什么样的心态就会有什么样的追求和目标

一个具有积极、乐观心态的人，其人生目标必然高远；有了高远的目标，必然会为之努力。有努力必有回报。

再看看我们身边，有多少人能真正对待自己的学习和从事的工作？浮躁，抱怨，这山望着那山高，导致一些人一辈子碌碌无为，一事无成。而那些在本行业、本领域做出杰出贡献的人，无一不是兢兢业业，一丝不苟，乐观向上的。

态度可以决定一个人的成长高度，干任何工作，干任何事情都是如此。一个人的态度决定了能否把这件工作、这件事情做得更完善、更完美。同时，也决定着一个人的前途。

【案例 3】

一位企业老板给另外一位公司经理发了一封电子邀请函，连发几次都被退回。公司经理问自己的秘书是怎么回事。秘书是个毕业不久的大学生，秘书没去调查原因，只是猜测地说，可能是邮箱满了的原因。可一周过去了，经理仍然没有收到企业的邀请函。经理又问秘书，秘书的回答竟然还是邮箱满了。公司因此失去了与该企业筹备已久的合作项目。经理一气之下，辞退了秘书。

恰恰相反，还有一位秘书，大学毕业后应聘到一家外贸公司。她的意向是经理秘书。但公司却安排她做办公室文员，具体的任务就是负责收发传真、复印文件。她虽然有点犹豫，但最终还是抱着积极的态度投入工作中，因为她觉得这样的机会来之不易。她工作非常认真，同事们交代的事情，她都能准确而及时地完成，从没有怨言。有一次，经理拿一份合同让她复印，经理说要急用叫她快点，细心的她习惯性地快速浏览了一遍合同。当经理有些不耐烦催促她时，她指着一处刚发现的错误给经理看。经理看完之后，吓出了一身冷汗，原来是一个数字后面多了一个零。她的更正为公司避免了几百万元的损失，很快她就被提升为经理秘书。

同样是秘书，前者被辞退，后者被提升，是什么原因？很明显，是态度问题。前者作为秘书竟然一周都不清理邮箱，这是什么工作态度？这样的工作态度，谁当老板都受不了。后者则相反，不管工作是否理想，她都能认真对待，对自己分内的工作是如此，对分外的工作也能注意到细枝末节，为企业挽回了一大笔损失。正是这种责任心，这种对工作的认真态度，才决定了她能站在一定的高度，走上更高的职位。

只要我们有较高的学习态度，一定会给我们带来收获。

成艺建校以来，每年都有许多学生参加社会上各级专业比赛而获奖。

我院建工学院学生在全国建筑工程识图技能竞赛中获奖

世上无难事，只怕有心人。做任何事情都必须下定决心，不怕吃苦，不怕劳累，只要你认真地去做了，事情总会有结果。也许努力不一定会成功，但如果你不努力就一定不会成功。世上没有做不好的事情，只有态度不好的人。做任何事情都要有一个好的态度。有了好的态度，对学习、对他人、对自己都会表现出热情、激情和活力；有了好的学习态度，你就不怕失败，即使遇到挫折也不气馁，而是充满直面人生的勇气，这样的人一定会更容易在事业和生活中取得比别人更好的成绩，比别人更容易走向成功。俗话说，性格决定命运，好的性格就是由好的态度一点一滴地培养而成的。

二、怎样营造积极的人生道路

人生，其实是一种选择。你我可以选择活着，或是选择精彩地活着。而活着不只是在呼吸，只有精彩地活着，积极地活着，才让自己的人生真正有了生命力。

（一）打造平衡而丰富的学习生活内涵

大学的学习生活要精彩，必须要有丰富的内涵。我们发现那些有着平衡的学习和生活状态的人，最容易感受到学习生活的精彩度。大学平衡的生活至少应该包括以下五大项。

1. 加强身体和心理锻炼

现在大学生由于更加社会化，所以像中学一样出操的学习越来越少，基本上依靠体育课上的锻炼才能满足身体的运动需求。大学生没有结实的身体就无从感受生活的精彩度。锻炼自己是需要毅力和自我挑战的决心，所以锻炼不但能照顾到自己的身体，也能让自己感受到自我挑战的快乐和成就感。没有良好的身体就无法正常的学习和生活。同时，心理的调节也是非常重要的，心理健康也是不可缺少的一环。同学们，让我们身体更加健康，有充沛的精力投入学习中去。

2. 乐在学习

大学生要找到学习的意义和快乐，把读书学习看成一种享受，一种渴望，一种乐趣，并用创意维持学习激情就会让学习也变成精彩感受的重要来源。

大一阶段，同学们要制订学习计划。

例如：一个文科专业大学生新学年学习计划

一、主要目标

争取获得优良成绩，能切实在大学里学到丰富的专业知识和基础常识。增加文化素养，提升自身能力，端正学习态度，培养积极勤奋的学风。做学习计划来自我敦促，自我勉励。

二、具体安排

1. 坚持预习，坚持在上课前先预习一遍课文，在上课之前对所上的内容有所了解，能提高听课效率。在老师上完一章的内容后，能够主动复习，温故而知新。

2. 每天坚持早起背诵英语课文。

3. 每天坚持到教室晚自习。

4. 坚持去校图书馆借书阅书，坚持超额完成老师布置的读书任务，并且做好读书笔记。

5. 对于课程知识，要多想多问，并且把其中有收获的部分记入笔记之中。

6. 每个月进行一次学习清算，反思自己这个月是否完成了学习计划，有哪些做得不足的地方，下个月要注意改进。

7. 订阅英语辅导报，自学报纸上出现的一些英语单词，并且完成报纸上的练习题。

8. 身为一个汉语言文学专业的学生，对于文字的敏感和写作能力是非常重要的，所以应该坚持在平时多写一些练笔。

9. 多学习一些例如《文心雕龙》《易经》之类的中国古文化典籍。

10. 争取利用周末时间多学一门外语。

3．正确处理个人情感

在大学校园出现学生情侣并不奇怪，但要正确处理大学期间的恋爱关系。如何能够兼顾好学业与爱情是恋爱中的大学生所面临的问题。绝大多数大学生能够正确看待学业与爱情的关系。他们赞成学习是学生的天职，大学阶段应以学习为主，爱情应当服从学业；或者希望学业与爱情双丰收，既渴望学业有成，又向往爱情幸福。总之，大都没有忘记学业，总想把学业放在首要的位置。但是，上述这些仅仅是大学生主观上、思想上的愿望而已。

真正在客观上、行为上能够正确处理好学业与爱情关系的大学生，虽然也有，但为数不多。更多的是一旦坠入情网就不能自拔。有些大学生整天沉浸在卿卿我我的甜言蜜语中，这样做的后果是导致大学生们无意学习，荒废学业。可见，摆正学业与爱情的关系是大学生难以控制而又必须正确处理的问题，所以一定要端正态度和观念。

恋爱需要成熟时机，成长中的大学生应慎重选择恋爱时机。第一，等到心理发展相对成熟时。第二，等到人生观相对稳定时。第三，等到社会阅历相对丰富时。第四，等到经济相对独立时。第五，在你保证学业相对不错的情况下。但你也要明白，你是大学生，既然作为一个学生，你的一切一切的最终目的应该是以学业为主，我们提倡在高年级以后涉及爱情问题。

大学生恋爱应该采取正确的方式，更要正确地处理好学业与爱情的关系，分清主导地位和次要地位。只有形成了正确的恋爱观才能实现学业和爱情双丰收。

4. 大学生应提高人际交往能力

利用在大学期间，花点时间和朋友相处，从事开心而有意义的社交活动，增强自己的社交能力。人生就需要这样的朋友。另外，还需建立一种终身朋友关系。寻找真诚的朋友，人生需要有互相帮助，相互依赖的朋友。有朋友，生活就有乐趣，就会克服人生历程中的困难。

如何在大学期间提高人际交往能力，老师的建议是：

第一，以诚待人，以责人之心责己、以恕己之心恕人。对别人要抱着诚挚、宽容的胸襟，对自己要怀着自我批评、有过必改的态度。与人交往时，你怎样对待别人，别人也会怎样对待你。这就好比照镜子一样，你自己的表情和态度可以从他人对你流露出的表情和态度中一览无遗。你若以诚待人，别人也会以诚待你。你若敌视别人，别人也会敌视你。最真挚的友情和最难解的仇恨都是由这种“反射”原理逐步造成的。因此，当你想修正别人时，你应该先修正自己。你想别人怎么对你，你就应该怎么对人。你想他人理解你，你就要首先理解他人。

第二，培养真正的友情。如果能做到第一点，很多大学时的朋友就会成为你一辈子的知己。在一起求学和寻求自身发展的道路上，这样的友谊弥足珍贵。交朋友时，不要只去找与你性情相近或只会附和你的人做朋友。好朋友有很多种：乐观的朋友、智慧的朋友、脚踏实地的朋友、幽默风趣的朋友、激励你上进的朋友、提升你能力的朋友、帮你了解自己的朋友、对你说实话的朋友等等。此外，大学时谈恋爱也可以教你如何照顾别人，增进同理心和自控力，但恋爱这件事要一切随缘，不必为了谈恋爱而谈恋爱。

第三，学习团队精神和沟通能力。社团是微观的社会，参与社团是步入社会前最好的磨炼。在社团中，可以培养团队合作的能力和领导才能，也可以发挥你的专业特长。但更重要的是，你要做一个诚心诚意的服务者和志愿者，或在担任学生工作时主动扮演同学和老师之间沟通桥梁的角色，并以此锻炼自己的沟通能力，为同学和老师服务。这样的学习过程也不会很轻松，挫折是肯定有的，但是不要灰心，大学社团里的人际交往是一种不用“付学费”的学习，犯了错误也可以重头来过。

第四，从周围的人身上学习。在班级里、社团中，多观察周围的同学，特别是那些你觉得交往能力和沟通能力特别强的同学，看他们是如何与人相处的。比如，看他们如何处理交往中的冲突、如何说服他人和影响他人、如何发挥自己的合作和协调能力、如何表达对他人的尊重和真诚、如何表示赞许或反对，如何在不冒犯他人的情况下充分展示个性等等。通过观察和模仿，你渐渐地会发现，自己的人际交往能力会有意想不到的改进。在学校里，每一个朋友都可以成为你的良师，他们的热心、幽默、机智、博学、正直、沟通、礼貌等品德都可以成为你的学习对象。当然，你也应当慷慨地帮助每一个朋友，试着做他们的良师和模范。

第五，提高自身修养和人格魅力。如果觉得没有特长、没有爱好可能会成为自己人际交往能力提高的一个障碍，那么，你可以有意识地去选择和培养一些兴趣爱好。共同的兴趣和爱好也是你与朋友建立深厚感情的途径之一。很多在事业上有所建树的人都不是只会闭门苦读的书呆子，他们大多都有自己的兴趣和爱好。业余爱好不仅是人际交往的一种方式，还可以让大家发掘出自己在读书以外的潜能。例如，体育锻炼既可以发挥你的运动潜能，也可以培养你的团队合作精神。如果真的没有什么兴趣爱好，那么，多读些好书丰富自己的知识也可以改进自己的人际交往能力，因为没有什么比智慧和渊博更能体现一个人的人格魅力。

5. 做到自我实现

大学生要给自己的人生设一些目标，每一个阶段都有一个人生的近期目标，要让自己的潜能都发挥出来。无论是嗜好、兴趣的培养，或者是思考生命的意义，并实践它，都是自我实现的好方法，同时也感到愉悦。

大学生要培养良好的人格品质。良好的人格品质首先应该正确认识自我，培养悦纳自我的态度，扬长避短，不断完善自己，努力提高自身的思想境界，树立科学的人生观，积极参加各类实践活动，丰富人生经验。

大学生必须牢固树立正确的世界观、人生观、价值观，而树立和坚持正确的世界观、人生观、价值观是一个长期的艰苦的过程，必须要有坚韧不拔的毅力，甚至要牺牲一些个人的利益，只有这样，才能像毛泽东所说的，成为一个高尚的人，一个纯粹的人，一个有道德的人，一个脱离了低级趣味的人，一个有益于人民的人。

（二）用心感受生活的细节

那些活得开心的人往往都有着兴奋“自燃点”，也就是说，他们懂得在生活中的每一个时刻，去细心品味当下的感受，并从中获得很大乐趣。比如，几个好友在周末到周边县市走走；骑骑四人自行车在花源镇转转；到运动场打打羽毛球等。他们能够自找乐趣，并且从微小的事件中感受到情趣。所以想要活得精彩，其实不用改变太多，只要从现在开始，用心去体会自己当下的感觉，去关心环境的变化，找找生活的乐趣，抱着一颗敏锐而善意的心，你会发觉，其实你我原本就拥有着精彩的生活。

生活是我们最好的老师，每天，它都在谱写着新的篇章。它的过去、现在和将来都值得人们去好好地思索，从而有所感悟。要在自己的生活中发现好的写作素材，这需要我们不仅要做个有心人，而且要做个多情者，去彻底融入生活，去寻找、挖掘我们所忽视的，或潜藏着的好东西。只要“用情至深”，当然就会去剖析生活，进而去联系、去假设、去体会、去反思，然后才会有源源不断的“活水”涌出，这样的“情”应该是对生活的挚爱之情，对世间的关爱之情。

热爱生活的人会去享受生命中的每一缕阳光，去品味人生中的每一丝感动。他们会鄙视生活中的丑，他们会以创造美为乐，生活中的真善美与假丑恶的争斗能让他们更坚定自己正直的心；在交友时，他们会跟朋友交换灵魂，用友情去面对生活中的喜怒哀乐；在学习中，他们会在登上一个又一个知识险峰后，豪情满怀；他们会把文学作品看成一个让心灵自由翱翔的天地。海明威的《老人与海》能让人领悟到什么叫作坚强的心，亚米契斯的《爱的教育》能让人知道怎样从工作中创造出美；他们会把生命中的困苦，看成磨砺心志的砥石，从而去“享受痛苦”；他们有自己独特的审美感受力。

（三）用开放的心情迎接世界

很多人活得特别开心，他们的口头禅是“好啊！”无论你说什么东西，他们总是报以微笑并说“好啊！”不管发生什么事，他们永远用一种开放的心胸去面对世界，这一份开放的心态，其实代表了心情的极大弹性。对世界不怀敌意，也不会任意批评，因此想法积极而乐观。不管碰到什么事情都不会动摇他快乐的决心。这么一来，日子当然过得精彩。

建校以来，我校的青年志愿者队做了许多有益的工作。

学院青年志愿者到花源小学辅导小学生

（四）永保好奇心

每一个人应该对周围的生活充满好奇，好奇心可以激发大学生的学习兴趣。常言道：学起与思，思源与疑。疑是思维的起始，有疑问才有探究，有探究才能解决疑难。精彩生活的心理密码是要能够感受到新奇与挑战，所以那些对事情有着极强烈好奇心的人，不会离精彩太远。

想知道世界是啥模样，所以安排旅游，行走天下；想知道别人究竟怎么想，所以仔细聆听，努力沟通；好奇心让自己的双眼永远因雀跃而闪烁，而满足了每一份好奇心，也就添增了许多精彩心情。比如，掌握几种乐器，学会书法、集邮、摄影、维修家用电器、游泳等等。

（五）设立精彩的目标

人生需要不断地设立精彩的目标使生活更加的精彩，“精彩生活”应该是一个重要的项目。比如，有一名往届毕业生，每年年底的时候都会许下一年的心愿，为自己在新的一年订立一些新的精彩目标。有一年他要学潜水，另外一年他决定去学摄影，据说今年他的目标是要开始学习吉他。

我们把精彩生活当成自己的目标，每年给自己一些新奇、从来没有尝试过的挑战，会是让生命永保新鲜度和精彩度的好方法。

该你想想了，你的精彩生活，今年的项目目标会是什么呢？

（六）坚持写日记

每个同学别忘了盘点自己每天的精彩累积状态，写日记会是一个超棒的妙方。

每天临睡前回想一下今天令人兴奋的事情，例如今天当众做了一场演说，或者参加了某一个派对，或者参加假期社会实践，接着可以写下自己的“精彩感受”，回忆一下当时的心情，越细腻越好，有助于加强自己对生活的深刻感觉。最后别忘了从这个事件和感受中启发出“精彩决定”。例如我决定要跟伟大的演说家学习做精彩的演讲，或者我决定要每天和陌生人聊天等。

每天写日记，能让自己积累这些精彩的生活事件和心情，不让它们因为行色匆匆而悄悄流失，好似是自己的“史书”，几十年后回头一看，那多有意思！同时能够让这些感受化为启动下一个精彩生活事件的动力，形成一个良性循环。

（七）打造完美的人生

人的能力有大小，贡献有多少，人的一生只要无怨无悔，没有做对不起别人的事情，踏踏实实地为社会、家庭、亲人做自己应该做的贡献就算完美的人生了。

各人的生活环境、基点不同，每个人都应该从自己所处的条件出发，确立一个人生奋斗、追求的目标，一步一步去实现。这样，前进一步，你就会激动一次，为自己的成就而高兴一次。生活就觉得非常充实。具体来说，年轻人要有一个求学或学技艺的目标，为立足社会，学会一种本领。成年人应该有一个创业的目标，订出计划，一步一步去努力……在前进的路上，即使遇到矛盾、困难、挫折，经过奋力拼搏，解决了，前进了，就会有胜利者无比的欢欣和自傲，这就是生活的全部意义。生活是一种过程，成就不在大小，只要是自己奋斗获得的就是甜蜜的美好的。这样的人生就是完美的人生。愿你在个人奋斗中节节胜利，愿甜蜜和美好铺满你的人生道路。

时代呼唤英才，希望在于青年。全面建设小康社会和实现社会主义现代化需要大学生的参与。中华民族的伟大复兴需要大学生去奋斗，青春只有为祖国和人民的真诚奉献中才能更加绚丽多彩，人生只有融入国家和民族的伟大事业才能闪闪发光。新世纪的大学生要进一步认清自己的历史使命，明确成才的目标，确立为国家、为民族奋斗的志向，努力成长为对党和国家、对人民有所贡献的人。

同学们，衷心祝福你们!

用自己的态度去经营自己的大学生活吧，用每一天去经营你的人生吧，这样的人生才是积极的人生！

第十五章　胸怀祖国　放眼世界

天下兴亡，匹夫有责。新时代的大学生肩负着建设祖国的重任，要时刻关心国内外形势的发展变化，关心党和国家的路线、方针和政策，关心社会热点问题。更客观、更全面地了解省情、国情、世情，更客观、更全面地认识周围的事物和世界，自觉形成正确的价值观、人生观和世界观，增强社会责任感和使命感。要胸怀祖国、放眼世界，把自己打造成具有国际视野的中国特色社会主义事业的合格建设者和可靠接班人。

专题一　社会主义生态文明建设

建设社会主义生态文明是关系人民福祉、关乎民族未来的长远大计。党的十八大报告把生态文明建设放在突出地位，纳入社会主义现代化建设总体布局，进一步强调了生态文明建设的地位和作用，进一步昭示了我们党加强生态文明建设的意志和决心。

面对我国资源约束趋紧、环境污染严重、生态系统退化的严峻形势，必须站在中国特色社会主义全面发展和中华民族永续发展的高度，增强生态危机意识，充分认识生态文明建设的重要性、必要性、紧迫性。

党的十八大报告明确了大力推进生态文明建设的总体要求，这就是：树立尊重自然、顺应自然、保护自然的生态文明理念，这是推进生态文明建设的重要思想基础，体现了新的价值取向。在经济发展中，我们比较注重遵循经济规律，但对自然规律尊重不够，一些地区不顾资源环境承载能力肆意开发，对自然造成伤害，削弱了可持续发展能力。要认识到，人类与自然是平等的，人类不是自然的奴隶，人类也不是自然的上帝。在开发自然、利用自然中，人类不能凌驾于自然之上，人类的行为方式应该符合自然规律。我们必须摈弃人定胜天的思维方式和做法，按照人与自然和谐发展的要求，在生产力布局、城镇化发展、重大项目建设中都要充分考虑自然条件和资源环境承载能力。

一、“美丽中国”建设的意义

党的十八大报告提出了“美丽中国”这一概念，令人耳目一新。“把生态文明建设放在突出地位，融入经济建设、政治建设、文化建设、社会建设各方面和全过程，努力建设美丽中国，实现中华民族永续发展。”这是党中央决策层对于科学发展观的新阐释，是执政理念的重大革新，其贯彻落实必将对中国的发展产生深远影响。

建设美丽中国顺应人民群众追求美好生活的期待，也是中华民族永续发展的客观要求。作为建设生态文明的一个具体目标，这顺应了人民群众追求美好生活的新期待。随着生活水平的不断提升，人民群众对环境质量、健康水平的关注度越来越高。当前，中国社会正步入一个特殊的环保敏感期，由环境问题引发的群体性事件也不断增多，这些问题处理不好，就会影响经济发展、社会和谐。建设美丽中国就是坚持科学发展，着力满足人民群众生态需求，维护人民群众生态利益。这不仅是我们党对人民群众迫切诉求的现实回应，而且将使我们执政的群众基础更加深厚坚实，实现永续发展、长治久安。

二、“美丽中国”建设的内容

习近平强调，走向生态文明新时代，建设美丽中国是实现中华民族伟大复兴的中国梦的重要内容。中国将按照尊重自然、顺应自然、保护自然的理念，贯彻节约资源和保护环境的基本国策，更加自觉地推动绿色发展、循环发展、低碳发展，把生态文明建设融入经济建设、政治建设、文化建设、社会建设各方面和全过程，形成节约资源、保护环境的空间格局、产业结构、生产方式、生活方式，为子孙后代留下天蓝、地绿、水清的生产生活环境。

“美丽中国”，美在山川，美在文化，美在历史，更美在人文——最美的是人。

“美丽中国”，没有了最美中国人，如无根之萍、无源之水，徒具美丽外表，不具美丽生命。党的十八大报告首次提出“建设美丽中国”这一新表述，引起了海内外华人广泛关注。

什么是“美丽中国”？在中国这个“诗人之国”里，对祖国、家园的赞美，自古以来就是以诗句来描绘的——“采菊东篱下，悠然见南山”，这是田园之美；“大漠孤烟直，长河落日圆”，这是边塞之美；“朱雀桥边野草花，乌衣巷口夕阳斜”，这是城镇之美。

“美丽”与“幸福”一样，也是一个主观色彩很强烈的字眼，很难精准定义。但我们至少知道，碧波荡漾是美丽的，污水横流是不美丽的；蓝天白云是美丽的，浓烟滚滚是不美丽的；遍野苍翠是美丽的，满目疮痍是不美丽的；清风徐来是美丽的，浊臭扑鼻是不美丽的。

那么什么是美丽中国？就是为了满足人民群众日益增长的绿色需求、生态需求，还大地以绿水青山，还老百姓以绿色家园。

美丽中国是要我们的生活环境绿色环保。从“求温饱”到“盼环保”、从“谋生计”到“要生态”，随着生活水平的不断提升，人民群众对环境质量、生存健康的关注越来越高。这需要我们绿色意识“动”起来，将经济社会建设中贯彻绿色发展的实践同向群众宣传普及绿色生活、绿色消费结合起来，推动绿色现代化和绿色价值观齐头并进，使老百姓更加自觉地支持绿色发展，投身绿色变革。

美丽中国是要我们的经济可持续发展。历经 60 多年建设发展，我国日益走向繁荣富强，就不可避免地破坏生态环境。一些地区为了加快经济发展方式转变的步伐，片面追求政绩，盲目上项目、上工程，不顾生态对环境的污染和生态的破坏，造成严重的环境污染和资源枯竭现象。这就要求各地经济政策“动”起来，各地在发展经济的同时要调整产业结构、关停污染企业、淘汰落后产能、加大造林绿化力度、修复山水生态等一系列可持续性措施。

美丽中国是要我们人与自然和谐相处。从“人定胜天”到“必须树立尊重自然、顺应自然、保护自然的生态文明理念”，需要人们的行为“动”起来，节约身边的一滴水、拾起地上的一张废纸、倡导低碳出行。做到人与自然和谐相处，走上“前人种树、后人乘凉”的绿色发展之路。

在“美丽中国”理念的指导下，我们一定能实现“给自然留下更多修复空间，给农业留下更多良田，给子孙后代留下天蓝、地绿、水净的美好家园”的美好愿景。从“人定胜天”的万丈豪情到“必须树立尊重自然、顺应自然、保护自然的生态文明理念”；从 GDP 冰冷的“数字中国”，到可感、可知、可评价的“美丽中国”，说明我党的执政理念越来越尊重自然，越来越尊重人民感受“美丽中国”建设的紧迫性和必要性。自改革开放加快经济发展速度、推进城镇化建设以来，中国的环境形势一直非常严峻。虽然对水污染、大气污染、噪声污染等传统环境问题的治理，在原有基础上取得了显著成效，但新的环境污染和生态破坏形式层出不穷，影响范围不断扩大。过去 30 多年，中国的经济发展取得了举世瞩目的成就，但同时也造成了严重的资源浪费和环境破坏。我们千百年来赖以生存的美丽家园，虽然还在用慷慨而丰富的产出供养我们，却也已在过度的攫取中变得千疮百孔。一方面，我国经济发展面临的资源环境制约越来越明显，石油、铁矿石等重要资源对外依存度快速上升，三分之二的城市缺水，耕地逼近 18 亿亩红线；另一方面，环境污染严重，环境状况总体恶化趋势没能遏制，生态系统退化带来的自然灾害频发。青山不再，很多地方成了荒山秃岭和不毛之地。绿水难流，长江和黄河的水量和水质都已大不如以前。不可否认，我国生态建设取得了巨大成就，但从整体看，中国仍然是一个缺林少绿、生态脆弱的国家。目前，全国森林覆盖率 20.36%，不及世界 30%的平均水平，沙化土地面积超过国土面积的 1/5，水土流失面积超过国土面积的 1/3，森林资源和生态总量都严重不足，与建设美丽中国的要求相差很大。

从现实来看，环境问题已经成为影响中国未来发展的重要制约因素。这种制约首先是资源的限制，粗放式发展是以对自然资源的巨大消耗为代价的，对矿藏、水利、电力、森林资源高效开发，可以让中国迅速实现温饱。但要实现富裕和发达，现有的资源远远不够，例如全世界的石油加在一起，支撑不了每个中国人去实现小汽车梦。因此，就像报告中所说的“资源约束趋紧、环境污染严重、生态系统退化的严峻形势”。无论从自然的可承受能力，还是从公众的可接受能力来说，发展过程中遇到的人与环境的矛盾都是我们不得不面对的现实问题，而且，从更长远的角度来看，也是影响未来永续发展的重要因素。执政党在党的十八大报告中提出“美丽中国”的概念，提出经济建设、政治建设、文化建设、社会建设、生态文明建设“五位一体”的总布局，正当其时，是时侯树立这样一种崭新的政绩观了。我们宁愿步子慢一点，成绩单逊色一点，也不要一个山秃河枯，天霾地毒，唯经济一枝独秀的国家。惊艳是给人家看的，只有在这个国家生活的真实感受关乎自己。

三、“美丽中国”目标的实现

美丽中国需以生态文明铸就体魄之美。美丽中国要有健康的体魄。山清水秀但贫穷落后不是美丽中国，强大富裕而环境污染同样不是美丽中国，要大力推进生态文明建设，把环境保护作为转方式调结构的重要助推，加快转变经济发展方式，彻底扭转传统粗放型发展方式，实现经济发展与环境保护相协调。

美丽中国需以生态文明孕育形象之美。美丽中国要有秀丽的形象。坐着宝马喝污水，即便兜里的钱再多，房子盖得再漂亮，与美丽中国终归是背道而驰。

建设美丽中国要大力推进生态文明建设，通过建设资源节约型、环境友好型社会，让人们过上既有“稻米流脂粟米白，公私仓廪俱丰实”，又有“绿树村边合，青山郭外斜”的生活。

美丽中国需以生态文明凝练气质之美，美丽中国要有优秀的气质，社会的气质取决于制度建设和道德涵养。内在的气质之美是凝聚和升华外在之美的保障和灵魂。建设美丽中国就要大力推进生态文明建设，加强生态文明制度建设，深化生态文明道德培养，以制度维护环境公平，以道德规范环境秩序。

美丽中国需以生态文明催生行为之美。美丽中国要有文明的行为。一个国家和民族的美丽既体现在她的整体形象上，也反映在每一个公民的行为中。建设美丽中国就要大力推进生态文明建设，宣传环境文化，创新开展生态文明意识和行为教育，让每一个公民都按照生态文明的要求，积极践行绿色、低碳的消费模式和生活方式，积极参与环境保护和生态文明建设。

专题二　祖国宝岛台湾

宝岛台湾是位于亚洲东部、太平洋西北侧的岛屿，面积约 3.6 万平方千米。台湾是中国神圣领土不可分割的一部分。历史上曾被西班牙、荷兰、日本先后占领过。抗日战争胜利后，台湾重归中国的版图。1949 年后，由于众所周知的原因，台湾与祖国大陆处于分离的状态。60 多年来，台湾的政治、经济、文化、社会等发生了巨大变化。作为中国第一大岛，台湾扼西太平洋航道的中心，是中国与太平洋地区各国海上联系的重要交通枢纽。

一、台湾是中国不可分割的一部分

有关台湾的全部事实和法律证明，台湾是中国领土不可分割的一部分。中国人民在捍卫国家主权和领土完整的正义斗争中形成的“一个中国”原则，具有不可动摇的事实和法理基础，为国际社会普遍接受。

台湾自古属于中国。中国人最早开发了台湾。1700 年前的中国历史文献《临海水土志》对此就有所著述，这是世界上最早记述台湾的文字。公元 3 世纪和 7 世纪，三国孙吴政权和隋朝政府都曾先后派万余人去台湾，从 17 世纪开始，中国人民开发台湾的规模越来越大。从元朝（1206～1368 年）开始，中国历代政府先后在台湾设立行政机构，对台湾进行有效管辖。17 世纪中叶，荷兰殖民者侵占台湾，民族英雄郑成功于 1662 年驱逐了荷兰殖民者，收复了台湾。

1895 年 4 月，日本通过侵华战争，强迫清朝政府签订不平等的《马关条约》，霸占了台湾。1937 年 7 月，日本发动全面侵华战争。1941 年 12 月，中国政府在《中国对日宣战布告》中昭告各国，中国废止包括《马关条约》在内的一切涉及中日关系的条约、协定、合同，并将收复台湾。1943 年 12 月，中美英三国政府发表的《开罗宣言》规定，日本应将所窃取于中国的包括东北、台湾、澎湖列岛等在内的土地归还中国。1945 年，中美英三国共同签署，后来又有苏联参加的《波茨坦公告》规定：“开罗宣言之条件必将实施。”同年 8 月，日本宣布投降，并在《日本投降条款》中承诺“忠诚履行波茨坦公告各项规定之义务”。10 月 25 日，中国政府收复台湾、澎湖列岛，重新恢复对台湾行使主权。

1949 年 10 月 1 日，中华人民共和国中央人民政府宣告成立，成为全中国的唯一合法政府和在国际上的唯一合法代表。这是在同一国际法主体没有发生变化的情况下新政权取代旧政权，中国的主权和固有领土疆域并未由此而改变，中华人民共和国政府理所当然地完全享有和行使中国的主权，其中包括对台湾的主权。

国民党统治集团退踞台湾以来，虽然其政权继续使用“中华民国”和“中华民国政府”的名称，但它无权代表中国行使国家主权。

一个中国原则的产生和基本含义。中华人民共和国中央人民政府成立当天即向各国政府宣布：“本政府为代表中华人民共和国全国人民的唯一合法政府。凡愿遵守平等、互利及互相尊重领土主权等项原则的任何外国政府，本政府均愿与之建立外交关系。”随后又致电联合国，声明：国民党当局“已丧失了代表中国人民的任何法律的与事实的根据”，完全无权代表中国。外国承认中华人民共和国政府是代表全中国的唯一合法政府，与台湾当局断绝或不建立外交关系是新中国与外国建交的原则。

中国政府的上述主张受到当时美国政府的阻挠。尽管 1950 年 1 月 5 日美国总统杜鲁门发表声明，表示美国及其他盟国承认 1945 年以来的四年中国对台湾岛行使主权，但是同年 6 月朝鲜战争爆发后，美国政府为了孤立、遏制中国，不仅派军队侵占台湾，而且抛出“台湾地位未定”等谬论，以后又逐步在国际社会策动“双重承认”，企图制造“两个中国”。对此，中国政府理所当然地予以坚决反对，主张和坚持世界上只有一个中国，台湾是中国的一部分，中华人民共和国政府是代表全中国的唯一合法政府。正是在中国与外国发展正常的外交关系中，在维护中国的主权和领土完整的斗争中，产生了一个中国原则。上述主张构成了一个中国原则的基本含义，核心是维护中国的主权和领土完整。

在 1949 年后的三四十年间，台湾当局虽然不承认中华人民共和国政府代表全中国的合法地位，但也坚持台湾是中国的一部分、只有一个中国的立场，反对制造“两个中国”和“台湾独立”。这说明，在一个相当长的时间里，两岸的中国人在只有一个中国、台湾是中国领土的一部分这一根本问题上具有共识。早在 1958 年 10 月，中国人民解放军在进行炮击金门的战斗时，毛泽东就向台湾当局公开指出："世界上只有一个中国，没有两个中国。这一点，也是你们同意的，见之于你们领导人的文告。" 1979 年 1 月，全国人大常委会发表《告台湾同胞书》，指出："台湾当局一贯坚持一个中国的立场，反对台湾独立。这就是我们共同的立场，合作的基础。"

中国政府坚持一个中国原则的严正立场和合理主张，赢得了越来越多的国家和国际组织的理解和支持，一个中国原则逐步为国际社会所普遍接受。1971 年 10 月，第二十六届联合国大会通过 2758 号决议，驱逐了台湾当局的代表，恢复了中华人民共和国政府在联合国的席位和一切合法权利。1972 年 9 月，中日两国签署联合声明，宣布建立外交关系，日本承认中华人民共和国政府是中国的唯一合法政府，充分理解和尊重中国政府关于台湾是中华人民共和国领土不可分割的一部分的立场，并且坚持遵循《波茨坦公告》第八条规定的立场。1978 年 12 月，中美发表建交公报，美国"承认中华人民共和国政府是中国的唯一合法政府"；"承认中国的立场，即只有一个中国，台湾是中国的一部分"。目前，161 个国家与中华人民共和国建立了外交关系，它们都承认一个中国原则，并且承诺在一个中国的框架内处理与台湾的关系。

二、台湾问题的由来和实质

问题的由来：解放战争后期，经过辽沈、平津、淮海三大战役，国民党军队有生力量被消灭过半，国民党的统治面临彻底垮台的命运。面对艰难的形势，蒋介石采纳历史地理学家出身的张其昀的建议，决定把台湾作为今后的退身之所。他认为退居台湾，退可守，进可攻；台湾与大陆隔着一条海峡，凭借海峡天险和海、空军力量，完全可以抗衡当时尚无海、空军的共产党，以积聚力量，待国际形势发生于己有利的变化时，再发动反攻。随着国民党退居台湾，中央军委开始筹划渡过海峡、解放台湾进而解放全中国的计划。1949 年 8 月至 1950 年 6 月，解放军相继解放了除金门、马祖以外的台湾外围的主要岛屿，并开始正式准备发起渡海攻台作战。但随着 1950 年 6 月 25 日，朝鲜战争的爆发，美军进入朝鲜，第七舰队驶向台湾海峡。中国同时面临来自东北和东南两方面的威胁。同时，美国还加强了对侵越法军的支持，向越南派出了军事顾问团，中国南部边疆的形势也骤然紧张。从当时中国的实力来看，要同时在三条战线与美国作战显然存在极大困难。而且当时解放军尚未具有战斗力的海军和空军，要想短时间内突破美国第七舰队的封锁，进而解放台湾并不现实，于是，渡海攻台计划被无限期推迟。

问题的实质：中华人民共和国成立后，美国政府对新中国采取了孤立、遏制的政策。它在中国人民积极准备解放台湾时，利用朝鲜战争爆发的机会，公然派遣第七舰队侵入台湾海峡，阻挠中国人民解放台湾的正义行动，武装干涉纯属中国内正的海峡两岸关系，并通过与台湾签订所谓“共同防御条约”，将中国领土台湾置于美国的“保护”之下。美国政府的政策造成了台湾在其庇护下与海峡对岸的中国大陆对峙超过 60 年。台湾海峡地区局势因之长期紧张，台湾问题也由此成为中美两国间的重大争端。台湾问题的产生，从本质上讲既是中国内战的遗留问题，也与美国势力的介入有密切关系。台湾问题长期得不到解决，美国政府负有重大责任。另一方面，台湾问题完全是中国的内政，应该由中国人民自己解决。

三、今日两岸关系

近几年来两岸关系沿着和平发展的轨道持续向前，多领域交流合作不断深化拓展，保持了旺盛的势头，两岸关系步入了历史发展最好时期。

1．政治互信将进一步巩固深化

2013 年，中国国民党荣誉主席连战、吴伯雄相继访问大陆，明确提出以“一中架构”和“一中框架”定位两岸关系；马英九多次重申两岸关系“不是国际关系”，提出“新三不”主张，即“不会推动‘两个中国’、‘一中一台’或‘台湾独立’”；7 月马英九在回复习近平总书记电贺其当选国民党主席时，明确引用 1992 年两会香港会谈往来电函内容，准确表达了“九二共识”内涵，即：1992 年，海峡两岸达成各自以口头声明方式表达坚持一个中国原则的共识。两岸关系已从“九二共识”阶段发展到明确清晰的“一中”框架新阶段，这无疑有助于进一步增进两岸政治互信，逐步化解两岸结构性矛盾，为两岸关系迈向敏感政治深水区累积共识、创造条件。

2．协商谈判将持续稳步推进

2013 年，两岸重要人士交流互访极其频繁，两岸两会的协商谈判取得新进展。海协、海基两会新任领导人 6 月在上海首次举行会谈并签署“服务贸易协议”；连战、吴伯雄、萧万长和江丙坤等国民党高层，利用参加博鳌论坛、APEC 会议或赴大陆参访的机会与习近平总书记会面，加强了双方高层之间的沟通交流。特别是在印度尼西亚举行的亚太经济合作会议国务院台办主任张志军和台湾“陆委会”主委王郁琦的会面，在岛内外引起巨大轰动和广泛关注，这是台湾“陆委会”第一次以“官方”身份与国台办进行的接触沟通，开启了两岸事务主管部门负责人直接接触的先河，使得两岸两会（海协会、海基会）接触模式开始逐步转为“海、陆”分工模式，未来两会将更加侧重于事务性协商谈判，而国台办、“陆委会”则主导两岸政治性议题的沟通协商谈判。

专题三　合作与竞争并存

大国关系演变态势反映了在全球化与全球性挑战日益突出的

新背景下，大国相互依存加深、共同利益扩大，“你中有我”、“我中有你”，彼此既要相互制衡，也需相互借重，大国矛盾的对抗性有所下降，敌与友的界限变得更为模糊，“非敌非友”与“亦敌亦友”趋于普遍。大国关系的两面性与“竞合性”更加分明，合作与竞争并存交织、相互影响，有合作但受竞争的影响，难以“和盘托出”与“毫无保留”，有竞争但受合作的制约，难以轻易“摊牌”与彻底“翻脸”，“合而不同”、“斗而不破”成为新世纪大国博弈的主流，其“复杂性”远非从前可比。

一、中美关系

中华人民共和国成立后，美国对新中国采取敌视的态度，在国际舞台上孤立中国。弱小的新中国在当时的环境中艰苦奋斗与成长。

1972 年，“乒乓外交”是中美关系的新开端，后来尼克松访华，开始了中美关系正常化的历史性的一页。1979 年，中美建交。至此开始了中美关系的正常化。今天，美国看着中国的强大，担心中国会有一天会在国际舞台威胁它的地位。总体来说，美国现在采取的是在各个方面遏止中国的政策，包括经济方面和政治方面。台湾问题就是一个最好的例子。但是我们也有目共睹的就是中美关系中，中国与美国的经济方面的贸易是双方都受益的，并且双方的贸易额越来越大。中美关系在国际舞台上也有很大的关联性，所以美国在考虑一些政策时也不得不把中国考虑进去。中美关系中，美国虽然采取遏制中国，但在某些方面，美国又依赖中国；至于中国，大家知道，中国向来都是采取和平共处的外交政策。

中美两国，一个是世界上最大的发展中国家，拥有丰富的劳动力资源，明显的成本优势，广阔的市场和无可限量的发展潜力；另一个是拥有世界上最强大的经济，科技实力是世界上最大的发达国家。中美两国的关系直接影响世界经济的发展。就中美当前的关系来说，是处于一个蜜月期，但问题与冲突同样存在。因为在国与国之间，没有永远的朋友，也没有永远的敌人，只有永远的利益。就中美目前的情况来看，还在意识形态，政治影响，经贸摩擦等方面存在问题。

在现代国家的发展进程中，经济是一个国家强大的物质条件，是最核心，最现实，也是最切实的国家利益，直接决定着国家的地位与影响力，所以经贸是国家间关系的晴雨表。中美两国处于不同的经济发展阶段，随着经济全球化的深入，两国之间的经济关系具有很强的互利性和互补性。同时，在互相竞争中，又存在着各种各样的摩擦。中美在经贸中存在的摩擦主要表现在贸易差额、人民币汇率和知识产权保护。

中美军事关系发展面临良好契机。习近平主席在安纳伯格庄园的“阳光之旅”，开启了中美关系“新的历史起点”，也为构建中美新型军事关系创造了新的历史机遇。中美两国两军要以此为契机，加深了解、累积互信，确保两国利益的共同面始终大于冲突面，把“对抗与冲突”关在“合作与共赢”的笼子里，减少两军关系的对抗性和脆弱性，增强合作性和可控性。

目前，中美关系是当今世界最重要的双边关系之一。建交以来，两国关系虽然经历了一些波折，但总体是稳定的，并且取得了很大的发展。当前中美关系有四个主要特点：一是两国的对话沟通非常密切。在过去的两年中，中美两国元首 7 次会晤，并经常通电话、通信。两国还建立了 60 多个对话磋商机制，其中最重要的是中美战略与经济对话机制。二是两国的经贸联系非常紧密。中美两国互为第二大贸易伙伴，去年两国的贸易额达到 3853 亿美元，是建交时的 160 倍。三是两国的人员往来非常频繁。现在每年两国人员往来约 300 万人次，每周有 110 多次客运航班往返于太平洋西岸。目前，有 12 万中国人在美国留学，2 万多美国人在中国学习。四是两国的合作领域非常广泛。两国不仅在一系列双边领域进行深入交流与合作，而且在很多国际和地区问题上保持着有效沟通与协调。

二、中欧关系

丝绸之路的千年驼铃，满载着中欧交往的历史友谊。斗转星移，2014 年 3 月，习近平主席在 11 天的访问中，出席核安全峰会，访问荷兰、法国、德国、比利时四国，到访联合国教科文组织总部和欧盟总部。这份安排紧凑的行程单也创下中国国家元首多个“首次”：自中荷建交 42 年来首次访问荷兰，8 年来首次访问德国，27 年来首次访问比利时，中欧建交 40 年来首次访问欧盟总部，让中欧关系在新的起点上扬帆远航。

中欧关系历久弥新。1975 年，周恩来总理与欧委会副主席索姆斯爵士审时度势，做出了中欧建交的决定。回顾中欧关系发展历程，每 10 年迈上一个新台阶。1993～2003 年，中欧关系实现从建设性伙伴关系到全面伙伴关系，再到全面战略伙伴关系的“三级跳”。2003～2013 年，中欧贸易翻两番，双方成为彼此最重要的经贸合作伙伴和最倚重的市场。2008 年以来，中欧关系经历了国际金融危机和欧债危机的双重考验。中国“雪中送炭”，坚定支持欧洲一体化，支持欧盟加强经济与货币联盟建设，帮助欧洲走出危机阴霾。在这一大背景下，中国国家主席对欧盟总部的首次访问具有里程碑意义，为中欧关系“定方向、提速度、上水平”。

首先，中欧关系有了新的战略定位。中欧作为最具代表性的新兴市场国家和发达国家集团，对构建多极世界有着重要的战略共识，是维护世界和平的两大力量。中欧经济总量占全球三分之一，是促进共同发展的两大市场。中欧作为东方文明的重要代表和西方文明的发祥地，是推动人类进步的重要力量。习主席提出双方要打造“和平、增长、改革、文明”四大伙伴关系，为未来中欧关系发展指明了方向。

其次，中欧合作获得了新的强大动力。近年来，中欧贸易出现滑坡现象，双方在光伏、无线通信设备等领域的问题逐步增多。目前，中欧经贸合作规模已斐然可观。去年，中欧贸易额达到5591亿美元，双方希望到2020年能达到1万亿美元。欧盟连续10年保持中国第一大贸易伙伴地位，中国自2003年至今一直是欧盟第二大贸易伙伴。

习主席访问欧盟总部，提出全面落实《中欧合作2020战略规划》，与欧盟领导人就加快中欧投资协定谈判进程和探讨建立中欧自贸区达成共识，这意味着从现在起到2020年，中欧合作将迎来一个快步发展的“提速期”。

第三，中欧关系的战略性得以提升。习主席访问前夕，中国海军和由德法两国组成的欧盟护航编队在亚丁湾成功举行反海盗联合演练。这是中欧首次举行反海盗联合演练，体现了双方维护世界和平与稳定的共同意愿。习主席访问期间还首次提出建设更具全球影响力的中欧全面战略伙伴关系的概念，得到欧盟领导人的积极回应。未来的中欧战略合作将向全方位、立体化发展。

春耕秋获。当中国元首此行在欧洲大陆播下“合作”与“交流”的种子，中欧关系必将迎来丰收的一季。中欧关系是完善中国特色大国外交格局的重要组成部分，是中国外交政策的优先方向之一。习主席对欧盟总部的历史性访问及中欧联合声明的发表，标志着中欧关系迈上了一个新的起点。未来的中欧全面战略伙伴关系将向着更高、更强、更实的方向发展，将为中欧各自发展注入动力，也将为世界和平与繁荣发挥更大的作用。

三、中俄关系

中俄两国在亚洲互为两个最大的邻国，中国和俄罗斯亚洲部分的国土加在一起几乎占亚洲陆地面积的一半以上，两国之间有4300多千米漫长的边界线，两国又都是联合国安理会的常任理事国和世界上 5 个核国家中的成员，中俄两国关系的性质和状况，对亚洲和世界的局势有着密切的关系和重要的影响。

（一）对两国关系历史的简要回顾

中俄关系的历史实际上就是中苏关系的历史。中苏两国关系从 1949 年中华人民共和国成立后中苏两国建交开始，到 1991 年苏联解体为止，共有 41 年的历史，其间可分为以下三个主要时期。

20 世纪 50 年代的同盟时期。在 1950 年两国签订了《中苏友好同盟互助条约》，中国同苏联结盟，成为以苏联为首的社会主义阵营中的一员。在此时期，两国曾经互相支持和合作。苏联援助中国建设了 156 项大型工业项目，这些项目对中国工业和经济的发展起了重要作用。此时中苏两国人民的传统友谊得到了巨大的发展，两国人民之间许多友好交往和友好合作的感人事迹在人民中留下了深刻的印象。在两国关系中也存在一些问题和矛盾，如在指导思想上强调社会主义国家关系的特殊性而不恰当地把意识形态置于国家关系基础中的优先地位，同时在实践中则存在着“老大哥”苏联对“小兄弟”中国的事实上的不平等关系。这样，两国在发展友好合作的同时，也逐渐出现了某些分歧。后来这种分歧被逐步扩大到国家关系上来，最终导致两国关系的全面恶化。

20 世纪 60～70 年代的对抗时期。从 20 世纪 60 年代初开始，两国关系不断恶化，走上了激烈对抗的道路，时间长达 20 多年。这期间，苏联对中国施加了各种经济和军事压力，从撤退专家，撕毁合同，到采取一系列军事措施。在此期间苏联共花了 2000 多亿卢布，大大加强了在中苏边界上的军事设施，导弹增加到占苏联全部导弹的 1/3，陈兵总数达到 100 万人，从而构成对中国北部安全的严重威胁。此时两国贸易额急剧下降，科技文化合作陷于中断，边境谈判毫无进展，20 世纪 60 年代后期两国边界形势十分紧张，1969 年甚至在珍宝岛爆发了两国边防军队的武装冲突事件。这20年中苏两国在政治、军事和外交等方面的长期对抗，给双方都带来了十分消极的后果。它大大阻碍了两国的经济发展，同时也给亚洲地区的和平和稳定造成了严重的不利影响。

20世纪80年代两国关系逐步实现正常化时期。进入20世纪80年代后，国际形势发生了很大的变化，中苏两国国内形势也发生很大的变化。此时两国在新的形势下都产生了改变两国间长期对抗、相互隔断的不正常局面的需要，从1982年起相互发出了希望改善两国关系的信息，接着进行了不同级别的磋商和谈判，两国关系开始趋向缓和，贸易额开始上升，边境谈判也得到恢复。由于双方的共同努力，当时两国关系中存在的三大障碍逐步得到了消除，终于在20世纪80年代末实现了两国关系的正常化。1989年5月邓小平和戈尔巴乔夫在北京举行的两国最高级会晤标志着中苏关系中这一历史转折点，从此两国关系揭开了新的一页。邓小平用他的名言，“结束过去，开辟未来”，概括了两国关系中这一巨大转折。

中苏关系的这段历史早已成为过去。之所以要在这里作一简要的回顾，是因为中俄关系是中苏关系的继续和发展，“鉴往知来”，弄清中苏关系的过去，可更好地理解中俄关系的今天和明天。

（二）苏联解体后中俄关系的发展

中苏关系实现正常化后不久，东欧国家和苏联的局势就开始激烈动荡和剧变。作为苏联剧变的结果，1991年年底苏联宣告解体，新独立的俄罗斯成为苏联法律上的继承国。在风云变幻的国际形势下，当时世界上有不少人对中俄关系的前景感到担心，并纷纷做出各种猜测。有些人曾作过这样的预言：由于出现意识形态和社会制度的差异，中俄关系将趋向冷淡，停滞，甚至恶化。令人感到宽慰的是，这些预言都未成为事实。事实表明，在这风云巨变的时刻，由于两国领导人和政府在两国关系上都采取冷静、郑重和从国家利益出发的原则，中俄关系在苏联解体后不但没有停滞和倒退，而且呈现出空前的良好发展势头。

1. 两国在平等、友好、相互尊重、互不干涉内政的基础上建立了睦邻友好关系，并促使这种关系不断向新的水平发展。

苏联解体后，1991～1995 年，在这短短的四年多时间中，两国平稳和顺利地实现了从中苏关系到中俄关系的过渡。1991 年年底在苏联解体之时，中俄双方迅即就两国关系达成了原则性协议：中国承认俄罗斯是苏联的继承国；双方确认以和平共处五项原则为两国关系的基础和指导原则。从中国方面来讲，中国根据中苏关系正常化时确定的两国关系原则与本身的国家利益和进行改革开放的需要，从一开始就对苏联国内局势的变化采取冷静观察，尊重苏联人民自己的选择和不干涉内政的原则立场。

在苏联解体的前夕，邓小平就明确指出，对东欧、苏联的动乱，我们的态度“概括起来就是三句话：第一句，冷静观察；第二句，稳住阵脚；第三句，沉着应付。”他强调：“要冷静、冷静、再冷静，埋头实干，做好一件事，我们自己的事。”他还就中苏两国关系问题明确指出：“不管苏联怎么变化，我们都要同它在和平共处五项原则的基础上从容地发展关系，包括政治关系，不搞意识形态的争论。”邓小平的这些明确指示是中国方面从容地实现两国国家关系过渡和发展中俄关系的思想和政策基础。从俄罗斯方面来看，它独立伊始，在推行重点发展同西方国家关系的外交政策的同时，也需要发展同中国的关系，以保持它东部周边的稳定，这是它本国利益之所在。这就是双方得以平稳和顺利地实现国家关系的过渡的根本原因。

以此为起点，两国关系在 1992 年 12 月俄罗斯总统叶利钦对中国进行首次访问时就登上了一个新的台阶。那时两国首脑在北京举行了第一次会晤，双方就双边关系和国际问题进行了友好的会谈，签订了中俄相互关系基础的联合声明，确定了双边关系的基本原则。这次两国领导人的会晤，不但开辟了中俄关系的新阶段，而且在广泛的国际问题领域内也达成了不少共识。

1994 年 9 月中国国家主席江泽民访问俄罗斯，这是对叶利钦 1992 年访华进行的回访，这次访问使两国关系登上了又一个新的台阶。双方在会谈中肯定了两年中中俄两国睦邻友好、平等互利关系的健康和稳定的发展，并从面向 21 世纪的战略高度，共同探讨了进一步发展两国睦邻友好关系的途径。双方就构成两国面向 21 世纪的新型的建设性伙伴关系达成了共识，并签署了中俄联合声明和中俄两国首脑关于不将本国核武器瞄准对方的联合声明等文件。叶利钦总统在宴会上的讲话中指出："我们有充分的理由认为，两国之间的信任已提高到新的水平。"1995 年 5 月江泽民主席赴俄罗斯参加反法西斯战争胜利 50 周年庆典活动，再次同叶利钦总统会晤。叶利钦总统强调两国之间不存在什么问题，江泽民主席指出两国人民之间有着传统友谊，中俄间新型的国家关系具有强大和持久的生命力。这是两国领导人从战略高度对中俄关系的发展做出的评价。

1996 年 4 月，在叶利钦总统对中国进行第二次访问时，两国领导人再次就双边关系和一些国际问题及地区问题进行了内容丰富的会谈，并达成了许多共识。双方签署了中俄联合声明和其他合作文件，宣布两国决心发展平等信任的、面向 21 世纪的战略协作伙伴关系。双方决定在北京和莫斯科建立中俄政府间的热线电话联系以保持各个级别、各个渠道的经常对话，还商定建立由两国社会各界代表组成的"中俄友好、和平和发展委员会"以加深两国面向 21 世纪的睦邻友好的基础。这次访问和会谈的结果使两国关系又进一步登上了一个新的台阶，标志着中俄友好关系进入了一个全面发展的新时期。之后，中俄两国领导人又同哈萨克斯坦、吉尔吉斯斯坦和塔吉克斯坦三国总统在上海签署了在五国边境地区加强军事领域信任协定。这份具有划时代意义的历史性文件的签署是中国和俄、哈、吉、塔四国决心成为好邻居、好朋友、好伙伴这一共同愿望的生动体现，将对亚太地区的和平和稳定产生深远的影响。这里需要指出的是，中国自改革开放以来一直奉行独立自主的和平外交政策，坚持不同任何大国或大国集体结盟的方针。俄罗斯当前也“奉行全方位的对外政策”，强调俄罗斯“在多极的世界中应当成为一极，并且不参与到其他极中”，应保持其“对外政策的独立性”。

所以，中俄两国建立战略协作伙伴关系，这不是彼此结盟，也不针对任何第三国，而是表明双方愿意面向21世纪，在涉及亚洲和世界未来的重大问题上加强相互的磋商和协作，以促进亚洲和世界的和平、稳定和发展。

在这几年中，两国的最高领导人、政府总理、最高立法机构领导人和外交部部长、国防部部长等高级官员也都经常互访，签署各种合作文件。2014年5月，普金再次到中国访问，同时中俄两国海军在东海北部举行为期7天（2014年5月20～26日）的联合军演，两国各级和各种人员之间的广泛交往也是前所未有的。

2. 两国边界问题得到了进一步的解决，两国边界裁军和军事信任措施的谈判取得了重大成果

边界问题在历史上长期是影响两国关系的一个复杂问题。20世纪80年代下半期，在中苏两国实现关系正常化的过程中，在苏联表示接受以界河的主航道为边界线的国际法原则后，两国重开的边界谈判取得了突破性的进展，并于1991年5月正式签署了“关于中苏国界东段协定”。苏联解体后，中俄两国决定继续中苏间已着手进行的边界问题和边境地区裁减军事力量和加强军事领域相互信任措施的两个谈判。1992年年初，中俄最高立法机构批准了两国东段边界协定。1994年9月在江泽民访问俄罗斯时，双方又签署了关于中俄国界西段的协定，该协定随后也得到了双方最高立法机构的批准。现在两国长达4300多千米的边界，除乌苏里江

中的黑瞎子岛和额尔古纳河的阿巴该图洲渚两个岛作为边界遗留问题尚待继续谈判公正合理地加以解决外，其他已全部得到了解决，两个边界协定规定的勘界立标工作也已开始。这样，在 300 多年的中俄关系史上，两国第一次有了一条法律上明确划定的边界，它对保证两国边界永远成为睦邻友好、和平安宁的边界有着非常重大的意义。

3. 两国经贸合作发展迅速

贸易额的迅速增长也是这几年中俄两国关系发展的一个重要特征。在苏联解体后的头几年中，俄罗斯的外贸总额大幅度下降。此后，中俄两国贸易规模不断扩大，贸易额迅速增加，中国已经成为俄罗斯最大的贸易伙伴。

现在，中国是俄罗斯最大的贸易伙伴，第一大进口来源国，第六大出口市场国家。

中俄两国经贸合作水平不断提高，推动增加高科技、高附加值商品在贸易中的比重。从经贸合作领域来看，从商品贸易到服务贸易、到相互投资和合作，加强一些大项目的合作，提升贸易水平和质量。两国的经贸合作也正在向多主体、多元化方向发展。中俄两国中央政府、地方政府、企业和公司实体广泛地参加到中俄经贸合作中来，通过举办国家年、贸易洽谈会、投资促进会、推介会等活动，加强相互了解与交流，推动双方经济主体在贸易和投资项目上的对接与合作。

4. 在文化教育和科学技术等领域，两国在各个城市和地区以及各种社会团体的交往方面也有很大发展

两国在平等互利、考虑各自承担的国际义务和不针对任何第三国或国家集团的基础上发展双方军队之间的交往和军事技术合作。

5. 两国在国际上的相互支持和在国际问题上的合作也不断得到发展

俄罗斯郑重声明中华人民共和国政府是代表全中国的唯一合法政府，台湾是中国领土不可分割的一部分，始终承认西藏是中国不可分割的组成部分。中国支持俄罗斯联邦为维护国家统一所采取的措施和行动。在欧洲安全问题上，中国对俄罗斯反对北约东扩的立场表示理解和支持；在亚太合作问题上，中国支持俄罗斯申请加入亚太经济合作组织。

以上事实都说明，这几年中俄关系的发展势头是良好的，两国关系正在变得越来越成熟。

四、中印关系

中国和印度两国均为世界文明古国，两国人民有几千年的友好往来的历史。早在 402 年，中国高僧法显访问印度并居住 10 年，之后他将许多梵文佛经译成了中文，其《佛国记》成为中印友好交往史上一部极具历史价值著作；西域高僧鸠摩罗什于 401 年到达中国，并将梵文佛经《修多罗》译成中文；5 世纪南印度高僧菩提达摩成为少林寺第一位禅师；玄奘于 7 世纪戒日王时期访问印度，《西游记》就是根据其游历写成的中国古典神话小说。

抗日战争时期，印度给予中国很多支持，1938 年印度国会派遣医疗队支援中国抗战，其中的队员柯棣华大夫病逝于中国；抗战时期战略物资运输线——滇缅公路被日军切断以后，随后开辟的“驼峰航线”其始发地就在印度的阿萨姆邦。

目前，中印关系处在良好的发展势头，其主要特点如下。

（一）领导人会晤频繁，加强沟通协调，确保中印关系健康稳定发展

近年来，两国领导人保持互访和会见势头。2008 年以来，中国领导人多次会见辛格总理，双方领导人就发展中印关系和加强在国际事务中的合作交换意见，确定发展双边关系的战略，把握发展的大方向，及时解决出现的新问题。

（二）相互交往更加密切，各领域合作普遍展开，政治互信逐步增进

两国政府、立法机构、政党、地方政府之间关于经贸、文教、卫生、科技、金融财政、农业等领域的往来和合作日益增加。建立了边界问题特别代表会晤、战略对话、外交政策磋商、安全与防务磋商、反恐磋商、财经对话、经贸联委会、领事磋商、外交部官员团互访、中印名人论坛等对话机制，加强了制度化联系，不断增进相互了解和信任。2008 年 4 月，中印外长热线开通。2010 年 5 月，双方同意建立两国总理热线。

（三）互利经贸合作成为亮点

中印双边贸易额 2008 年达到 517.8 亿美元。2009 年，由于受到国际金融危机影响，降为 433.8 亿美元，其中中国出口 296.7 亿美元，进口 137.1 美元。中国是印度第二大贸易伙伴。截至 2009 年年底，中国在印度累计签订承包工程与劳务合作合同额 316 亿美元，完成营业额 136 亿美元。印度已成为中国重要的海外工程承包市场。中印在工程承包方面的合作，不仅有利于中国企业在海外的发展，而且对改善印度的基础设施起着积极的作用。中印双向投资也有增长。经贸关系已成为中印战略合作伙伴关系的重要内容和亮点。

（四）人文交流日益扩大，增进了相互了解和友谊

两国政府重视扩大人文领域的交往是近年来中印关系的重要特点。新闻媒体、学术界、民间团体的友好往来不断增加，特别是两国“百人青年团”已连续 5 年互访。2007 年，两国举办“中印旅游友好年”。2008 年以来，双方人员交往均在 50 万人次以上。2010 年，两国分别举办“中国节”和“印度节”。相互了解不断增加，民意支持日益拓宽。

（五）两国军方往来和防务合作逐步开展

两军交往和防务合作是两国关系的晴雨表。2006 年 5 月，印度国防部部长访华，两国签署了《中印防务领域加强交流与合作的谅解备忘录》。2007 年 11 月，中印开始举行防务与安全磋商。2007 年 12 月和 2008 年 12 月，中印陆军先后在昆明和贝尔高姆举行联合反恐训练。2008 年 11 月，中国海军司令员访印。2009 年 4 月，印度海军参谋长率印度军舰来华出席中国海军建军 60 周年庆祝活动。9 月，印度陆军东部军区司令访华。12 月，中国人民解放军副总参谋长、西藏军区司令员分别访印。2010 年 1 月，中印第三次防务与安全磋商在北京举行。这些往来增进了两军的相互了解和信任。

（六）加强了在国际和地区事务中的磋商与合作

中印在当前一系列重大国际和地区问题上存在广泛共识和共同利益。两国除通过双边渠道外，还在各种多边机制，如联合国、G20、中俄印、金砖四国、基础四国、东亚峰会、上海合作组织、亚欧会议、东盟地区论坛中进行磋商和合作。两国总理在哥本哈根联合国气候变化大会期间进行的合作，不仅维护了中印两国的利益，而且为会议的成功举办做出了贡献。

（七）照顾彼此关切，通过对话妥善处理分歧和摩擦

中国积极解决了印度关切的锡金问题。中国理解印度在联合国和安理会中发挥更大作用的愿望，乐见印度发展并在地区和国际事务中发挥应有作用。印度也明确表示，西藏是中国领土的一部分，不允许在印度的西藏人进行反对中国的政治活动，并坚持奉行一个中国政策。

综上所述，当前中印关系处于建交以来最好的时期。两国关系更加成熟、务实、稳定，正沿着正确的方向前进。

专题四　地区问题与国际安全环境

一、中东地区的动荡局势

中东一般是指亚、非、欧三大洲相连接的地区，主要是亚洲西部一带。它东起伊朗高原，西达埃及和地中海东岸，北至黑海和高加索，南临亚丁湾和阿拉伯海。除伊朗和埃及与大陆联成一块外，其余的部分都位于地中海、黑海、里海、阿拉伯海和红海之间，因此，中东又被称为“五海之地”。

中东处于东半球大陆的中心和欧洲侧翼，是亚、非、欧三大洲的汇合点和交通枢纽，由此向东可通往印度洋和南亚、东南亚各国，向西进入地中海，向西南可达非洲各国，向西北则与东、西欧各国相通。1869 年苏伊士运河的通航，不仅沟通了大西洋和印度洋之间的联系，而且使西欧到印度洋之间的航程比绕道非洲好望角缩短了 8000 米～1 万千米。此外，土耳其的黑海海峡、塞浦路斯及其周围的水域、亚丁湾及其曼德海峡、波斯湾及其霍尔木兹海峡等等，又分别是沟通黑海、地中海、红海和阿拉伯海的交通要道和从中东到欧洲的重要石油通道。因此，这里一向被西方称之为“生命线”，历来就是激烈争夺的场所。中东的自然资源十分丰富，波斯湾及其周围广大地区蕴藏着石油资源，有“石油海洋”之称。据统计，其蕴藏量约占全世界的 2/3 以上。

中东包括 22 个阿拉伯国家和 5 个非阿拉伯国家，其中除以色列、塞浦路斯外都是伊斯兰国家。在中东伊斯兰国家中，土耳其、伊朗和阿富汗为非阿拉伯国家，阿拉伯国家都是伊斯兰国家。根据宗教和教派情况的不同可分为四种类型：第一，逊尼派占人口多数的国家，包括埃及、沙特阿拉伯、卡塔尔、阿联酋、科威特、也门、叙利亚、约旦、巴勒斯坦、利比亚、苏丹、突尼斯、阿尔及利亚、摩洛哥、毛里塔尼亚、索马里、吉布提、科摩罗、土耳其和阿富汗。第二，什叶派占人口多数的国家，包括伊朗、伊拉克和巴林。第三，阿曼是伊巴德派占人口多数的国家。该派为哈瓦利吉派的一个支派，哈瓦利吉派是伊斯兰教中独立于逊尼派和什叶派之外的一个教派，产生于公元 7 世纪中叶。第四，黎巴嫩的情况比较复杂。黎巴嫩人口中穆斯林约占 60%，基督教徒约占 40%。但穆斯林分属什叶派、逊尼派、德鲁兹派等不同教派；基督教分属天主教马龙派、天主教麦勒卡派、罗马天主教、希腊正教和新教等不同教派。由于任何一个教派在总人口中都不占绝对优势，因此黎巴嫩根据各教派的人口比例分配国家权力，规定总统由天主教马龙派人士担任，总理和议长分别由伊斯兰教逊尼派和什叶派人士担任。在中东的非伊斯兰国家中，以色列 81.2%的居民为犹太人，信仰犹太教。以色列被视为一个犹太教国家，安息日及所有的犹太传统节日和宗教节日都被定为全国性的节日。塞浦路斯人口中 77%为希腊族人，信奉东正教；18%为土耳其族人，信奉伊斯兰教逊尼派。塞浦路斯是中东地区唯一一个基督教占人口大多数的国家。错综复杂的民族和宗教纠纷导致了中东地区从 1948 年到现在的动荡不安的局势，也导致犹太民族和阿拉伯民族之间巨大的隔阂和双方的彼此不信任。第二次世界大战后，阿、犹矛盾在新条件下日趋尖锐，加上新、老殖民主义以及帝国主义、霸权主义国家对这一地区的争夺，成为战争的主要根源。

1948 年第一次中东战争时，美苏都支持以色列。苏联之所以支持以色列，因为当时从苏联、东欧移居以色列的犹太人多，苏联认为以色列的社会进步于其周边国家的社会。1956 年第二次中东战争时，美苏支持埃及，反对英国、法国、以色列，因为一是正义的确在埃及一方，二是不希望英法再重返其在本地区的传统势力范围。在以后的冷战岁月里，美国支持以色列，苏联支持阿拉伯一方，泾渭分明。一直到现在，美国每年向以色列提供 30 亿美元的军援，在安理会上为以色列说话。冷战时期美苏两霸争夺，在中东各支持一方有其战略利益考虑；冷战后虽态势已变，但美国支持以色列以维护其在中东地区利益的做法未变。

2003 年美国发动伊拉克战争，一方面推翻反美的萨达姆政权控制伊拉克的石油资源，另一方面以战争的方式向中东地区输出美国式的民主达到控制海湾地区的战略目标来维持美国在世界的霸主地位。

影响和平与稳定的中东问题的根源是巴勒斯坦问题，而巴勒斯坦问题的核心是耶路撒冷问题。耶路撒冷是一座圣城，其中有犹太教、基督教和伊斯兰教三大宗教的圣地。在耶路撒冷面积不到 1 平方千米的圣城内，充满着各种各样神奇的传说，各大宗教都把它看成神圣之地。民族、宗教、领土矛盾和冲突没有得到及时的解决，民族分裂主义和宗教极端主义的鼓动、利用以及恐怖袭击是破坏和平和稳定的推动力。霸权主义和强权政治是导致巴以冲突的根源。

二、国际恐怖主义危机

恐怖主义是一种政治或社会现象，它给国际社会带来了巨大的危害。随着世界的不断发展，带有复杂根源的恐怖主义逐渐成为全球公害，并且呈现出其独特特征与危害性。这种危害性严重影响国际社会的安全、国家与国家之间的关系以及联合国的权威等。对此我们有必要对恐怖主义进行深入的研究，从而制定出相应的对策来确保国际社会的和平与安全。

恐怖主义是一种古老的政治或社会现象，同时也是当代世界一个极为突出的现实问题，它是现实世界中许多矛盾不断激化的产物，它会随着时代的变化而不断变化，从而给国际社会带来巨大的灾难。特别是自 20 世纪 60 年代末以来，恐怖主义在全球范围内普遍滋生与蔓延，已成为全球一大公害。

（一）强烈的国际化倾向

目前恐怖主义活动范围已从西欧、中东、拉美三大热点地区向全球各地区和国家蔓延，已有 100 多个国家不同程度地受其危害。在 1968～1997 年期间，国际恐怖活动的三大热点地区依次是西欧、中东、拉美，这些地区发生的恐怖主义事件占全球总数的四分之三以上。但从 20 世纪 80 年代开始，亚洲国家的恐怖活动大幅度增加并有继续发展的趋势，国际排名从第五位上升到第四位，20 世纪 90 年代仍保持这一地位，但到了 2001 年，亚洲已排第二名，占全球恐怖活动总数的 19.54%。

（二）恐怖手段更加多样

由传统的绑架、劫持人质与暗杀等方式到使用爆炸、袭击、劫持以及生化武器和网络恐怖主义等。此外，当前恐怖主义的活动策略也在不断变化，手法越来越野蛮、残暴，以至于不择手段。“9・11”事件作为一个重要转折，使国际社会达成共识：恐怖主义已成为当前的国际公害。

（三）各国迅速现代化、全球化的负面效应

20 世纪 60 年代以来，东南亚一些国家在迅速实现现代化的过程中，虽然在经济上取得举世瞩目的成就，但也产生了许多社会问题。首先是西方文化和价值观念对各国传统的冲击，造成传统道德的普遍沦丧。

（四）东亚金融危机后政治、经济形势混乱，使之有机可乘

1997 年金融危机爆发，印度尼西亚政局动荡，新旧政权处于交替之中，使印度尼西亚的伊斯兰教极端势力迅速扩大，恐怖活动也频繁发生。在马来西亚，因安瓦尔被解职，导致许多马来西来人对政府不满，纷纷转而寻求伊斯兰教的价值观，使伊斯兰党

势力大增。在菲律宾，前埃斯特拉达政府对摩洛分离主义组织采取铁腕政策，进行了大规模军事围剿，加之印度尼西亚东帝汶成功独立，亚齐、安汶等地区分离活动猖獗，摩洛人分离主义和恐怖活动升级。

三、全球网络安全问题

网络安全已成全球不容忽视的严重问题，传统的网络防杀毒应对方法不能有效遏制，维护网络世界安全需要新的思维、新的力量。

中国在网络安全方面是弱势群体，也是遭受网络攻击最严重的国家之一。中国政府高度重视互联网安全问题，坚决反对并依法打击网络攻击行为。主张国际社会应致力于建设一个“和平、安全、开放、合作”的网络空间，反对将网络空间变为新的战场。各国应采取建设性和合作态度共同维护网络空间的和平与安全。

（一）网络窃听

随着现代科技的不断发展，人类正跨入以计算机和网络技术为基础、以多媒体技术为特征的网络时代。信息网络技术的出现为信息的收集、传播和管理等提供了得天独厚的物质条件，改变了人们传统的生活方式，扩展了人们交往的范围和空间。然而，人类在享受它带来的众多方便的同时，也使得个人隐私遭到前所未有的威胁。网络技术的运用使得隐私的领域从传统的物理生存空间扩展到网络世界。隐私的外延也空前扩大了，出现了新的表现形式——网络隐私。由于网络隐私不同于传统的隐私，在互联网的背景下，凭借网络本身的特点，侵犯网络隐私权的事件层出不穷，受侵害的程度也有严重化的趋势。因此，如何保护网络隐私权就成为当前亟待解决的问题。从网络技术本身来讲，网络由于其开放性、虚拟性、数字化、匿名性等特点为在更大的范围，更严重的程度侵犯隐私提供了技术上的可能。然而技术的运用是掌握在人的手中的，对其“善”的或“恶”的运用取决于人本身。本文认为人在道德层面上的失范是造成网络隐私权受到侵害的根源。此外，外部环境如法律、伦理、规范、监督、惩罚等各种社会组织体系还不完善，也是导致网络隐私权受到侵犯的原因。

愈演愈烈的美国“棱镜门”事件则敲响了全球网络安全的警钟。“棱镜”项目由美国国家安全局负责实施，主要监控全球互联网通信的邮件、即时消息、视频、照片、存储数据、语音聊天、文件传输、视频会议、登录时间和社交网络资料等 10 类信息，甚至可以实时监控某个人的网上搜索，这意味着，任何一个人在网络上的一举一动都可能被美国所监视。通过这一项目，美国还可以秘密侵入外国目标电脑和通信系统，发起网络攻击。监控项目曝光后，引发极大争议。就连欧洲的铁杆盟友也表达出对美国的不满。中国也表示，坚决反对一切形式的黑客攻击。网络空间需要的不是战争和霸权，而是规则与合作。美国打着“反恐”的旗号，全然不顾世界多国民众的安全。在这场网络战中，美国对中国的监视可谓煞费苦心，下了血本。

在亚洲，美国在东亚、东南亚地区通过安置在大使馆和领事馆的监控设施，对亚太国家重要城市进行电话监听和网络跟踪，包括北京、上海、雅加达、吉隆坡、金边、曼谷、马尼拉、仰光在内的亚洲城市均有上榜。而中国成为其在东亚的首要监控地，香港、北京、上海、成都、台北等地都设有监控点。但美国的几个亲密同盟，包括澳大利亚、新西兰、英国、日本、新加坡都没有在名单之列。

加强预防是网络安全的前提。网络环境下我们在四个方面保护个人隐私。第一，及时清理上网记录；第二，最好是别透漏过多的个人信息，如年龄、电话、QQ 账号；第三，掌握网上安全运行知识，避免个人隐私泄露；第四，不要轻信别人而透露自己的隐私。

（二）网络病毒侵入

目前计算机病毒猖獗，我们必须对计算机病毒产生的原理、种类能够深入地理解并能够掌握娴熟的抗病毒技术，才能保证行业内的网络及终端运行不受恶意的计算机病毒的攻击。事实上，没有绝对安全的系统，也没有绝对顽固、杀不了的病毒。可以说，计算机病毒的广泛传播，推动了抗病毒技术的发展，新的抗病毒技术的出现，又迫使计算机病毒在不断更新其技术。这两者是相互激励、螺旋式上升的，并且不断地提高各自的技术水平。这说明网络安全和相关的网络行政管理、技术管理以及网络安全的对抗是非常紧迫的而且是长期的。

我们在以下六个方面预防电脑病毒。病毒的传染无非是两种方式：一是网络，二是软盘与光盘。如今由于电子邮件的盛行，通过互联网传递的病毒要远远高于后者。第一，不要轻易下载小网站的软件与程序；第二，不要光顾那些很诱惑人的小网站，因为这些网站很有可能就是网络陷阱；第三，不要随便打开某些来路不明的 E-mail 与附件程序；第四，安装正版杀毒软件公司提供的防火墙，并注意时时打开；第五，不要在线启动、阅读某些文件，否则很有可能成为网络病毒的传播者；第六，经常给自己发封 E-mail，看看是否会收到第二封未属标题及附带程序的邮件。对于软盘，光盘传染的病毒，不要随便打开程序或安装软件。可以先复制到硬盘上，接着用杀毒软件检查一遍，再执行安装或打开命令。

（三）网络攻击

网络攻击事件是指通过网络或其他技术手段，利用信息系统的配置缺陷、协议缺陷、程序缺陷或使用暴力攻击对信息系统实施攻击，并造成信息系统异常或对信息系统当前运行造成潜在危害的信息安全事件。网络攻击事件包括拒绝服务攻击事件、后门攻击事件、漏洞攻击事件、网络扫描窃听事件、网络钓鱼事件、干扰事件和其他网络攻击事件 7 个子类。

计算机网络安全是指利用网络管理控制和技术措施，保证在一个网络环境里，信息数据的保密性、完整性和可使用性受到保护。网络安全防护的根本目的就是防止计算机网络存储、传输的信息被非法使用、破坏和篡改。防火墙技术正是实现上述目的的一种常用的计算机网络安全技术。

参考资料

1．陈绵水．大学生个人品德修养[M]．南昌：江西高校出版社，2008

2．陈永峰．民法学[M]．北京：京华出版社，2011

3．熊经浴．现代商务礼仪[M]．北京：金盾出版社，2009

4．北京市律师协会．婚姻家庭法律阴暗问题与典型案例[M]．北京：北京大学出版社，2012

5．麦可思研究院．2015年中国大学生就业报告[M]．北京：中国科学文献出版社，2015

6．李菁．高职高专院校艺术类毕业生就业竞争力提升研究[D]．湖南大学硕士学位论文，2012（4）

7．张德玉．大学生心理素质现状分析及培养对策研究[D]．北京科技大学硕士学位论文，2001（6）

8．徐凡．大学生心理素质自评观的聚类分析[D]．佛山科学技术学院学报社会科学版，2005（23）

9．张德玉．大学生心理素质现状分析及培养对策研究[D]．北京科技大学硕士学位论文，2001（6）

10．张馨．公众心理素质判断标准及其训练的理论研究[D]．西南大学硕士学位论文，2007（5）

11．高素毅．澳门中学生心理素质研究[D]．华南师范大学硕士研究生学位论文，2004（5）

12．张大均，邵景进，齐晓栋．论学生心理素质教育衔接的心理学依据[M]．辽宁师范大学学报（社会科学版），2005（23）

13．郭霖．大学生心理素质拓展[M]．武汉：湖北科学技术出版社，2006

14．黄大志．拓展训练对大学贫困新生心理健康的影响研究——以广西工学院贫困新生为案例[D]．华东师范大学硕士学位论文，2010（6）

15．钱永健．拓展训练——挑战自我，熔炼团队[M]．北京：企业管理

出版社，2006

16．樊富珉．团体心理辅导[M]．上海：华东师范大学出版社，2010

17．汪艳丽．大学生心理素质训练[M]．北京：高等教育出版社，2010

18．蒋燕．心理素质拓展训练对高职大一学生适应能力的影响[D]．湖南师范大学硕士学位论文，2012（5）

19．顾红霞．五年制高职新生一般自我效能感和社会支持的关系[D]．华中师范大学硕士学位论文，2007（5）

20．季宵磊．大学生素质拓展训练在高职院校推广的可行性[J].中国科教创新导刊，2010（32）

21．洪晓波．素质拓展训练对大学生心理素质的培养[J]．赤峰学院学报（自然科学版），2011（4）

22．史莲萍，寇增强．大学生适应能力与父母养育方式的关系研究[J]．中国校医，2005（4）

23．叶忠华．大学生团体心理辅导设计一例——大学新生适应能力训练小组辅导[J]．景德镇高专学报，2003（1）

24．钟向阳，张莉．高校新生适应性班级团体辅导的实效研究[J]．中国学校卫生，2009（8）

25．张新奎，王卫．团体辅导对改善大学生适应能力的作用研究[J]．学理论，2010（34）

26．王荔等．昆明大学新生心理健康水平测查结果分析[J]．昆明大学学报，2008（19）

27．于琪，任志梅．本科新生适应状况调查与分析[J]．中国健康心理学杂志，2009（17）

28．张三菊．高职院校大一新生入学后适应现状调查研究——以建筑工程系为例[J]．科教导刊，2012（16）

29．杨鸣，孔惠敏．独立学院与普通本科、高职学院新生的适应比较[J]．社会心理科学，2012（16）

30．廖雅琴，冯正直，胡彦．心理素质训练课创设情景的内涵、方法及原则探讨[J]．华南国防医学杂志，2006（20）

31．辛锋，李俊青．心理素质训练课的教学设计[J]．忻州师范学院学报，2004（20）

32．王连峰．大学生适应能力的影响因素研究[J]．中国校医，2005（19）

33．申小莹，李静．民办高校大一新生适应状况的调查[J]．高教研究，2006（20）

34．向群英，陈玉兰．大学新生适应期的心理冲突及对策[J]．四川省卫生管理干部学院学报，200（25）

35．周莉等．大学新生适应情况的研究[J]．中国特殊教育，2006（7）

36．李德芳．不同生源地大学新生的适应差异与对策研究[J]．西南交通大学学报（社会科学版），2008（3）

37．曾婉茜．湖南高校新生入学适应状况的调查分析[J]．科教文汇，2009（3）

38．王建中等．城乡差异对大学新生适应状况的影响[J]．中国青年研究，2011（9）

39．李志辉等．论高职院校学生素质拓展训练[J]．中小企业管理与科技，2011（18）

40．高彩琴等．谈拓展训练促进心理发展的条件价值[J]．体育教学，2004（3）

41．王极盛，赫尔实，李焰．9970 名中学生心理素质的研究[J]．心理科学，1998（21）

42．冯多 高职院校师资队伍建设问题研究[J]．大连：大连理工大学出版社，2001（6）

43．陶新南．提高高职院校毕业生就业竞争力的对策分析[J]．安徽职业技术学院学报，2007（4）

44．陈勇．大学生就业能力及其开发路径研究[J]．浙江大学博士学位论文．2012 年（3）

45．黄敬宝．就业能力与大学生就业[M]．北京：经济管理出版社，2008（1）

46．黄琨，张坚．浅议发达国家大学生创新能力培养途径和方法[J]．江

汉石油学院学报（社科版），2002（3）

47. 李颖等. 大学生就业能力对就业质量的影响[J]. 高教探索，2005（2）

48. 刘桂华. 英国大学生就业能力培养的启示[J]. 教育与职业，2010（16）

49. 徐东飞，吴凯. 论高校视角下的大学生就业能力培养[J]. 世纪桥，2010（11）

50. 彭移风. 高职生职业心理素质训练的探索与实践[J]. 职教论坛，2006（10）

51. 邹凤梅. 高职心理素质训练与辅导系统的理论与实践[J]. 湖北广播电视大学学报，2014（10）

52. 丁茂芬. 高职学生职业心理素质训练课程设计与实践[J]. 专业课程，2009（4）

53. 高茹. 高职院校“旅游职业心理素质训练”课程开发[J]. 教育教学论坛，2014（3）

54. 王云. 高职院校市场营销专业学生职业心理素质训练的系统化设计[J]. 青岛职业技术学院，2011（4）

后　记

本教材在公共教学部的领导下组织编写，并得到学院领导的帮助和支持。尽管我们认识水平有限，理论功底不足，但在第一版的教学实践中感到非常适合当今高职院校学生的特点，得到广大学生的认可。

在此，我们感谢参与教材编写的各位老师所做出的努力。各章节撰写分工如下：学院办公室副主任王放负责编写第一章适应人生新阶段；视觉传达学院学生科科长张正根负责编写第二章怀抱感恩之心；公共教学部主任助理徐敏负责编写第四章遵守社会公德，把握社交礼仪，第五章妥善处理爱情拥有爱的能力；公共教学部陈慧负责编写第三章大学生个人品德修养，第十章商务礼仪，第十二章大学生民法问题透视；体育系学生科科长、辅导员刁穗负责编写第十一章知法守法，做合法公民；学院负责心理咨询的刘栖杉编写第六章大学生心理健康；学生处副处长李维根负责编写第十三章保护自我，远离伤害。

主编和副主编负责编写的章节为：唐娟，第七章心理素质训练，第八章大学生就业能力及其开放路径研究，第九章端正择业观，迎接新挑战。王志雄，第十四章态度决定高度，人生当积极，第十五章胸怀祖国　放眼世界；主编、副主编负责全书协调与统稿工作。

教材在编写过程中，参考借鉴了有关书籍、论文、网络资源等，受教材编写体例和篇幅所限，不便在文中注明，在此一并致谢！

感谢公共教学部主任、科研处处长蓝鹰教授，他不仅对教材的出版做了大量的工作，而且对本教材的修改提出了有价值的意见和建议。感谢成都艺术职业学院的同事们，徐敏、封建国、夏春梅、于桂芹、李亚蝶等老师主动伸出援手承担了部门的其他冗杂工作，使得我们有更多的时间编写这本教材。

成都艺术职业学院
《迎接人生新阶段》课题编写组
2016 年 7 月